Julian Letsche
wurde in Undingen bei Reutlingen geboren. Er verließ das Gymnasium nach der elften Klasse und begann eine Ausbildung zum Zimmermann. Bereits als Jugendlicher verspürte er den Drang zu reisen und so war es für ihn selbstverständlich, nach der Gesellenprüfung auf die Walz zu gehen. Er arbeitete u. a. in Frankreich, England, in der Schweiz und in verschiedenen Gegenden Deutschlands. Sein Weg führte ihn auch in die USA und nach Neuseeland, wo er als Zimmermann beschäftigt war.

Wieder in der Heimat absolvierte er die Meisterprüfung und leistete danach seinen Zivildienst in einer Einrichtung für geistig Behinderte. Mit vier Freunden eröffnete er eine Musik- und Kulturkneipe. Inspiriert durch die verschiedenen Bands, die dort auftraten, gründete er zusammen mit mehreren Mitmusikern die Irish Folk Band »Lads go Buskin«.

Seit 1991 ist er als Zimmermeister selbstständig. Schon in der Schule liebte es der Handwerkerdichter, Geschichten zu erfinden, und trug all die Jahre den Wunsch in sich, einen Roman zu schreiben.

Dank der Unterstützung und Nachsicht seiner Frau und seiner Kinder entstand nach einigen Jahren der Recherche und des Fabulierens sein erstes Buch, der historische Roman »Auf der Walz«. Danach folgte die Fortsetzung der abenteuerlichen Reise »Mit Stock und Hut«. Dazwischen wechselte Letsche ins zeitgenössische Genre und veröffentlichte seinen ersten Krimi »Höhlenmord«, um danach die mittelalterliche Trilogie mit »Gefährliche Walz« zu Ende zu bringen.

»Tatort Lichtenstein« ist sein zweiter zeitgenössischer Krimi mit den Reutlinger Kommissaren Magdalena Mertens und Sascha Gross.

Julian Letsche

Tatort Lichtenstein

Ein Schwaben-Krimi

Oertel+Spörer

Dieser Kriminalroman spielt an realen Schauplätzen.
Alle Personen und Handlungen sind frei erfunden.
Sollten sich dennoch Ähnlichkeiten mit lebenden oder
verstorbenen Personen ergeben, so sind diese rein zufällig
und nicht beabsichtigt.

© Oertel+Spörer Verlags-GmbH + Co. KG 2017

Postfach 16 42 · 72706 Reutlingen
Alle Rechte vorbehalten.

Titelbild: Joachim Feist
Gestaltung: PMP Agentur für Kommunikation, Reutlingen
Lektorat: Elga Lehari-Reichling
Satz: Uhl+Massopust, Aalen
Druck und Bindung: Longo AG, I-Bozen
Printed in Italy
ISBN 978-3-88627-894-7

Besuchen Sie unsere Homepage und informieren
Sie sich über unser vielfältiges Verlagsprogramm:
www.oertel-spoerer.de

Lautlos strich die geschmeidige Raubkatze durch das dichte Unterholz und näherte sich ihrem ahnungslosen Opfer, einem hochgewachsenen Mann, der durch den knietiefen Fluss watete und sich offensichtlich verirrt hatte, denn er drehte immer wieder den Kopf auf der Suche nach einem Orientierungspunkt.

Worauf habe ich mich da nur wieder eingelassen, dachte der Graf wütend, während er sich mit einem durchfeuchteten Taschentuch die schweißnasse Stirn abrieb.

Bisher war bei diesem ungewöhnlichen Projekt, das ihn in eines der ärmsten Länder der Erde geführt hatte, weniger schief gelaufen, als er und seine Partner befürchtet hatten. Die von ihm mitgegründete Umweltstiftung hatte sich auf die Fahnen geschrieben, die Armen mit Wind- und Sonnenenergie zu versorgen, um auf diese Weise eine sinnvolle Entwicklungshilfe zu leisten.

Was hier in Honduras erschwerend hinzukam und seine Nerven ziemlich strapaziert hatte, war das Fehlen eines funktionierenden Staatswesens. Korruption und Vetternwirtschaft lähmten die Gesellschaft und außerdem war da noch die Allgegenwart des großen Bruders USA, die das kleine Land wie eine Kolonie behandelten. Dabei war Honduras unvergleichlich schön und hatte für jeden etwas zu bieten. Im Norden reihten sich traumhafte Karibikstrände aneinander und im Süden traf man auf den unendlichen

Pazifischen Ozean. Dazwischen lag eine äußerst fruchtbare Hochebene mit einem angenehm milden Klima.

Und im Nordosten eben dieser Mosquitia genannte unberührte Dschungel, in den der Graf auf Anraten des Ansprechpartners gereist war, den die honduranische Regierung ausgewählt hatte.

Die Moskitos, die diesem Landstrich bestimmt den Namen gegeben hatten, waren mit zunehmender Dauer der Expedition zu einer ungeheuren Belastung geworden. Und auch jetzt wieder war der Graf hauptsächlich damit beschäftigt, sich die Quälgeister vom Leib zu halten.

Mit ein Grund für die Reise in diesen lebensfeindlichen Urwald war für ihn die Aussicht gewesen, einen seiner faszinierendsten Bewohner zu sehen, den Jaguar.

Diese größten Raubkatzen des amerikanischen Kontinents waren den afrikanischen Leoparden nicht unähnlich und mit ihrer Länge von bis zu einem Meter fünfzig sowie einem Gewicht von über hundert Kilogramm ziemliche imposante Tiere.

Obwohl er als deutscher Adeliger schon an vielen Treibjagden teilgenommen hatte, hatte er es vorgezogen, diesmal ohne Gewehr durch den Dschungel zu streifen.

Es wurde zwar gemunkelt, dass die Raubkatze auch schon Menschen angefallen hatte, doch diese Geschichten waren mit Vorsicht zu genießen und so hatte der Graf entgegen den Ratschlägen der Einheimischen lediglich eine Machete mitgenommen.

Gerade als er das andere Ufer des Flüsschens erreicht hatte, nahm er eine Bewegung im Unterholz war und sah im nächsten Augenblick ein schwarzgelb geflecktes Tier auf sich zufliegen.

Du bist schuld daran, dass unser einziges Kind sich auf so etwas eingelassen hat«, schrie die knochige Frau mit hochrotem Kopf. »Dein Kontrollzwang hat sie dieser Sekte in die Arme getrieben. Doch ich werde das nicht hinnehmen und meine Tochter da wieder herausholen, ob du mir hilfst oder nicht.«

Charlotte Friedrich hatte am Morgen nach langer Zeit wieder einen Anruf von Yvonne bekommen und dabei erfahren, dass ihr Kind, das sie in Heidelberg beim Theologiestudium wähnte, sich bereits vor längerer Zeit einer religiösen Landkommune angeschlossen hatte.

In Charlottes Ohren hatte dieses kurze Gespräch wie ein Hilferuf geklungen und daraufhin hatten bei ihr sämtliche Alarmsignale geleuchtet.

Mit hängenden Schultern stand Karl vor ihr und ließ die Tirade über sich ergehen.

Normalerweise war er es, der in diesem Haus das Sagen hatte, aber seit Yvonne aus dem Haus war und seine Frau durch ihre Stelle als Schlossführerin auf dem nahen Lichtenstein zunehmend an Selbstbewusstsein gewonnen hatte, war ihm immer mehr die Kontrolle entglitten.

»Warum soll ich schuld sein, wenn deine Tochter sich in einer Lebenskrise befindet. Lass sie doch machen, schließlich ist sie alt genug.«

Ihre ganze Wut verrauchte und machte einer tiefen Resignation Platz.

»Über kurz oder lang werde ich mich von dir scheiden lassen, ich kann deine mangelnde Empathie einfach nicht mehr ertragen.«

Karl öffnete den Mund und wollte etwas entgegnen, doch die deutlichen Worte seiner Frau machten ihn sprachlos.

Sie schnappte sich ihren Mantel und verließ das schön

restaurierte alte Bauernhaus im Ortskern von Honau. Für Ende März war es ziemlich kühl und der schneidende Wind ließ Charlotte frösteln. Trotzdem machte sie sich zu Fuß auf den Weg zum Schloss. Wie jeden Tag passierte sie die beiden Fischspezialitätenrestaurants und nahm den Wanderweg, der sich an der steilen Bergflanke hochschlängelte.

Ihre Gedanken waren bei der offenbar gescheiterten Ehe und sie rief sich die Gründe, die ihrer Ansicht nach dafür verantwortlich waren, ins Gedächtnis.

Nach dem Studium der Mediävistik in Freiburg hatte Charlotte eigentlich nach einem Lehrstuhl an irgendeiner Uni Ausschau gehalten, doch dann war Karl in ihr Leben getreten.

Charlotte war nicht besonders attraktiv und die Anzahl ihrer Verehrer hielt sich in Grenzen. Umso mehr erstaunte es sie, dass der gutaussehende angehende Doktor der Rechtswissenschaften sich für sie zu interessieren schien.

Dass sie finanziell eine gute Partie war und einer alten Reutlinger Fabrikantendynastie entstammte, konnte er zu diesem Zeitpunkt unmöglich wissen.

Der stürmischen Anfangszeit folgten die Eheschließung und kurz danach die Geburt Yvonnes. Zu diesem Zeitpunkt waren ihr Karls schlechte Charaktereigenschaften noch nicht aufgefallen, denn er kümmerte sich rührend um Mutter und Tochter.

Erst nachdem sie die erste gemeinsame Wohnung in Reutlingen bezogen hatten und er bereits nach kurzer Zeit wegen Nichtigkeiten mit sämtlichen Nachbarn im Clinch lag, dämmerte Charlotte langsam, dass es mit Karl nicht einfach werden würde. Anstatt sich mit den Leuten einfach auszusprechen, drohte er ihnen schriftlich an, die in seinen Augen ernsthaften Verfehlungen mit der vollen Härte des Gesetzes verfolgen zu lassen.

Danach mussten sie im Durchschnitt alle zwei Jahre umziehen, bis sie schließlich dieses Bauernhaus in Honau erwarben. Dass sie in dem seiner Ansicht nach »elendigen Kaff« gelandet waren, war ihr zu verdanken, denn ein einziges Mal während ihrer Ehe hatte sich Charlotte durchgesetzt und dabei durchblicken lassen, dass in der Hauptsache sie durch ihr beträchtliches Erbe für den Unterhalt der Familie aufkam.

Die Anwaltskanzlei, die Karl mittlerweile betrieb, war nur mäßig erfolgreich, was mit seiner wenig umgänglichen Art zu tun hatte. Doch auch in diesem Fall sah er die Schuld nur bei anderen und nicht bei sich selbst. Selbstkritik gehörte absolut nicht zu seinen Stärken.

Ausschlaggebend für diesen Wohnsitz war für Charlotte die Nähe und die Sicht auf das spektakulär auf einem Felsvorsprung thronende Schloss Lichtenstein gewesen. Mindestens einmal in der Woche lief sie seither den Albaufstieg empor und ergötzte sich danach an der grandiosen Sicht ins Echaztal.

Yvonne hatte sie anfangs im Tragetuch nach oben geschleppt, doch als das Kind selber laufen konnte, wurde es immer schwieriger, sie für den anstrengenden Marsch zu motivieren.

Das Mädchen entwickelte sich gut, war intelligent und hatte ein freundliches Wesen. Als die Pubertät einsetzte, stellte ihr Vater allerdings immer strengere Regeln auf und spionierte ihr in der Schule und in der Freizeit nach. Das ging so weit, dass Karl den Eltern potenzieller Verehrer seiner hübschen Tochter Drohbriefe zusandte.

Hatte sich Yvonne anfangs dagegen aufgelehnt, so schien

sie sich mit der Zeit mit dieser Situation zu arrangieren. Allerdings ließ sie ihre Eltern nicht mehr an sich heran und auch Charlotte, die immer gut mit ihr ausgekommen war, fand keinen Zugang mehr zu ihrer Tochter.

Und das ist jetzt die unausweichliche Konsequenz, dachte Charlotte verbittert, als sie keuchend den Albtrauf erreichte. Doch so schnell wollte sie nicht aufgeben und beschloss, gleich morgen an ihrem freien Tag der Sekte, wie sie diese Kommune insgeheim nannte, einen Besuch abzustatten.

Sobald sie das Schloss sah, waren ihre Sorgen und ihre schlechte Laune wie weggeblasen. Es machte Charlotte ungeheuren Spaß, den Touristen von der wechselvollen Geschichte des Lichtensteins zu erzählen und ihnen die einzelnen Räume und deren zum Teil sehr wertvolles Interieur zu erklären.

Allerdings hatte ihre Euphorie kürzlich einen kleinen Dämpfer bekommen. Grund dafür war der neue Verwalter, der seit einigen Wochen die Geschicke des Schlosses bestimmte.

Eugen Maier, der sie eingestellt hatte, war ein solide wirtschaftender Mann von altem Schrot und Korn und mit dem Status quo zufrieden gewesen. Charlotte sowie die meisten anderen Mitarbeiter hätten es lieber gesehen, wenn dessen Sohn die Verwaltung übernommen hätte.

Ihr neuer, sehr ehrgeiziger Vorgesetzter hingegen wollte aus dem putzigen Schlösschen und seinen markanten Nebengebäuden eine Art Disneyland machen und dementsprechend vermarkten.

Offenbar hatte er von der Besitzerfamilie freie Hand bekommen, denn die Veränderungen waren bereits sichtbar. Die Merchandisingartikel, die es in dem kleinen Schlosslädchen gegeben hatte, waren durch modernen Kitsch ersetzt worden und der Bau eines deutlich größeren Giftshops vor den Toren des Schlosseingangs, in dem jede Führung dann enden sollte, schien bereits beschlossene Sache.

Freundlich grüßte Charlotte den Verkäufer der Eintrittskarten in seinem kleinen Kabuff, nachdem sie den Schlosshof durch das eisengitterbewehrte Eingangstor betreten hatte.

Sie ließ ihren Blick umherschweifen und stellte zufrieden fest, dass das weitläufige Gelände gut besucht war. Nach der langen Winterpause war es schön, dass an diesem zwar kühlen, aber doch strahlenden Frühlingstag so viele Menschen hierhergefunden hatten. Zielsicher betrat sie den mit gotischen Spitz- und romanischen Rundbögen geschmückten Fürstenbau, in dem sich in einer früheren Gesindekammer der Aufenthaltsraum der Schlossführer befand.

»Haben Sie endlich ausgeschlafen? Ich hatte Sie heute doch früher einbestellt, Sie sehen ja wohl, was da draußen los ist«, herrschte Markus Sailer, der neue Verwalter, sie an.

Sailer war ein kräftiger Mann mit kantigen Gesichtszügen und wasserblauen Augen und sein erklärtes Ziel war es, die Besucherzahlen des Schlosses deutlich anzuheben.

Bevor ihm die Geschicke dieses Juwels unter den schwäbischen Bauwerken anvertraut worden waren, hatte Sailer in einem Autokonzern gearbeitet und sich dort trotz seiner erst fünfunddreißig Jahre bereits ziemlich oben auf der Karriereleiter befunden.

Wegen seiner rüden Methoden der Menschenführung rasselte er jedoch mehrfach mit der mächtigen Gewerkschaft zusammen und letztlich führte ein besonders schwerwiegender Fall von Mobbing dazu, dass ihn selbst seine Gönner in den höchsten Etagen nicht mehr vor einem Rauswurf schützen konnten.

Zum Verhängnis wurde ihm eine junge Controllerin, die gerade ihren Master gemacht hatte und frisch von der Uni in seine Abteilung gekommen war.

Mit Händen und Füßen widerstand die hübsche Frau seinen Annäherungsversuchen. Er griff deshalb zu subtileren Methoden und wies daraufhin, wie wichtig die Beurteilung ihrer Probezeit sei. Doch bei ihr biss er auf Granit und seine Einschüchterungsversuche scheiterten, weil sie sich sofort an den Betriebsrat wandte.

Sailer wurde nun massiv. Nachdem er nicht bekommen hatte, was ihm seiner Ansicht nach zustand, wollte er wenigstens dafür sorgen, dass die Zicke, wie er die junge Frau bei seinen anderen Mitarbeitern mittlerweile nannte, in dem Unternehmen nicht mehr Fuß fassen konnte. An einem arbeitsfreien Sonntag verschaffte er sich Zugang zu ihrem Computer und vertauschte ein paar Zahlenreihen, um die renitente Controllerin als unfähig dastehen zu lassen.

Leider hatte er nicht bedacht, dass sie eine Dokumentationssoftware installiert hatte, die jeden Arbeitsschritt auf ihrem Rechner aufzeichnete.

Nun wurde es ganz bitter für Sailer, denn der Betriebsratsvorsitzende machte es zu seinem persönlichen Anliegen, dem aufstrebenden Manager, der ihm bereits mehrfach negativ aufgefallen war, das Grab zu schaufeln. Auch die einflussreichen Männer an der Spitze des Konzerns, die Sailer wegen seiner rücksichtslosen Art protegiert hatten, wandten sich von ihm ab. Man bot ihm zwar eine sechsstellige Summe als Abfindung an, damit alle das Gesicht wahren konnten, doch gleichzeitig wurde ihm unmissverständlich klargemacht, dass man ihn so oder so rausschmeißen würde.

Einer der Aufsichtsräte hatte mit Sailers Vater die Schulbank gedrückt und fühlte sich aus diesem Grund ein wenig verantwortlich für ihn. Ein Anruf bei dem ihm persönlich bekannten Schlossbesitzer genügte, um Sailer zu diesem Verwalterjob zu verhelfen, den dieser nur widerwillig annahm.

War er anfangs noch reichlich unzufrieden mit diesem in seinen Augen beruflichen Abstieg gewesen, so erkannte er mittlerweile die Möglichkeiten und das Potenzial, die sich ihm hier boten. Zudem streichelten die mit dem Job verbundenen öffentlichen Auftritte sein angekratztes Ego.

»Sie könnten mich wenigstens anständig begrüßen, bevor Sie mir einen Einlauf verpassen«, antwortete Charlotte kühl auf Sailers Rüffel. »Außerdem steht auf dem Dienstplan mein Name für exakt die jetzige Uhrzeit drin.«

Entschlossen zeigte sie auf den an der Wand hängenden Plan, sie würde sich von diesem Ehrgeizling nichts gefallen lassen.

»Das mag ja sein, aber ich habe gestern Abend mit Ihrem Mann telefoniert und ihn gebeten, Ihnen auszurichten, früher zu kommen«, entgegnete Sailer gefährlich leise.

»Äh…, nun, das hat er dann wahrscheinlich vergessen, mir auszurichten«, musste Charlotte kleinlaut eingestehen und verfluchte Karl insgeheim.

»Genug jetzt, machen Sie sich an die Arbeit, draußen wartet bereits eine größere Gruppe auf Sie.«

Mit einem letzten Blick auf diesen unsympathischen Kerl verließ Charlotte den Raum und ging auf die Besucher zu, die auf der Zugbrücke warteten.

»Hallo meine sehr verehrten Damen und Herren, ich

möchte Sie recht herzlich begrüßen. Mein Name ist Charlotte Friedrich und ich habe die Ehre, Ihnen dieses schöne Schloss zu zeigen.«

Lächelnd deutete sie auf den imposanten Hauptturm der Burg.

»So wie diese Brücke ist der gesamte Lichtenstein eine romantisierte Nachbildung einer mittelalterlichen Wehrburg. Der Erbauer, Wilhelm Graf von Württemberg und später auch Herzog von Urach, ließ sich von Wilhelm Hauff, dem Verfasser des historischen Romans ›Lichtenstein‹, zum Bau dieses Schlosses inspirieren. Das Buch handelt von dem tragischen Schicksal des Herzogs Ulrich, der vor ungefähr fünfhundert Jahren auf der Flucht vor seinen Verfolgern hier Asyl gefunden hat. Natürlich nicht genau hier, denn unser Schloss wurde ja erst in den vierziger Jahren des neunzehnten Jahrhunderts erbaut, aber unweit von dieser Stelle stand im Mittelalter eine wehrhafte Burganlage, in der der flüchtige Herzog Unterschlupf bekommen hat.«

Sie erzählte noch ein wenig aus der wechselhaften Geschichte des alten Lichtensteins, wobei sie immer wieder durch neunmalkluge Kommentare eines Zuhörers unterbrochen wurde. Endlich kam die andere Gruppe zum Ausgang und Charlotte stellte sich vorne hin, um die Karten abzureißen.

»Wenn Sie hinter dem Eingang bitte auf mich warten würden?«

Der erste Raum der Besichtigung war die gut bestückte Waffenkammer.

»Hier sehen Sie allerhand Hau- und Stechwaffen, mit denen die mittelalterlichen Ritter aufeinander losgegangen sind. Sämtliche Stücke sind Originale aus der damaligen Zeit.«

Interessiert betrachteten vor allem die Männer der Gruppe die todbringenden Waffen.

»Dieser Degen ist doch nie und nimmer aus dem Mittelalter!«, rief derselbe Tourist, der ihr schon auf der Zugbrücke aufgefallen war.

Na schön, Freundchen, du kommst mir gerade recht, dachte sie gehässig.

»Wenn Sie gerne die Führung an meiner Stelle weitermachen wollen, nur zu. In diesem Fall werde ich mich zu den Zuhörern gesellen, aber ich bin mir ziemlich sicher, dass ich das ein oder andere Mal eine Korrektur vornehmen müsste.«

Wie auf ein Zeichen starrten alle anderen empört auf den kleingewachsenen Mann, dessen Gesicht nun eine rote Tönung bekam. Man sah ihm an, dass er sich am liebsten in ein Mausloch verkrochen hätte.

»Hat sonst noch jemand eine Frage?«

Als sich niemand meldete, fuhr Charlotte mit der Führung fort.

»Wir betreten als nächstes die reich ausgestatteten Wohnräume des Schlosses… ach, übrigens wurde von Experten mit Hilfe einer sehr sicheren Methode das Alter des Degens auf mindestens fünfhundertdreißig Jahre bestimmt.«

Die schön hergerichteten Zimmer waren originalgetreu aus der Zeit des Erbauers erhalten, farbenfrohe Tapeten und Gobelins wechselten sich an den Wänden mit heroischen Ahnenbildern des Herzogs ab.

An den Decken gingen herrlich gearbeitete Fresken in kunstvoll verzierte Stuckarbeiten über und in die Holzböden hatten versierte Handwerker filigrane Intarsien eingesetzt.

Alle Räume waren komplett möbliert und bis ins Detail liebevoll hergerichtet. Tische, Stühle und Betten stammten gleichfalls aus der Zeit der Romantik und verliehen den Zimmern einen wohnlichen Charakter.

»Wie Sie sehen, könnte man hier sofort einziehen, allerdings entspricht das Schloss wahrscheinlich nicht der neuesten Energieeinsparverordnung.«

Die Besucher schmunzelten und Charlotte konnte sich einen Blick auf den neunmalklugen Herrn nicht verkneifen.

»Trotzdem könnte man es sich hier dank der Öfen richtig gemütlich machen«, meinte sie und strich über die fein ziselierten Kacheln.

Im Treppenhaus trafen sie auf das wohl berühmteste Gemälde im Schloss.

»Schauen Sie sich den Armbrustschützen genau an und jetzt gehen Sie weiter. Bei einem Blick zurück werden Sie merken, dass er Sie weiterhin aus jeder Perspektive anvisiert.«

Es war immer wieder faszinierend für die Schlossführerin zu sehen, wie die Touristen um das beeindruckende Bild herum pirschten.

»Ein Höhepunkt unserer Führung ist natürlich die sogenannte Trinkstube, die wir jetzt betreten, und ich bitte Sie eindringlich, keines der wertvollen Trinkgefäße zu berühren.«

Die wuchtige Holzbalkendecke und die Wandvertäfelungen sorgten im Einklang mit den Wirtshausmöbeln für eine gemütliche Atmosphäre, die durch den schönen Kachelofen noch verstärkt wurde.

»Hier pflegte der Herzog nach erfolgreicher Jagd mit seinen Gefährten zu zechen.«

Genau in diesem Augenblick ertönte eine infernalische Sirene und die Besucher zuckten erschrocken zusammen.

»Keine Angst, meine Damen und Herren, es ist lediglich die Alarmanlage. Auch auf die Gefahr hin, dass ich mich wiederhole, fassen Sie bitte keines der Gefäße an, sie sind alle elektronisch gesichert.«

Schnell zückte sie ihr Handy und wählte eine Nummer. Nach einem kurzen Gespräch verstummte der Alarm.

»Wir kommen jetzt langsam zum Ende der Führung und ich entlasse Sie nach draußen. Wie Sie vielleicht schon gesehen haben, gibt es in dem Lädchen an der Eintrittskasse zahlreiche Dinge rund um unser wunderschönes Schloss Lichtenstein zu kaufen. Ich hoffe, Sie waren mit meiner Arbeit zufrieden, und ich würde mich freuen, Sie einmal wieder hier begrüßen zu können. Vielen Dank für Ihre Aufmerksamkeit.«

Charlotte stellte sich an die Seite, sodass ihre Besuchergruppe an ihr vorbeidefilieren konnte. Die meisten drückten sich mit einem gemurmelten Dankeschön an ihr vorbei, doch einige blieben auch stehen, um sich zu bedanken und ihr ein kleines Trinkgeld in die Hand zu geben.

»Es tut mir leid, wenn ich Sie genervt habe.«

Oha, Mister Besserwisser möchte sich entschuldigen, dachte Charlotte und unterdrückte ein zufriedenes Grinsen.

»Nehmen Sie es nicht persönlich, aber wenn ich die Gruppe nicht im Griff habe, tanzt sie mir auf der Nase herum«, meinte sie mit einer entschuldigenden Geste und nahm das Trinkgeld des Mannes dankend entgegen.

An diesem Nachmittag hatte Charlotte noch vier weitere Führungen und sie war heilfroh, als es schließlich siebzehn Uhr dreißig war. Entgegen ihrer sonstigen Gewohnheit ging sie nach Feierabend noch in den Aufenthaltsraum, um mit ihren Kollegen einen Prosecco zu trinken und den Tag Revue passieren zu lassen.

Sämtliche vier Schlossführer waren an diesem Tag eingeteilt

gewesen und mit den drei anderen verstand Charlotte sich ausgezeichnet.

Da war zum einen Berthold, klein und kompakt, mit einem deutlich sichtbaren Bauchansatz, ein pensionierter Realschullehrer, der eigentlich den Job angesichts seiner guten Rente nicht nötig gehabt hätte.

Zu Hause falle ihm die Decke auf den Kopf und bei dieser Tätigkeit könne er wenigstens seine pädagogischen Kenntnisse einsetzen, hatte er Charlotte gegenüber einmal erwähnt.

Seine Frau hatte zeitlebens den Haushalt und den kleinen Garten versorgt und hatte ihr Terrain gegenüber dem Eindringling Berthold, der nach seiner Pensionierung alles ändern wollte, vehement verteidigt. Als er dann von der freien Stelle auf dem Schloss erfahren hatte, hatte er sofort zugegriffen und sie auch nach dem Tod seiner Frau behalten.

Der jüngste unter ihnen war Kai, ein Archäologiestudent, der stets einen lockeren Spruch auf den Lippen hatte und den noch keiner der Anwesenden jemals mit schlechter Laune erlebt hatte. Außerdem war er immer wie aus dem Ei gepellt und Charlotte fragte sich, wie er sich die teuren Klamotten leisten konnte.

Bestimmt nicht mit dem Lohn als Schlossführer und dem Trinkgeld, das es manchmal dazu gab. Gegenüber Berthold hatte er einmal geäußert, seine Eltern seien nicht unvermögend, verlangten aber, dass er ein wenig dazu verdiene, um den Schein zu wahren.

Er arbeitete erst drei Monate hier, war davor jedoch bereits am Hohenzollern und auf Schloss Sigmaringen als Schlossführer angestellt gewesen.

Die vierte im Bunde war Karin, mit der sich Charlotte am besten verstand. Sie hatte eine schlanke Gestalt und wirkte, wie Charlotte fand, mit ihren langen dunklen Haaren, den geheimnisvollen braunen Augen und dem fein geschnittenen Gesicht sehr attraktiv. Wie Charlotte wusste, wohnte die alleinerziehende, junge Frau im Nachbarort Genkingen und war auf jeden Cent angewiesen.

Ihr hatte Charlotte auch in der Pause nach ihrer ersten Führung von der dubiosen Gemeinschaft erzählt, in die ihre Tochter hineingeraten war, und auch von ihrem Vorhaben, der Sekte einen Besuch abzustatten.

»Wir sollten uns mal über unseren neuen Chef unterhalten«, meinte Berthold ungehalten.

Sofort hielt Karin sich den Zeigefinger vor den Mund und deutete auf mögliche Überwachungskameras.

»Also ich finde ihn ganz nett«, log sie und wechselte das Thema. »Hoffentlich ist dieser lange Winter jetzt vorbei und der Frühling kehrt ein. Wo ist eigentlich Kai, ist er schon gegangen?«

»Er wollte sich noch mit seinen Eltern treffen«, sagte Berthold und rieb mit einer eindeutigen Geste Daumen und Zeigefinger aneinander.

Sie unterhielten sich weiter über Belangloses und versandten gegenseitig Nachrichten auf ihre Handys, um ein Treffen in einer Kneipe in Pfullingen für die nächste Woche zu vereinbaren.

»Mist, wo ist mein Telefon!«, rief Charlotte aus und durchsuchte dabei gründlich ihre Hosen- und Manteltaschen sowie die Handtasche.

»Hast du überhaupt eines dabeigehabt?«, wollte Karin wissen.

»Hm«, antwortete Charlotte nachdenklich. »Aber natürlich, ich habe doch heute Nachmittag bei der Technik angerufen, nachdem eines meiner Schäfchen ein wertvolles Trinkhorn betatscht hat. Ich muss es in der Trinkstube liegen gelassen haben. Das ist jetzt aber ärgerlich, da komme ich jetzt ja überhaupt nicht mehr rein.«

»Du kannst es dir doch morgen früh holen«, meinte Berthold gelangweilt, doch Charlotte reagierte beinahe panisch.

»Ich brauche es aber sofort, meine Tochter hat mich nach langer Zeit wieder kontaktiert und ich spüre deutlich, dass sie gerade in einer schwierigen Situation ist, deshalb möchte ich jederzeit erreichbar sein.«

Berthold, dessen Kinder bereits erwachsen waren, schüttelte unverständig den Kopf.

»Aber du hast doch zu Hause auch einen Telefonanschluss.«

»Da wird sie nie und nimmer anrufen, weil sie Angst hat, dass ihr Vater rangeht. Es hilft nichts, ich muss noch mal ins Schloss.«

Charlotte zog sich ihre Jacke an und eilte hinaus, wobei sie keinen Plan hatte, wie sie in das hermetisch abgeriegelte Gebäude hineinkommen würde.

»Du könntest es beim Hausmeister versuchen, er hat vielleicht am ehesten Verständnis für deine Lage, mehr jedenfalls als Sailer.«

Karin war ihr gefolgt, da sie zum einen Mutter einer zwölfjährigen Tochter war und aus eigener Erfahrung wusste, dass man immer erreichbar sein sollte, und zum anderen, weil sie sich mit Charlotte sehr gut verstand.

»Okay, das ist eine gute Idee, ich geh gleich mal rüber zu ihm.«

»Was ist mit deinem Mann, will er dir nicht dabei helfen, eure Tochter da rauszuholen?«

Schon mehrfach hatte sie sich bei Karin ausgeweint, wenn es wieder Probleme mit Karl gegeben hatte.

Doch jetzt winkte Charlotte nur resigniert mit der Hand

ab und wandte sich zum sogenannten Fremdenbau, in dem der Hausmeister mit seiner Familie eine Wohnung hatte. Der Schlosshof war gut beleuchtet, aber Charlotte hätte sich hier auch blind zurechtgefunden.

Nach mehrmaligem Klingeln öffnete Trude Hartmann die Türe.

»Hallo Charlotte, was kann ich für dich tun?«

»Ist Erich da? Mir ist ein dummes Missgeschick passiert, ich habe mein Handy während einer Führung im Schloss liegen gelassen und dabei bräuchte ich es dringend.«

»Ich verstehe, aber mein Mann ist leider nicht zu Hause.«

Es entstand eine längere Pause, in der Charlotte die Ehefrau des Hausmeisters flehend anschaute.

»Na gut, ich kann mir vorstellen, wie dir zumute ist. Ich darf es zwar offiziell nicht, aber in deinem Fall mache ich eine Ausnahme.«

Die rundliche Frau gab Charlotte den Generalschlüssel und eine Taschenlampe.

»Du kennst dich ja im Schloss bestens aus, Licht möchte ich keines anmachen, man weiß ja nie, ob Sailer noch herumschleicht. Die Alarmanlage schalte ich noch ab. Viel Glück.«

Dankbar nahm Charlotte den Schlüssel und die Lampe entgegen und ging über die Zugbrücke.

Es war ein eigenartiges Gefühl, bei Dunkelheit durch das Gebäude zu schleichen, und die erfahrene Schlossführerin bekam eine Gänsehaut. Sie hatte eigentlich keine Angst bei Nacht, doch kamen ihr jetzt allerlei Geschichten über Schlossgespenster in den Sinn und bei jedem noch so kleinen Geräusch zuckte sie zusammen.

Endlich kam sie zu der Pforte, hinter der sich die Trinkhalle befand, und drückte den Türgriff. Knarrend öffnete sich die alte Holztüre und Charlotte leuchtete hinein. In diesem Augenblick nahm sie eine Bewegung wahr und das Blut drohte in ihren Adern zu gefrieren.

Begleitet von einem Schmatzen ließ Miriam den Wein in ihrem Mundraum hin- und herrollen und spie ihn dann in die bereitstehende Karaffe.

»Das ist ein edler Tropfen, Sie haben nicht übertrieben, doch über den Preis sollten wir noch mal reden.«

Seit dem Tod ihres Vaters hatte sich die hübsche Frau in den letzten Monaten so gut es ging in die Materie eingearbeitet. Ihrer Entscheidung, die Weinhandlung »Chez Rudi« weiterzuführen, waren viele schlaflose Nächte vorausgegangen.

Die Trauer um ihren geliebten Vater hatte sie beinahe um den Verstand gebracht und nur dank des neuen Mannes an ihrer Seite war sie überhaupt wieder zu Kräften gekommen.

Dass Rudi es gewesen war, der ihren früheren Ehemann umgebracht hatte, war völlig an Miriam vorübergegangen und sie bewahrte den Vater nach wie vor in bester Erinnerung. Ihr Vater hatte sein Leben für das seiner Tochter geopfert, das allein zählte für sie.

»Na schön, ich gebe Ihnen bei Abnahme von zwei Paletten zwanzig Prozent Rabatt, das ist aber hauptsächlich Ihrem verstorbenen Vater geschuldet, mit dem mich eine tiefe Freundschaft verband«, entgegnete der ölige Großhändler genervt.

Sie konnte sich beim besten Willen nicht vorstellen, dass Rudi mit diesem Menschen auch nur zum Essen gegangen wäre, doch Miriam machte gute Miene zum bösen Spiel.

Ihrem Vater hätte er bestimmt einen deutlich höheren Preisnachlass gewährt.

Seit sie den Laden übernommen hatte, meldeten sich zahlreiche Kunden und fragten irritiert, ob sie ihren Wein auch weiterhin von »Chez Rudi« beziehen könnten.

Auch Winzer und Zwischenhändler wie dieser schmierige Typ sorgten sich um den Fortbestand der Weinhandlung, die unter Rudi Neuburg eine Institution in Stuttgart-Bad Cannstatt gewesen war.

Mit seinem fast schon sprichwörtlichen Riecher für gute Tropfen hatte er auch die anspruchsvollsten Weinkenner immer wieder aufs Neueste entzückt. Durch seine Kontakte, besonders in Frankreich, war er auch meistens up to date gewesen, was die heißesten Trends in Sachen Wein anbelangte.

Was Miriam das meiste Kopfzerbrechen bereitete, war ihr mangelndes Wissen, das sie sich derzeit mit harter Arbeit erst noch erwerben musste, und dann natürlich der Instinkt von Rudi, den man hatte oder nicht.

Der ganze Hype um den Wein war eine Wissenschaft für sich und Miriam hatte sich bis vor wenigen Jahren überhaupt nichts aus dem sauren Getränk gemacht.

Erst seit ihr Exmann tot war und sie wieder öfter bei ihren Eltern zu Gast gewesen war, hatte ihr Vater sie behutsam an das in seinen Augen göttliche Getränk herangeführt. Sie hatte dann auch gelegentlich den Laden geschmissen, wenn Rudi mal wieder einen französischen Winzer hatte besuchen müssen, und dadurch ein geringes Maß an Fachwissen gesammelt.

Hätte ich mich nur zu seinen Lebzeiten entschieden, das Geschäft zu übernehmen, dachte die junge Frau verbittert. Aber alles Hadern nützte ihr nichts, sie würde entweder grandios scheitern oder aber ihren Weg machen.

Der unaufdringliche Klingelton ihres Telefons holte sie in die Wirklichkeit zurück.

»Hallo Sascha.«

Die ersten Takte des Songs »Blaue Augen« von Ideal verrieten Miriam, dass am anderen Ende der Leitung der Mann ihrer Träume war.

»Hallo Miriam, ich wollte mich nur noch mal vergewissern, ob es bei dem Termin für die Weinprobe heute Abend bleibt.«

»Das ist nett, dass du anrufst, Sascha, und ja, ich freue mich darauf, dich am Abend zu sehen. Du bist meine Stütze und mein Halt und sollte jemandem mein Wein nicht schmecken, so darfst du ihn in den Knast stecken.«

Beide mussten bei dieser kleinen Anspielung auf den Beruf von Sascha Gross lachen. Er war Kriminalkommissar in Reutlingen und die beiden waren einander auf verschlungenen Wegen bei seinem letzten Mordfall, bei dem Miriam eine entscheidende Rolle gespielt hatte, näher gekommen.

Sie unterhielten sich noch über Dies und Jenes und Miriam stellte wieder mal erfreut fest, dass sie mit diesem Mann über alles reden konnte.

»Tut mir leid, Sascha, aber ich muss jetzt aufhören. Du kannst dir ja denken, dass ich noch viel zu tun habe und ziemlich aufgeregt bin. Dieses Event heute Abend ist ja für mich so eine Art Initiationsritual und das will ich nicht vermasseln.«

»Das verstehe ich sehr gut, mein Schatz, und ich will dir dabei helfen, dass es ein voller Erfolg wird und sämtliche Kritiker verstummen.«

Ein Blick auf die Uhr, nachdem sie sich verabschiedet hatten, genügte, dass Miriam plötzlich in Hektik verfiel. Einmal mehr hatte sie die Zeit, die ihr noch zur Verfügung stand, falsch eingeschätzt.

Sie rannte aus dem Haus und stieg in den geräumigen Citroën-Lieferwagen, den sie von ihrem verstorbenen Vater übernommen hatte, nachdem ihr klappriger Passat bei einem Unfall das Zeitliche gesegnet hatte. Als Erstes musste sie beim Bäcker, der gleich um die Ecke war, die vorbestellten Backwaren abholen.

Die freundliche Bäckereiverkäuferin half Miriam dabei, mehrere rote Plastikkisten in ihren Kofferraum einzuladen.

»Das macht 160 Euro, Frau Neuburg.«

Hektisch suchte Miriam in ihrer Handtasche nach ihrem Portemonnaie und durchwühlte danach ihren Mantel. Nichts.

»Es…, es tut mir leid, aber offenbar habe ich in der Eile meine Brieftasche zu Hause vergessen«, entgegnete sie kleinlaut und mit hochrotem Kopf.

»Das macht doch nichts, Ihr Vater war ein sehr guter Kunde und selbstverständlich haben Sie Kredit bei uns.«

»Danke«, stieß die junge Frau erleichtert hervor. »Ich bringe Ihnen das Geld morgen früh gemeinsam mit den Kisten.«

Wie kann man nur so verpeilt sein, schalt sich Miriam, als sie wieder auf dem Nachhauseweg war, um den Geldbeutel zu holen.

Zum Glück lag der Markt, der für seine gut sortierte Käsetheke weithin bekannt war, gleichfalls nicht weit weg. Wie heißen noch die Sorten, die wenig aufdringlich schmecken und am ehesten zu einer exquisiten Weinprobe passen, überlegte Miriam angestrengt, nachdem die Verkäuferin sie nach ihren Wünschen gefragt hatte und bereits ein wenig genervt zu sein schien. Dabei hatte sie erst am Morgen mit ihrer Mutter darüber geredet.

»Wenn Sie es sich noch eine Zeitlang überlegen müssen,

lassen Sie mich doch zuerst ran, ich habe es nämlich eilig«, erbot sich eine Stimme aus der zweiten Reihe.

»Hören Sie zu, Ihre Käseabteilung hat einen guten Ruf und meine Weinhandlung ebenfalls«, beschloss Miriam in die Offensive zu gehen, wobei sie die ungeduldige Dame hinter ihr geflissentlich ignorierte. »Wenn also bei meiner Weinprobe heute Abend jemand den guten Käse loben wird, den ich dazu reiche, haben Sie eine kostenlose Werbung erhalten. Also, was empfehlen Sie mir zur Begleitung folgender Weine?«

Miriam zählte einige ihrer edlen Tropfen auf und die dickliche Frau schien nur auf Miriam gewartet zu haben, um ihre Fachkompetenz zu zeigen.

»Diesen Reblochon würde ich Ihnen auf jeden Fall empfehlen«, meinte die Verkäuferin und reichte Miriam ein kleines Stück zum Probieren.

»Mmh, sehr gut.«

»Dann haben wir hier noch einen Comté, außerdem wäre da noch ein sehr milder Brie.«

Um die immer größer werdende Schar an Wartenden zu besänftigen, reichte die gewitzte Verkäuferin einen Teller mit Probierstückchen herum.

»Haben Sie vielen Dank, so wird meine Veranstaltung bestimmt ein Erfolg!«, rief Miriam beim Hinausgehen.

Lächelnd verließ sie den Markt, doch als sie die Zeitansage in ihrem Autoradio hörte, verging ihr das Lachen. Ihre beiden Töchter warteten seit einer halben Stunde darauf, von der Schule abgeholt zu werden.

Sämtliche Geschwindigkeitsregeln missachtend raste sie zu der Ganztagesschule in Cannstatt. Mit einem Satz sprang sie aus ihrem Auto und hetzte zum Eingang, an dem die beiden immer auf ihre Mutter warteten. Doch die zehnjährige

Anne und ihre zwei Jahre jüngere Schwester Sylvie waren nirgends zu sehen.

Sie schob die wuchtige Tür auf und betrat das Gebäude, aber hier waren weder Schüler noch Lehrer zu sehen. Lediglich die Putzfrauen hielten kurz in ihrer Tätigkeit inne.

Sofort griff Miriam nach ihrem Handy und wählte die Nummer von Susi Schuster, ihrer besten Freundin, deren zwölfjähriger Sohn auf dieselbe Schule ging.

»Hallo Miri, ist etwas wegen heute Abend?«

»Nein, nein, es ist wegen meiner Mädels, hast du sie zufällig an der Schule aufgelesen und mitgenommen?«, wollte Miriam erwartungsfroh wissen.

»Äh, nein, Mario hatte heute Nachmittag überhaupt keinen Unterricht. Wieso fragst du, sind sie verschwunden?«

»Sie sind auf jeden Fall nicht am ausgemachten Treffpunkt, aber bestimmt hat meine Mutter sie abgeholt. Ich ruf sie gleich mal an, also bis nachher.«

Mit einem mulmigen Gefühl durchsuchte sie ihre Adressenliste und drückte auf Gerda Neuburg.

»Ja?«

»Mutti, hallo, ich bin es, sind Sylvie und Anne bei dir?«

»Hallo Liebes, äh, hast du mich gebeten, sie zu holen?«, antwortete Gerda unsicher mit einer Gegenfrage.

»Eigentlich nicht, aber da ich sie an der Schule nicht vorgefunden habe, dachte ich dass du …«

»Du warst wahrscheinlich wieder viel zu spät dran, Miriam«, tadelte ihre Mutter. »Dann sind die beiden sicher mit einer Freundin mitgegangen. Aber nächstes Mal, wenn du eine Weinprobe machst, gibst du mir bitte Bescheid und ich hole sie ab.«

»Bestimmt hast du recht, Mutti, also bis heute Abend.«

Jetzt war sie aber doch deutlich beunruhigt, dennoch

versuchte sie, die aufkommende Furcht zu unterdrücken. Miriam zwang sich zur Ruhe und überlegte, bei wem ihre Kinder sein könnten. Nach weiteren vergeblichen Anrufen bei Müttern von Klassenkameradinnen geriet sie vollends in Panik.

Bitte nicht meine Mädchen, flehte sie und schickte ein Stoßgebet gen Himmel.

Es gab jetzt nur noch eine Möglichkeit, sie musste die Polizei alarmieren.

Fieberhaft versuchte sich Miriam zu erinnern, wo das nächste Revier lag. Nachdem ihr eingefallen war, dass es drei Querstraßen weiter eines geben müsste, stieg sie in ihren Wagen und kam schließlich mit quietschenden Reifen direkt vor dem Polizeirevier mitten auf der Straße zum Stehen, ohne sich um die hupenden Autofahrer zu kümmern. Miriam ließ den Schlüssel stecken und rannte zu der Eingangstüre.

In diesem Moment klingelte ihr Telefon.

Gerade als das Licht von Charlottes Taschenlampe in den Raum hineinstrahlte, machte sich das vermeintliche Gespenst an den wertvollen Trinkpokalen zu schaffen. Sie konnte noch kurz das Gesicht im Profil erkennen und beschloss dann, den Rückzug anzutreten.

Das darf doch nicht wahr sein, dachte sie erschrocken und rannte so schnell wie noch niemals in ihrem Leben in Richtung Ausgang davon.

Es war ihr großes Glück, dass sie das Schloss Lichtenstein kannte wie ihre sprichwörtliche Westentasche. Nachdem

Charlotte das Hauptportal passiert hatte, schloss sie dieses mit zitternden Fingern ab, um etwas Zeit zu gewinnen.

Mit schnellen Schritten eilte sie zu der Hausmeisterwohnung und klingelte Sturm.

»Charlotte, du bist es, hast du dein Handy gefunden?«, fragte Trude nach, als sie den Schlüssel entgegennahm.

Sollte sie der Frau, die sie gut kannte, von dem Einbrecher erzählen? Charlotte entschied sich dagegen.

»Äh, wahrscheinlich habe ich es woanders liegen gelassen, na ja, trotzdem vielen Dank für deine Hilfe.«

Sie ging zurück zum Aufenthaltsraum und drehte sich dabei verstohlen immer wieder um.

Hatte die Person sie auch erkannt und vor allem, was sollte sie jetzt tun?

Als sie die Tür zu dem Raum öffnete, war es dunkel.

»Verdammt«, entfuhr es Charlotte.

Ihre Kollegen waren schon nach Hause gegangen und somit war auch die Möglichkeit für sie dahin, in einem Auto mitzufahren. Sie blieb kurz stehen, um zu überlegen. Sollte sie wirklich bei Nacht den steilen Weg hinuntergehen und damit einem eventuellen Verfolger hilflos ausgeliefert sein oder vielleicht doch lieber ein Taxi rufen?

Das Festnetztelefon stand auf einem kleinen Tisch neben dem Lichtschalter und Charlotte nahm den Hörer in die Hand. Zögerlich wählte sie die Nummer der Taxizentrale, schüttelte dann aber entschlossen den Kopf und legte das Telefon wieder auf seinen Platz. Sie entschied sich dafür, den Fußweg zu nehmen, denn zum einen war der Mond halb voll, sodass sie nicht vollkommen in der Dunkelheit umhertappen musste, und zum anderen wollte sie ihrer Angst nicht nachgeben. Wenn sie jetzt den bequemeren Weg wählte, würde sie vielleicht niemals mehr nachts nach Honau zu Fuß gehen.

Charlottes Herz klopfte wie wild, als sie den schmalen Fußweg erreichte, und sie musste immer wieder stehen bleiben, um sich zu beruhigen. Sollte ihr hier jemand auflauern und sie in die Tiefe stoßen, so wäre es um sie geschehen. Diese Erkenntnis trug nicht gerade dazu bei, ihre Nerven zu beruhigen.

Warum hatte sie nicht einfach Trude gebeten, die Polizei zu rufen?

Der Wald hatte Augen und Ohren und Charlotte zuckte bei jedem Geräusch zusammen. Sie rechnete fest damit, dass ihr hinter einem Baum jemand auflauerte, um sie zum Schweigen zu bringen. Durch ihre beinahe panische Angst vor einem Überfall achtete sie zu wenig auf das unwegsame Gelände, in dem sie talwärts wanderte, und rutschte mehrfach auf dem Schotterbelag aus.

Sie konnte später nicht mehr sagen, wie sie es ohne größere Blessuren geschafft hatte, den Höhenweg hinabzugehen. Aber eines war gewiss, Charlotte hatte sich noch niemals so sehr über die Lichter, die das »Rössle« hell erleuchteten, gefreut.

Spontan beschloss sie, einzukehren und eine der weithin geschätzten Forellen mit Rahmkartoffeln zu essen, deren Rezept beinahe so gut gehütet wurde wie das von Coca-Cola.

Der aufmerksame Ober kannte Charlotte und betrachtete das blasse Gesicht und den ängstlichen Ausdruck darin. Er bemerkte sofort, dass etwas mit ihr nicht stimmte.

»Ist alles in Ordnung mit Ihnen, Frau Friedrich?«

»Oh, ja, ja, wahrscheinlich bin ich nur zu schnell von da oben runtergelaufen, schließlich bin ich auch nicht mehr die Jüngste«, meinte sie und versuchte ein Lächeln.

»Darf ich Ihnen ein Glas von unserem beliebten badischen Spätburgunder bringen, Frau Friedrich?«

»Das wäre nett, danke.«

Gedankenverloren starrte Charlotte in die Nacht hinaus.

»Bitte sehr.«

Der Ober stellte das bauchige Weinglas gekonnt auf den Tisch und Charlotte nahm einen Schluck. Als ihr der vollmundige Rote die Kehle hinunterrann, fühlte sie sich gleich viel besser.

Morgen muss ich in aller Frühe zum Schloss, alles andere ist nebensächlich, dachte sie beherzt.

Leider besaßen sie und ihr Mann nur ein Auto, doch in diesem Fall musste er zurückstehen, egal welche wichtigen Dinge er vorgab, erledigen zu müssen.

Das erste Glas war bereits leer, als das Essen kam.

»Ich würde ja gerne noch etwas von dem Spätburgunder nehmen, aber passt der überhaupt zu Fisch?«

»Keine Sorge, man sieht es nicht mehr so eng, mittlerweile wird Rotwein genauso oft dazu getrunken wie Weißer.«

Der Ober nahm das leere Glas und entfernte sich.

Wie jedes Mal war die Regenbogenforelle ausgezeichnet und die Rahmkartoffeln spielten sowieso in einer eigenen Liga.

»Hat es Ihnen nicht geschmeckt?«, meinte der Ober mit Blick auf den halbvollen Teller und riss Charlotte aus ihren Tagträumen.

»Doch, doch, hervorragend wie immer, allerdings habe ich heute keinen so großen Appetit.«

Nachdem sie ihr Glas geleert und die Rechnung beglichen hatte, machte sie sich mit gemischten Gefühlen auf den Heimweg.

Eigentlich wollte sie ihrem Mann heute nicht mehr begegnen, aber das ließ sich wohl nicht vermeiden. Wie würde Karl sich nach dem Disput am Morgen verhalten?

Charlotte hatte ihm schließlich mit Scheidung gedroht und das wäre für ihn beinahe existenzbedrohend, denn sie hatten auf sein Betreiben hin nach der Hochzeit einen Ehevertrag geschlossen. Sie müsste ihm danach keinerlei Zahlungen aus ihrem Vermögen leisten und das hieße für ihn wahrscheinlich Hartz IV. Dass er mit seinem schlechten Ruf in irgendeiner Kanzlei unterkommen würde, hielt Charlotte für ausgeschlossen.

Betont leise drehte sie den Schlüssel im Schloss und trat ein. Vielleicht schläft er ja schon, dachte Charlotte hoffnungsvoll und schlich durch das geräumige Treppenhaus.

Tatsächlich lag Karl auf dem weißen Sofa, das ihm sonst immer so heilig war, und schnarchte lauthals. Auf dem Holztisch stand eine leere Flasche Whiskey und in der sonst so penibel aufgeräumten Wohnung lagen seine Kleidungsstücke wild verstreut herum.

Das war also seine Antwort auf ihre Drohung, sich scheiden zu lassen.

Geschockt betrachtete sie die völlig betrunkene Gestalt und ließ in Gedanken die gemeinsamen Jahre Revue passieren. Doch so sehr Charlotte auch nachdachte, sie erinnerte sich nicht an ein einziges Mal, in dem Karl dermaßen die Kontrolle über sich verloren hatte wie heute.

Es hatte ihn offensichtlich tief getroffen und Charlotte überlegte schon, ob sie ihre Aussage revidieren sollte.

Nein, dachte sie entschlossen, ich gebe nicht mehr nach, lieber ein Ende mit Schrecken als ein Schrecken ohne Ende.

Obwohl sie nicht damit rechnete, dass Karl sich in der Nacht noch einmal aufraffen würde, schloss sie das gemeinsame Schlafzimmer von innen ab. Sie konnte lange nicht einschlafen und rief sich wieder und wieder die Ereignisse des heutigen Tages ins Gedächtnis.

Als sie endlich in einen unruhigen Schlummer fiel, dauerte es nicht sehr lange, bis ihr sowohl Karl als auch die Gestalt, die sie im Jagdzimmer des Schlosses überrascht hatte, in einem völlig abgedrehten Albtraum begegneten.

Heftiges Klopfen an die Türe riss Charlotte aus dem schrecklichen Traum und sie stellte fest, dass sie schweißgebadet war.

»Bitte, lass mich rein, ich verspreche dir hoch und heilig mich zu ändern«, lallte Karl und Charlotte hielt sich mit ihrem Kissen die Ohren zu.

»Das wird dir noch leidtun«, meinte er nach einiger Zeit des Wartens, sein Ton hatte sich deutlich verschärft. »Du kannst dich nicht einfach so von mir trennen, das lasse ich niemals zu!«

Er begann, gegen die massive Tür zu schlagen, und Charlotte bekam nun richtig Angst vor ihrem Ehemann.

Sie öffnete das Fenster und wollte gerade um Hilfe rufen, als das Pochen abrupt endete. Zitternd erwartete sie, dass das Türblatt im nächsten Augenblick in den Raum hineinfallen würde, doch ihre Angst war unbegründet, denn wenig später hörte sie sich entfernende Schritte. Es mochte etwa eine Stunde vergangen sein, in der Charlotte wie ein Häufchen Elend in einer Ecke kauerte, bevor sie all ihren Mut zusammennahm und sich aufraffte. Schnell schlüpfte sie in ihre Kleider vom Vortag, die Schuhe standen leider im Erdgeschoss. Vorsichtig drückte sie den Türgriff nach unten und spähte hinaus. Es rührte sich nichts und sie wurde mutiger. Auf Zehenspitzen schlich sie bis zur Treppe, die, wie sie wusste, ziemlich laut knarrte.

Bestimmt hat er sich oben irgendwo versteckt und wird gleich über mich herfallen, dachte sie ängstlich, oder mich die Treppe hinunterstürzen und es wie einen Unfall aussehen lassen, dann wären seine Probleme mit einem Schlag gelöst.

Charlottes Herz klopfte wie wild, während sie behutsam Stufe um Stufe hinunterstieg. Beim kleinsten Geräusch zuckte sie zusammen und blieb stehen.

Am liebsten hätte sie laut aufgeheult. Was war nur aus ihrem Leben geworden? Der Mann den sie geliebt hatte, entpuppte sich als durchgeknallter Psychopath und ihr einziges Kind war in die Fänge einer religiösen Sekte geraten.

Plötzlich hörte sie ein lautes Atmen und ihr Herzschlag setzte für mehrere Sekunden aus, bevor sie begriff, dass es sich nur um das gleichmäßige Schnarchen ihres Mannes handelte.

Im Hausgang standen ihre bequemen Freizeitschuhe und der Autoschlüssel hing neben der Garderobe. Sie schnappte sich noch ihre Handtasche und verließ geräuschlos das Haus.

Der Morgen graute bereits. Als Charlotte die frische, kühle Luft tief in ihre Lungen einsog, fühlte sie sich deutlich besser.

Leise begann der Motor des BMW-Kombi zu schnurren. Charlotte schaute auf die Tankanzeige und war beruhigt. Während sie die Serpentinen der Honauer Steige hinauffuhr, war sie froh, dass sich Karl letztes Jahr durchgesetzt hatte und sie ihren alten in die Jahre gekommenen Renault ersetzt hatten.

Es war noch zu früh, um in das Schloss zu gelangen, und so beschloss Charlotte spontan, an diesem herrlichen Frühlingstag noch etwas über die Alb zu fahren.

In Münsingen fand sie eine Bäckerei mit einer angeschlossenen Kaffeetheke und sie genehmigte sich eine Butterbrezel und ein Nusshörnchen zum Cappuccino. Charlotte war völlig entspannt, als sie den Laden wieder verließ, sie hatte sich von dem geschäftigen Lärm um sie herum nicht ablenken lassen und sich eine Strategie sowohl für den weiteren Umgang mit ihrem Noch-Ehemann als auch für das Vorgehen in der Sektengeschichte zurechtgelegt.

Von Karl würde sie sich nicht weiter gängeln lassen und endlich ihr eigenes Leben führen. Gewiss, es würde nicht leicht werden, doch allein die Aussicht darauf bescherte Charlotte gute Laune. Sie würde Yvonne aus den Klauen dieser Sektierer befreien und das in den letzten Jahren Versäumte an ihrer Tochter nachholen.

Der Wagen glitt über die Landstraße und wenig später stand sie auf dem Parkplatz am Lichtenstein.

Als sie den Schlosshof betrat, ging sie weiter zur Zugbrücke und sah freudig, dass Karin die erste Führung hatte.

»Hallo Charlotte!«, begrüßte die junge Frau sie. »Ich dachte, du hast heute deinen freien Tag?«

Mit einer beiläufigen Geste strich Karin durch ihr weiches Haar, während die braunen Augen fragend auf ihre Kollegin gerichtet waren.

»Ja, da hast du recht, aber ich habe mein Handy gestern Nacht nicht gefunden und würde gern bei Tag noch mal suchen.«

Die Gruppe war noch nicht vollzählig, sodass die Schlossführerin noch auf Nachzügler warten musste.

»Entschuldige, wenn ich das sage, aber du siehst schlecht aus heute Morgen.«

Charlotte druckste herum, aber schließlich erzählte sie der Freundin von ihrer nächtlichen Auseinandersetzung mit Karl.

»Du musst diesen Kerl verlassen, vorher findest du keine Ruhe mehr«, meinte die junge Frau nachdrücklich.

»Irgendetwas muss sich in meinem Leben ändern, da hast

du vollkommen recht, doch zuerst muss ich mich jetzt um mein Kind kümmern.«

Mit einem Taschentuch wischte sie sich die Tränen ab.

»Genauso würde ich auch vorgehen. Du weißt ja, solltest du Hilfe brauchen, kannst du dich jederzeit an mich wenden.«

Karin legte den Arm um Charlotte und zog die ältere Kollegin zu sich heran.

»Wo sagtest du, hast du dein Handy verlegt, in der Trinkstube? Da müsste Hartmann bereits aufgesperrt haben.«

»Danke, Karin, und viel Vergnügen«, sagte Charlotte sarkastisch mit Blick auf die lärmende Schulklasse.

Die sehr attraktive junge Frau aus Genkingen war ihre Lieblingskollegin und sie bewunderte deren unerschütterliches Selbstvertrauen. Ein Kind ohne Vater aufzuziehen, rief bei Charlotte großen Respekt hervor. Das Mädchen war aus der inzwischen geschiedenen Ehe mit einer Sandkastenliebe hervorgegangen und nach der Trennung musste Karin die kleine Familie mit drei verschiedenen Jobs alleine durchbringen.

Ihre toughe Art kam auch bei den meisten Schlossbesuchern gut an und Karin war sehr beliebt. Aber auch dem neuen Verwalter blieb ihre Attraktivität nicht verborgen und die aufmerksame Charlotte hatte einmal zufällig beobachtet, wie Sailer die junge Frau auf eindeutige Weise betrachtet hatte. Markus Sailer war, wie alle wussten, verheiratet und hatte ein kleines Kind, doch das schien kein Hinderungsgrund für den in jeder Beziehung ehrgeizigen Mann zu sein.

Wenig später stand Charlotte alleine in der gemütlichen Trinkstube und suchte ihr Handy. Sie fand es tatsächlich auf dem Tisch neben dem Kachelofen, dabei fiel ihr Blick auf die wertvollen Trinkgefäße.

»Das gibt es doch nicht!«, stieß sie hervor.

Sie kramte in ihrem Gedächtnis nach weiteren Krügen, Gläsern oder Zinnbechern, aber es fehlte nichts, da war Charlotte sich sicher. Dabei hätte sie schwören können, dass der Dieb gerade, als sie in den Raum eingetreten war, ein Gefäß in seiner Tasche hatte verschwinden lassen.

Oder habe ich das Ganze etwa nur geträumt, fragte sie sich unsicher.

Vor sich hinmurmelnd lief sie durch das Schloss und überquerte die Zugbrücke. Im Hof sah sie, wie Sailer sich mit einem vornehm gekleideten Herrn, den sie noch nie zuvor gesehen hatte, unterhielt. Der Verwalter schien keinerlei Notiz von seiner Mitarbeiterin zu nehmen und Charlotte rauschte schnell hinaus.

Sie bemerkte nicht, wie Sailer sich umdrehte und ihr einen hasserfüllten Blick hinterherschickte.

Charlotte war erleichtert, als sie in ihrem BMW saß, und fuhr davon.

Heute Morgen in der Bäckerei war ihr alles noch so klar vorgekommen: Sie würde zu dieser dubiosen Gemeinschaft fahren und ihre Tochter dort rausholen. Was aber, wenn Yvonne das gar nicht wollte? Vor dem Einsteigen hatte sie auf dem Display ihres Mobiltelefons vergeblich nach einer Nachricht oder einem entgangenen Anruf ihres Kindes gesucht.

Egal, sie ist mein Kind, das ich wieder gerne einmal sehen möchte, dachte Charlotte und bog am Kreisverkehr in Richtung Honauer Steige ab.

Ein komisches Gefühl beschlich sie, als sie durch das kleine Dorf fuhr und an ihrem Haus vorbeikam. Konnte sie heute Abend einfach so nach Hause gehen und so tun, als ob nichts geschehen wäre?

37

Nein, entschied Charlotte, sie würde irgendwo unterwegs ein Zimmer nehmen und sich für ihren Mann eine fadenscheinige Erklärung einfallen lassen. Dabei kam ihr auch die Sache mit ihrem geänderten Testament wieder in den Sinn, das unterschriftsreif beim Notar lag. An der nächsten Ausbuchtung hielt sie an und schrieb eine Notiz auf einen Zettel.

Froh über das Navi in ihrem Wagen, das sie sicher durch die Gegend leitete und ihre schlechte Orientierung ausglich, kam sie nach zwei Stunden im Allgäu an. Die hügelige Landschaft gefiel ihr ausnehmend gut. Spontan beschloss sie, in dem kleinen Städtchen Lindenberg anzuhalten, um eine Kleinigkeit zu essen.

Beim Gedanken daran, dass sie den Aufenthaltsort ihrer Tochter in wenigen Minuten erreicht haben würde, begann ihr Herz wild zu pochen. Lustlos stocherte sie in dem Teller mit den ausgezeichnet schmeckenden Kässpätzle herum und zwang sich, wenigstens die Hälfte davon zu essen.

Seufzend erhob sich Charlotte schließlich, den Moment weiterzufahren hatte sie so lange wie möglich hinausgezögert.

Der Weg führte sie in eine ziemliche Einöde und die Straßen wurden immer schmaler. Hier ist ja der sprichwörtliche Hund begraben, dachte Charlotte.

Kurze Zeit später zeigte ihr Navi an, das sie den Bestimmungsort erreicht hatte. In einiger Entfernung sah sie eine Ansiedlung mit mehreren Häusern, die zu Yvonnes Beschreibung passte.

Am Wegesrand stellte sie den Wagen ab und ging zu Fuß auf der geschotterten Straße bis zu dem Aussiedlerhof. Er bestand aus mehreren Gebäuden sowie eingezäunten Weideflächen, auf denen Kühe und Schafe friedlich weideten.

Gerade als Charlotte das schmiedeeiserne Tor öffnen wollte, kam laut bellend ein riesiger Hund auf sie zu. Schnell knallte sie die Pforte wieder zu und trat einen Schritt zurück aus Angst davor, der Köter könnte seinen Kopf durch die Eisenstangen drücken. Angesichts des Gebells eilte ein hoch aufgeschossener Mann in eigentümlichen Kleidern herbei, um das Tier zu beruhigen.

»Ruhig Benno, die Frau will bestimmt nichts Schlimmes von uns.«

Die Stimme des Mannes wirkte Wunder, denn der Hund trollte sich mit eingeklemmtem Schwanz.

»Was kann ich für Sie tun?« Er machte keinerlei Anstalten, Charlotte hereinzubitten. »Unseren schmackhaften Käse gibt es leider nicht hier zu kaufen, da müssen Sie entweder nach Lindau oder nach Lindenberg auf den Markt gehen.«

Trotz der freundlich gemeinten Auskunft spürte Charlotte eine gewisse Feindseligkeit im Auftreten des Mannes. Sie nahm ihren Mut zusammen, schließlich war sie nicht umsonst so weit gefahren.

»Entschuldigen Sie, ich bin nicht wegen Ihrer bestimmt erstklassigen Produkte hier. Ich, äh…, ich wollte meine Tochter besuchen, wenn das möglich wäre. Ihr Name ist Yvonne, Yvonne Friedrich. Sie wohnt doch hier, nicht wahr?«

Erwartungsvoll blickte Charlotte ihn an.

»Das ist leider absolut unmöglich, Fremde haben hier keinen Zutritt. Auf Wiedersehen.«

Ohne ein weiteres Wort stapfte er davon und ließ die verblüffte Charlotte allein.

»Aber, so warten Sie doch, ich möchte doch nur kurz Hallo zu Yvonne sagen«, rief sie verzweifelt hinterher und rüttelte wild an dem Tor, woraufhin Benno knurrend seine Zähne fletschte.

»Wenn Sie nicht augenblicklich verschwinden, lasse ich ihn raus und dann gnade Ihnen Gott.«

Andächtig schlürfte Sailer den 93er Margaux und genoss den perfekten Abgang des teuren Weines. Solch einen guten Tropfen bekam er seit einiger Zeit nicht mehr alle Tage zu trinken.

Früher als Manager in dem riesigen Automobilkonzern hatte er öfters Gelegenheit, bei wichtigen Abschlüssen solche Weine genießen zu können.

Doch diese Zeiten sind leider vorbei, vorerst, dachte Sailer mit einem leichten Grinsen. Wenn er den heutigen Gastgeber von seinen Ideen überzeugen konnte, würde es auch mit seiner Karriere bald wieder steil bergauf gehen.

»Und woher haben Sie die Verwundung, Eure Durchlaucht?«

Sailer blickte interessiert auf sein Gegenüber, das sich nicht gegen diese Anrede sträubte, auch wenn sie fast hundert Jahre nach Abschaffung der Monarchie unzeitgemäß war.

»Ach dieser Kratzer, das ist ja nicht der Rede wert.«

Der Graf fuhr demonstrativ mit den Fingern seiner rechten Hand über die erhabene Narbe an seinem linken Unterarm.

»Nachdem die Arbeiten beim bisher letzten Projekt unserer Stiftung beendet gewesen waren, bin ich trotz eindeutiger Warnungen allein und ohne Gewehr durch den Dschungel von Honduras gestreift. Leider hatte ausgerechnet ich das Pech, auf einen riesigen Jaguar zu treffen, der entgegen der sonstigen Gepflogenheit seiner Gattung auch Jagd auf Menschen machte.«

Anschaulich erzählte er, wie das gefährliche Tier sich auf ihn gestürzt hatte.

»Geistesgegenwärtig habe ich die linke Hand gehoben, um meinen Hals gegen einen Biss zu schützen. Der Bursche wog

40

gut und gerne hundertzwanzig Kilo und hat mich frei weg umgehauen, obwohl ich mit meinen eins neunzig auch nicht gerade ein Hänfling bin. Nach einer Schrecksekunde habe ich mit meiner rasiermesserscharfen Machete auf den Jaguar eingehauen und das Tier hat sich aus mehreren Wunden blutend von dannen getrollt. Mein Problem war, dass ich ebenfalls stark geblutet habe und mich allein in einer menschenfeindlichen Gegend befand. Ich übertreibe nicht, wenn ich sage, dass der Urwald mein Grab geworden wäre, doch zu meinem großen Glück ist mir der Besitzer der Lodge, in der ich übernachtete, mit mehreren Männern gefolgt und hat mir das Leben gerettet.«

Nachdenklich griff der Adelige zu seinem Weinglas und nahm einen tiefen Schluck.

»Was soll's, ich bin still alive. Aber kommen wir zum Geschäftlichen, ich habe Sie heute Abend eingeladen, um mir Ihr Zukunftskonzept und die Veränderungsvorschläge anzuhören.«

Sailer war ein wenig erstaunt gewesen, als der Hausmeister ihm die Einladung des Fürsten in die Privatgemächer überbracht hatte, wähnte er diesen doch irgendwo in der weiten Welt.

Auch gut, hatte der Verwalter gedacht, die Gelegenheit ist jetzt so günstig wie ein anderes Mal. Und irgendwann musste er seine Pläne ohnehin billigen lassen. Bisher hatte er den Grafen erst ein einziges Mal bei seinem Bewerbungsgespräch erlebt und war überrascht gewesen von dessen einnehmender Art. Er kannte sich in Adelskreisen nicht aus und hatte eher einen weltfernen Träumer erwartet.

Das dreigängige Menü hatte das nahe gelegene »Alte Forsthaus« unweit des Schlosses geliefert und sowohl Sailer als auch der Graf genossen die Speisen. Als ersten Gang gab es eine kleine Auswahl von Maultaschen mit verschiedener Füllung, übergossen von einer Salbei-Buttersauce. Auf die schwäbische Spezialität folgte ein klassischer Rehrücken aus den Wäldern des Grafen, garniert mit Preiselbeeren und handgeschabten Spätzle. Den Abschluss bildete ein Tiramisu.

»Ich sehe, dass Sie sich ernsthafte Gedanken über die Zukunft unseres kleinen Schlösschens gemacht haben, Herr Sailer«, meinte Fürst von Urach, Graf von Württemberg gönnerhaft, nachdem das Geschirr abgetragen war.

»Das habe ich in der Tat getan. Wie Sie sicher wissen, Durchlaucht, ist der Markt in der Tourismusbranche und speziell bei den Tagesbesuchern hart umkämpft. Deshalb müssen wir uns von den anderen Ausflugsorten deutlich abheben und das erreichen wir meiner Ansicht nach, indem wir die Alleinstellungsmerkmale des Lichtensteins noch deutlicher herausstellen als bisher.«

Detailreich beschrieb der eloquente Sailer seine Pläne und legte Entwürfe dazu auf den Tisch.

Doch zunehmend verdüsterte sich das Gesicht des Grafen.

»Wenn ich Sie richtig verstanden habe, möchten Sie eine Art Disneyschloss aus der Burg meiner Väter machen. Ich fürchte, das wird meiner Familie nicht gefallen.«

»Und ich fürchte, dass Sie und Ihre Familie angesichts der rückläufigen Besucherzahlen nicht darum herumkommen werden, etwas Entscheidendes zu ändern. Seien wir doch mal ehrlich, es wäre doch zu schön, wenn Japaner und Chinesen bei ihren Deutschlandkurztrips neben Neuschwanstein auch am Lichtenstein Halt machen würden. Die andere Schiene meiner Taktik ist das Öffnen des Schlosses für eine zahlungskräftige Klientel. Wir vermieten den Lichtenstein einem Millionär für eine Party, sagen wir am Samstagabend, und er kann darüber verfügen, wie er will. Denken Sie an Ihren Vorfahr, den Erbauer des Lichtensteins, der es sich mit seinen Kumpanen oder einer Mätresse auf dem Schloss ebenfalls hat gut gehen lassen.«

Nach diesem ungewöhnlichen Vorschlag Sailers herrschte längere Zeit Stille und beide nippten vorsichtig an dem teuren Armagnac, der als Digestif gereicht wurde.

»Ihre Zukunftspläne sind jetzt doch von solch revolutionärer Sprengkraft, dass ich darüber unmöglich alleine entscheiden kann«, meinte der Graf indigniert. »Der Familienrat wird in Bälde zusammentreten, dort werde ich diese Dinge zur Sprache bringen. Wenn Sie mich jetzt bitte entschuldigen würden, die lange Reise steckt mir noch in den Knochen.«

Sailer wollte sich nicht so einfach abspeisen lassen, doch ein Blick in die Augen seines Chefs ließ ihn erkennen, dass er entlassen war.

Wie ein gewöhnlicher Lakai, dachte der Verwalter zornig und verließ die Privaträume des Grafen.

»Dafür wird der adelige Affe büßen«, murmelte er vor sich hin, »zudem, worauf bildet sich der Kerl etwas ein? Alles, was diese Brut ist, hat sie ererbt, während ich mir meinen gesellschaftlichen Aufstieg mühsam erarbeiten musste.«

Wenn sie nicht auf seine Vorschläge eingingen, würden sie das Schloss mit seinem aufwendigen Unterhalt nicht mehr lange in ihrem Besitz halten können, das war für Sailer so sicher wie das Amen in der Kirche.

So konnte er jedenfalls nicht nach Hause gehen, er musste seinen aufgestauten Frust irgendwo loswerden. Als er in seinem Audi saß, kam ihm die richtige Lokalität in den Sinn und Sailer lenkte den schweren Wagen in Richtung Genkingen.

Wenig später langte er an der Nebelhöhle an und betrat das gut gefüllte Rasthaus.

»He, Karin, bring mir mal ein Bier!«, rief er, nachdem er die Frau entdeckt hatte, die tagsüber als Schlossführerin auf dem Lichtenstein arbeitete, – so laut, dass sämtliche Gäste sich umdrehten.

Die hübsche Frau reagierte nicht und kümmerte sich stattdessen um einen anderen Gast. Erst als einige Zeit verstrichen war, wandte sie sich dem kleinen Ecktisch zu, an dem ihr Chef sich niedergelassen hatte.

»Hier drin sind Sie gleich viel wert wie jeder andere auch und müssen sich deshalb hinten anstellen.«

Mit offenem Mund starrte Sailer die Bedienung an.

»Also, was darf ich Ihnen bringen?«, fragte Karin genervt.

»Nicht schlecht, eine fauchende Katze ist mir eh lieber als ein treuer Hund«, erwiderte Sailer mit einem breiten Grinsen und legte wie selbstverständlich seine Pranke auf Karins Hand.

Schnell zog die junge Frau ihre Rechte aus der Umklammerung.

»Was soll das, ich dachte, das hätten wir ein für alle Mal geklärt, Herr Sailer.«

Aus einer spontanen Laune heraus hatte sie mit Sailer geflirtet, nachdem sie bei der offiziellen Verabschiedung von Eugen Maier, seinem Vorgänger, ein Glas des süffigen Prosecco zu viel intus gehabt hatte. Sailer hatte zwar mehr gewollt, doch es war beim harmlosen Knutschen geblieben. Seit damals hatte der Verwalter keine Gelegenheit ausgelassen, sich an Karin ranzumachen, und sie überlegte schon, ihren guten Job, der ihr auch jede Menge Spaß machte, zu kündigen, obwohl sie es sich aus finanziellen Gründen eigentlich nicht leisten konnte.

»Wir waren mal beim Du und jetzt bring mir eine Halbe Bier und einen Obstler, bevor ich mich bei dem Wirt über dich beschwere.«

Vor sich hin fluchend ging Karin an die Theke und gab die Bestellung auf.

»Ich muss mal kurz aufs Klo, könntest du dem Herrn an Tisch sieben das Gewünschte bringen?«

»Du meinst den Burschen, der dich vorhin so lautstark begrüßt hat. Hast du ein Problem mit dem Kerl? Brauchst es nur zu sagen, wenn er dir dumm kommt, schmeiße ich ihn raus«, meinte Josef, der hünenhafte Wirt mit einem spöttischen Lachen.

»Nein, nein, alles okay.«

Das Tablett vor sich her balancierend trat Josef an Sailers Tisch.

»Hier das Bier und der Schnaps, macht sechs fünfzig.«

»Aber …, ich will noch nicht zahlen«, stieß Sailer verblüfft hervor.

»Hör mal zu, mein Junge, ich hab keinen Bock mehr auf dich, jedes Mal, wenn du hier bist, gibt es Ärger. Gib mir die Kohle, trink aus und verschwinde.«

»He, so können Sie mit mir nicht umspringen, ich bin einer Ihrer besten Gäste, also behandeln Sie mich auch so!«, protestierte Sailer und wollte gerade zu einer Tirade ansetzen, als Karin herantrat.

»Lass ihn, Josef, ich komme schon mit ihm klar.«

»Ich weiß gar nicht, was dieser Gorilla hat, wir sind doch gewissermaßen Nachbarn und müssen zusammenarbeiten«, beschwerte sich Sailer, nachdem der Wirt wieder zur Theke zurückgegangen war.

»Das mag ja sein, doch ich an Ihrer Stelle wäre vorsichtig, in der Regel fackelt Josef nicht lange«, gab Karin ihm mit auf den Weg, als ihr Chef vom Schloss widerwillig seine Zeche beglichen hatte.

Allmählich leerten sich auch die anderen Tische und Karin freute sich auf den Feierabend. Ein Blick in das Seitenfach ihres Geldbeutels ließ sie frohlocken, heute waren die Leute wenigstens nicht so knauserig gewesen wie sonst.

Die letzten Gäste erhoben sich gerade, sodass auch dieser Tisch abgeräumt und für den folgenden Tag vorbereitet werden konnte.

»Kommst du nachher noch mit, wir gehen noch nach Reutlingen und ziehen ein wenig um die Häuser«, bot Josef an, nachdem er sich vergewissert hatte, dass seine eifersüchtige Ehefrau von dem Gespräch nichts mitbekam.

»Danke für das Angebot, aber heute kann mein Babysitter nur bis elf bleiben, das nächste Mal wieder. Ich wünsche euch viel Spaß und eine gute Nacht.«

Ein wenig enttäuscht wandte sich der Wirt ab und Karin verließ das Restaurant.

Sie löste das Schloss von ihrem Rad und schob es bis zu dem geschotterten Waldweg. Ihr älteres Auto war mal wieder in der Werkstatt, da die Bremsbeläge erneuert werden mussten, und Karin hatte dem Kfz-Meister scherzhaft zu der Gelddruckmaschine in Gestalt dieser Karre gratuliert. Deshalb war es ausgesprochenes Glück, dass sie den Lichtenstein als auch die Nebelhöhle mit dem Fahrrad erreichen konnte.

Allerdings hatten diese saisonalen Arbeitsplätze einen entscheidenden finanziellen Nachteil. Zum Glück konnte Karin den Winter über von einem Bekannten Krankenfahrten übernehmen und dadurch diese schwierige Zeit überbrücken.

Der skibegeisterte, unverheiratete Mann hatte sich in der Schweiz zum Skilehrer ausbilden lassen und hielt sich jedes Jahr von Dezember bis März in Davos auf. Karin bewunderte den Mittvierziger, der seinen Traum verwirklicht hatte und auf diese Weise sein Lieblingshobby wenigstens für einige Monate zum Beruf machen konnte.

Mit Wehmut dachte Karin an den vergangenen Winter, als sie ihre letzten Notgroschen zusammengekratzt und Eric an einem Wochenende besucht hatte. Ihre damals elfjährige Tochter hatte sie für den Kurzurlaub ihrer Schwester anvertraut, weshalb Karin nach langer Zeit wieder zwei unbeschwerte Tage erleben konnte.

Während sie sehnsuchtsvoll den Kurzurlaub vor ihrem geistigen Auge Revue passieren ließ, tauchte plötzlich wie aus dem Nichts eine Person auf dem Radweg auf.

Hallo, mein Schatz ...«

»Sascha, hallo, du entschuldige, ich habe jetzt überhaupt keine Zeit, ich bin gerade auf einer Polizeiwache«, unterbrach Miriam ihren derzeitigen Freund.

»Aber wieso?«

»Es ist keine Zeit für Erklärungen, nur so viel, meine beiden Mädels sind spurlos verschwunden, also Tschüss.«

Mit einer geübten Fingerbewegung drückte sie ihn weg und wandte sich dem Wachtmeister zu.

»Guten Tag, ich möchte eine Vermisstenanzeige aufgeben, meine Töchter im Alter von zehn und acht Jahren waren nicht am vereinbarten Treffpunkt an ihrer Schule. Ich habe bereits bei sämtlichen Verwandten und Bekannten nachgefragt. Die zwei sind wie vom Erdboden verschwunden. Sie müssen sofort eine Suchmannschaft zusammenstellen!«, stieß sie verzweifelt hervor.

In diesem Augenblick ertönte ein Piepton, der die Ankunft einer Nachricht auf Miriams Smartphone signalisierte:

Wir sitzen im »Da Toni« bei einem leckeren Eis, wie ausgemacht.

Miriam bekam einen hochroten Kopf, während sie Saschas Nachricht las.

»Äh… entschuldigen Sie, aber es hat sich gerade doch noch ein Bekannter gemeldet, der die Kinder abgeholt hat.«

Schnell verließ sie das Gebäude und sah nicht mehr, wie der Beamte den Kopf schüttelte.

Miriam fand einen Parkplatz unweit des Lokals und ging hinein.

Nachdem sie die drei entdeckt hatte, stürmte sie auf ihre beiden Töchter los und umarmte die überraschten Kinder.

»Ich bin ja so froh, euch zu sehen und dich natürlich auch, Sascha. Wie konnte ich bloß die Verabredung vergessen, aber ich bin wohl zu sehr auf meine erste Weinprobe fixiert und habe darüber alles andere um mich herum verdrängt.«

Unauffällig war der Ober herangetreten und wartete geduldig.

»Bringen Sie mir erst mal einen Ramazotti, um meine Nerven zu beruhigen.«

Beinahe in einem Zug leerte sie das kräuterhaltige Getränk, während sich Anne und Sylvie wieder ihrem Eis widmeten.

»Wie hältst du es nur mit solch einer chaotischen Tussi aus, Sascha?«

Zur Antwort legte Sascha seinen Arm um ihre Schulter.

»Das macht das Ganze doch erst interessant, mein Schatz.«

Ein Blick auf das Handydisplay zerstörte die romantische Situation.

»Entschuldigt, aber ich muss. Kannst du die Gören noch ein wenig bei Laune halten?«

»Aber natürlich, vorausgesetzt die beiden halten es mit mir noch eine Zeitlang aus«, entgegnete Sascha verschmitzt.

Miriam drückte jedem der drei noch einen dicken Kuss auf die Wange und verließ das Ristorante wieder. Dieser Unfall in Reutlingen im vergangenen Jahr, bei dem sie Sascha Gross kennengelernt hatte, erwies sich immer mehr als Glücksfall.

Nicht nur sie selbst fühlte sich stark zu dem sympathischen Mann hingezogen, auch ihre Töchter hatten sich nach kürzester Zeit mit Sascha angefreundet und ihn offensichtlich als Partner ihrer Mutter akzeptiert.

Sie sahen sich leider nur an den Wochenenden und selbst da nicht immer, denn Saschas Beruf als Kommissar bei der Kriminalpolizei kannte zwar Dienstpläne, an die sich Gewaltverbrecher aber in der Regel nicht hielten.

Vielleicht war gerade das der Grund, warum ihre Beziehung funktionierte. Im Sommer wollten sie erstmals alle zusammen für zwei Wochen verreisen. Und das ist dann der erste Härtetest, dachte Miriam, während sie sich durch den beginnenden Feierabendverkehr von Stuttgart quälte.

Endlich stand sie vor dem stattlichen Gebäude im Stil der vorvergangenen Jahrhundertwende. Rudi Neuburg hatte den gesamten unteren Stock sowie den riesigen Gewölbekeller für seine Weinhandlung angemietet. Der Vermieter und einzige Bewohner des Hauses war ein rüstiger Mittsiebziger, der zu Rudi ein freundschaftliches Verhältnis gepflegt hatte und es sich nicht nehmen ließ, bei fast jeder Weinprobe aufzukreuzen.

Wie jedes Mal, wenn Miriam den Laden betrat, schlich sich ein seltsames Gefühl ein, denn das Interieur trug immer noch eindeutig die Handschrift ihres verstorbenen Vaters.

Die obligatorischen zu Stehtheken umgewandelten Weinfässer standen, solange sie sich erinnern konnte, am selben Platz. Rudi hatte sich lediglich dazu durchgerungen, einige aus alten Fassdauben hergestellten Stühle und Tische zu erwerben.

Diese gebogenen Möbel waren der neueste Schrei und auch die vorherigen Barhocker hatte Miriam inzwischen ausgetauscht. Der pfiffige Schreiner von der Schwäbischen Alb, den Rudi bei einer Weinmesse kennengelernt hatte, war ihr aus Verbundenheit mit ihrem Vater beim Preis entgegengekommen.

Eine weitere Besonderheit war das sogenannte Fischgrätmuster des Bodens, das einer römischen Villa nachempfunden war und durch farbige Mosaike aufgelockert wurde. Das Steinpflaster mit etwa zehn Zentimeter langen und einem Zentimeter breiten roten Terrakottafliesen sowie grauem Mörtel war sehr robust und rief bei neuen Besuchern immer wieder Begeisterungsstürme hervor.

Abgerundet wurde der Raum durch die warmen Erdtöne, mit denen Wände und Decke gestrichen waren. Alles in allem wirkte die gesamte Einrichtung wie eine antike Taverne und Miriam hatte zu ihrem Vater immer gesagt, dass die meisten Kunden wohl wegen der besonderen Atmosphäre kamen, die dieser Raum ausstrahlte.

Außergewöhnlich waren zudem die getöpferten, verschiedenfarbigen Amphoren, aus denen der Wein in Gläser gefüllt wurde. Um zu verhindern, dass der Ton den Wein aufsaugte, waren die Gefäße innen glasiert. Das war Rudis Idee gewesen, niemand bekam eine Weinflasche zu sehen und die Gäste mussten absolutes Vertrauen in ihren Händler haben.

Miriam drapierte den Käse auf Holzbretter, die sie auf die Stehtheken und die Tischchen stellte. Dazu kamen eigens von einer Korbflechterin kunstvoll gefertigte Brotkörbe, die mit dünnen Baguettescheiben gefüllt wurden.

Um neunzehn Uhr kam Sascha und half ihr dabei, die Flaschen in die etwa zwei Liter fassenden Amphoren umzufüllen.

»Deine Mädels habe ich zu Gerda gebracht, morgen können sie ja ausschlafen.«

»Das hast du nicht ohne Hintergedanken getan, du Schelm«, meinte Miriam mit erhobenem Zeigefinger.

»Na ja, vielleicht nicht ganz, aber ich habe mir extra dieses Wochenende für dich freigehalten. Wir könnten morgen früh in ein schönes Café in der Innenstadt gehen und danach ein wenig flanieren.«

»Gute Idee, doch zuerst müssen wir diesen Abend unbeschadet überstehen.«

Dank Saschas Hilfe gelang es, gerade noch alles herzurichten, als um Punkt acht Uhr die ersten Gäste hereinströmten.

Miriam hatte ihre alte Jeans mit einem kurzen schwarzen Rock getauscht und Sascha konnte sich nicht an ihr sattsehen.

Eine obligatorische Viertelstunde warteten sie, bevor die Gastgeberin dezent mit einem Löffel gegen ein Glas schlug.

»Herzlich willkommen zu meiner ersten eigenen Weinprobe und ich hoffe natürlich, dass sie Ihnen genauso viel Spaß und Genuss bereitet wie früher bei meinem Vater.«

Zu Miriams großem Erstaunen waren alle eingeladenen Kunden gekommen und nicht, wie sie befürchtet hatte, fortgeblieben, weil ihr Vater sich als Mörder entpuppt hatte.

»Lange Vorreden möchte ich mir ersparen, nur so viel, ich werde zu jedem Tropfen, den wir probieren, einige erklärende Worte verlieren. Genießen Sie dazu den hervorragend schmeckenden Käse und das frisch gebackene Baguette. Und jetzt lassen Sie uns mit einem Gläschen Rieslingsekt von der Mosel anstoßen und die Probe beginnen. Trinken wir auf einen harmonischen Abend.«

Das perlende Getränk lockerte die Atmosphäre merklich auf und auch Miriam verlor zunehmend ihre Anspannung.

»Hier nun der erste Weißwein, bei dem es sich um einen Sauvignon Blanc aus Sancerre im Loiretal handelt. Dieser Wein schmeckt nicht nur ausgezeichnet, sondern hat eine weitere Besonderheit, denn er wurde von einer Cousine meines Vaters hergestellt.«

Während Miriam ein wenig über den berühmten Weißwein dozierte, trug Sascha die Amphoren herein und stellte sie auf die einzelnen Tische.

Die anwesenden Weinliebhaber kannten diese eigenwillige Art des Zelebrierens und quittierten es mit einem anerkennenden Lächeln.

Dem Sauvignon Blanc folgten weitere fruchtige Weiße und den Abschluss der ersten Runde bildete ein gehaltvoller Muskateller, der viel Lob erntete.

Nach einer kurzen Pause wurde die erste Amphore mit Rotwein hereingetragen und Miriam wusste auch zu dem badischen Spätburgunder einiges zu erzählen.

Sie hatte sich auf diesen Abend fast genauso intensiv vorbereitet wie damals auf ihre Abi-Klausuren und die junge Frau registrierte zufrieden, dass die Gäste gespannt an ihren Lippen hingen.

Sascha hatte sich ein wenig abseits hingestellt und der unerfahrene Weintrinker leerte ein Glas nach dem anderen, wobei er den Roten ausließ und sich dafür die Reste aus den Weißweinamphoren einverleibte.

Ein grandioses Gewächs aus der Mont–Ventoux-Gegend

begeisterte beinahe alle und die Spannung wuchs, welcher edle Tropfen den Höhepunkt bilden würde.

»Bei diesem Wein würde ich Sie gerne erst mal alleine probieren lassen, bevor ich Ihnen sage, um was es sich dabei handelt.«

Anerkennende »Ah« und »Oh« wurden laut, nachdem die ersten von dem fast schwarzen Getränk gekostet hatten.

Das Stimmengewirr wurde lauter und es entstanden heiße Diskussionen darüber, woher dieser Wein wohl stammen würde und welche Fruchtnoten man herausschmecken konnte.

»Bevor es zu Handgreiflichkeiten kommt, lassen Sie mich das Rätsel lösen, es handelt sich hierbei um einen …«

Um die Spannung zu erhöhen machte Miriam eine Pause.

»… Barolo des Jahrgangs 1990 aus dem Keller von Bruno Giacosa.«

Ein Raunen ging durch den Raum, denn der berühmte Winzer aus dem Piemont war den meisten Anwesenden natürlich ein Begriff.

»Wenige Wochen vor seinem Tod hat mein Vater das Weingut aufgesucht und einen kleinen Posten davon erstehen konnte. Leider war es ihm nicht mehr vergönnt, von diesem grandiosen Wein zu kosten.«

Die Idee mit der Blindverkostung war Miriam spontan eingefallen und kam offenbar gut bei den Leuten an.

»Das ist doch nie und nimmer ein Wein von Giacosa!«, echauffierte sich ein Mann an einer der hinteren Stehtheken. »Davon habe ich schon zahlreiche Flaschen geleert, hier handelt es sich bestenfalls um den billigen Abklatsch eines Discounters.«

Plötzlich war es mucksmäuschenstill und man hätte die sprichwörtliche Stecknadel zu Boden fallen hören können.

»Aber, Herr Dr. Müller-Hindelang, natürlich stammt der Wein von Giacosa, weshalb sollte ich Sie anlügen. Sie können gerne die Flaschen mit dem Originaletikett in Augenschein nehmen, wenn Sie wollen.«

Miriam bekam vor Aufregung rote Flecken im Gesicht.

»Dann muss es sich um eine Fälschung handeln, man hört in letzter Zeit ja so manches über gefälschte Etiketten«, ließ sich der angetrunkene Mann nicht beirren.

»Wenn ich es richtig verstanden habe, wollen Sie behaupten, dass Frau Neuburg Sie betrügen will.«

Sascha hatte sich inzwischen vor dem schmächtigen Müller-Hindelang aufgebaut.

»Ich kenne dieses Weingut und weiß genau, dass ein kleiner Weinhändler wie Rudi Neuburg niemals an diese Flaschen herankommen würde. Die edlen Gewächse von Giacosa sind ein paar Jahre vor der Ernte bereits vergriffen.«

»Herr Dr. Müller-Hindelang, würden Sie mein Haus bitte verlassen. Ich werde mir rechtliche Schritte wegen Verleumdung gegen Sie vorbehalten!«, rief Miriam bestimmt. »Und selbstverständlich werde ich eine Expertise des Weines vornehmen und allen Anwesenden zukommen lassen.«

»Ha, das können Sie sich sparen, dieser Fusel ist niemals ein Giacosa.«

In diesem Moment brannte bei Sascha eine Sicherung durch, was zu einem guten Teil an dem von ihm konsumierten Weißwein lag. Er schnappte blitzschnell den renitenten Mann am Kragen. Erbarmungslos zog er den zeternden Gast hinter sich her und beförderte ihn mit einem Tritt hinaus.

»Das wird ein Nachspiel haben, das verspreche ich Ihnen!«, schrie Müller-Hindelang, während er sich mit Hilfe seiner Ehefrau wieder aufrappelte.

Pikiert hatten die anderen Gäste die Szene beobachtet und

innerhalb weniger Minuten leerte sich der Raum zur Hälfte.

Nachdem auch die restlichen Gäste sich mit aufmunternden Worten verabschiedet hatten, setzte sich Miriam auf einen Stuhl und legte den Kopf zwischen ihren Armen auf den Tisch.

»Warum kann mir nicht mal etwas gelingen, den Weinhandel kann ich mir nach diesem handfesten Skandal jedenfalls abschminken«, schluchzte sie.

»Es tut mir leid, dass ich den Kerl so grob angefasst habe. Es wird bestimmt alles wieder gut«, versuchte Sascha zu trösten.

»Hm, eigentlich hast du richtig gehandelt, wie ein Ritter, der sein Burgfräulein verteidigt.«

Miriam hatte sich wieder aufgerichtet und Sascha trocknete ihre Tränen.

»Leider ist dieser Arsch der Seniorpartner einer der angesehensten Anwaltskanzleien der Stadt und ich bin mir sicher, dass er dich wegen Körperverletzung anzeigt.«

Allmählich verflüchtigte sich der Alkoholschleier und Sascha kam zu Bewusstsein, welche Folgen das für ihn als Kripobeamten haben könnte.

Ein mittelgroßer Mann, der seine langen Haare zu einem Zopf geflochten hatte, trat aus der Türe des Haupthauses und gab dem Hochgewachsenen ein unmissverständliches Zeichen.

»Entschuldigen Sie Frau…?«

»Friedrich.«

»Ja, Frau Friedrich, unser junger Bruder hier ist manches

Mal ein wenig abweisend, aber er meint es nicht böse. Was kann ich für Sie tun? Sie müssen wissen, dass wir normalerweise nicht auf Besuch eingestellt sind. Ich bin übrigens Bruder Bernhard.«

Dieser bemüht sich wenigstens, freundlich zu sein, dachte Charlotte genervt.

»Wie ich Ihrem Kollegen schon sagte, möchte ich nur wissen, ob meine Tochter Yvonne Friedrich hier wohnt, und ich würde gerne mit ihr reden, wenn das möglich ist. Oder wird sie hier etwa gegen ihren Willen festgehalten?«, fragte sie mit einem leicht drohenden Unterton.

»Aber natürlich nicht, wo denken Sie hin, das ist doch kein Gefängnis. Es ist lediglich so, dass wir eine sehr enge Gemeinschaft sind und uns aus religiösen Gründen von der sündigen Außenwelt so gut es geht abschotten. Selbstverständlich können Sie mit Schwester Yvonne ein wenig plaudern.«

Er öffnete das Tor und Charlotte folgte ihm, dabei versuchte sie sich zu erinnern, woher sie die ungewöhnliche Kleidung kannte.

»Wenn Sie hier bitte warten wollen«, bat der befehlsgewohnte Bruder und wies auf eine Ruhebank, die neben der Hauseingangstür aufgestellt war.

Mit schnellen Schritten strebte er einer Scheune zu, in der mehrere Leute damit beschäftigt waren, die Gerätschaften für die Ackerbestellung herzurichten.

Verwundert stellte Charlotte fest, dass sie auf dem Hof keinerlei Traktoren oder sonstige Maschinen entdecken konnte. Zwei stämmige Kaltblüter hatten ein Kummet um den muskulösen Hals und mussten offenbar die eisernen Pflugscharen ziehen.

»Bist du wahnsinnig geworden?«, zischte Bruder Bernhard wütend, als er Yvonne gefunden hatte.

»Wir haben doch eine strikte Abmachung, dass wir niemandem von unserer Gemeinschaft hier erzählen. Das wird ein Nachspiel haben. Wie bist du überhaupt an ein Telefon gekommen?«

Unsanft ergriff er ihren Arm.

»Los komm, da draußen ist deine Mutter, rede ein wenig mit ihr. Aber ich warne dich, keinerlei Interna von unserem Leben hier, ist das klar?«

Als die abgemagerte Gestalt auf sie zukam, konnte Charlotte nicht anders, als aufzuspringen und ihrer Tochter entgegenzueilen.

»Ich hab dich so sehr vermisst, meine Kleine.«

Yvonne ließ die Umarmung scheinbar teilnahmslos über sich ergehen und blickte auf den hinter ihr kommenden Bernhard.

»Du musst mich hier rausholen«, hauchte sie Charlotte ins Ohr, ohne ihre Lippen zu bewegen.

»Das freut mich immer wieder aufs Neue, wenn ich zwei Menschen zusammenführen kann, die sich lange nicht mehr gesehen haben«, meinte Bernhard jovial, als ob es sein Verdienst gewesen wäre, dass Mutter und Tochter sich in den Armen lagen.

Er machte auch keinerlei Anstalten sich zu entfernen, als die beiden Frauen auf der Sitzbank Platz nahmen.

»Sollen wir irgendwohin, um etwas zu trinken? Ich habe in Lindenberg ein nettes Café entdeckt«, schlug Charlotte vor.

»Das ist schade, aber heute geht es nicht, da wir noch sehr viel Arbeit haben und jede Hand benötigt wird«, preschte der Bruder dazwischen, bevor Yvonne antworten konnte. »Der Herr hat unser Flehen erhört und uns schönes Wetter geschenkt. Rufen Sie doch einfach beim nächsten Mal vorher an und jetzt entschuldigen Sie uns bitte, die Arbeit ruft.«

Verdutzt schaute Charlotte ihrer Tochter nach, die mit sanfter Gewalt in Richtung Scheune dirigiert wurde.

Das durfte doch nicht wahr sein, ihre Tochter war eine erwachsene Frau und konnte hingehen, wohin sie wollte.

In diesem Moment tauchte der riesige Hund wieder auf und Charlotte spürte deutlich, dass sie nicht mehr erwünscht war. Sollte sie einfach kampflos das Feld räumen und ihre Tochter in den Fängen dieses in ihren Augen gefährlichen Mannes zurücklassen?

»Hab keine Angst, Yvi, ich komme wieder, wenn es sein muss mit der Polizei!«, rief sie beim Hinausgehen, woraufhin der Wachhund lautstark losbellte und immer näher kam.

Charlotte bekam es mit der Angst zu tun und beeilte sich, das Tor hinter sich zu schließen.

»So eine verdammte Scheiße«, zischte Bruder Bernhard unhörbar für die anderen und seine Augen nahmen einen fast diabolischen Ausdruck an.

Dank mehrerer Atemübungen wurde er wieder ruhiger und wandte sich mit erhobenen Armen an seine Brüder und Schwestern.

»Ich spüre deutlich, wie schlechte Schwingungen unsere Gemeinschaft der ›Wahren Jünger‹ bedrohen. Wir wollen uns beim gemeinsamen Abendessen ausgiebig darüber unterhalten und versuchen, einen Ausweg zu finden.«

Er bedeutete ihnen mit einem unmissverständlichen Zeichen, die Arbeit wieder aufzunehmen.

Bei Einbruch der Dämmerung schleppten sich die erschöpften Männer und Frauen zum Brunnen, der sich auf dem weiträumigen Platz zwischen dem Wohnhaus und der Gerätescheune befand.

Nachdem sie sich notdürftig sauber gemacht hatten, gingen sie einzeln in die mit zahlreichen Kerzen illuminierte Küche. Hier hatten drei Frauen bereits damit begonnen, einen einfachen Getreidebrei sowie einen Salat aus den Erzeugnissen der Gemeinschaft zuzubereiten. Bruder Bernhard hasste nichts so sehr wie Völlerei und sah darin auch den hauptsächlichen Grund für den baldigen Niedergang der Menschheit.

Von Haus aus war Bernd Waldner, wie er mit richtigem Namen hieß, gelernter Psychologe und hatte diesen Beruf auch bis zu seiner Erweckung ausgeübt. Oft genug hatte der Gründer der »Wahren Jünger« seinen Anhängern die legendäre Geschichte erzählt.

Ein besonders schwieriger Patient hatte ihn damals derart in Anspruch genommen, dass Bernd die Sitzung unterbrach und einen Spaziergang in die Obstbaumwiese, die unweit seiner Praxis gelegen war, unternahm. Völlig ausgepowert setzte er sich an den Stamm eines ausladenden Birnbaums und überlegte die nächsten Schritte der Therapie.

Just in diesem Moment erschien ihm ein Engel, wie er später behauptete, und befahl Bernd Waldner, sein bisheriges Leben aufzugeben und das Wort Gottes in seiner ursprünglichen, archaischen Form unter die Menschheit zu bringen.

Seine Frau, der er voller Freude von diesem Erlebnis berichtete, wollte ihn gleich in eine Klinik einweisen lassen. Waldner zog voller Sendungsbewusstsein die logische Konsequenz und trennte sich von seiner Ehefrau, die er eigentlich als seine Maria Magdalena gesehen hatte. Er machte einen radikalen Schnitt und gewann dank seiner charismatischen demagogischen Art immer mehr Mitstreiter.

Musste er am Beginn seiner Karriere als Guru noch in den Fußgängerzonen nach Gleichgesinnten suchen und Traktate verteilen, konnte er sich mittlerweile mögliche Kandidaten für seine eigentümliche Form der Wohngemeinschaft aussuchen.

Und dank lukrativer Erbschaften, die ihm einige seiner Schäfchen übereignet hatten, sowie externer Geldgeber hatte er bereits mehrere andere Gemeinschaften gegründet, denn er sah sich als von Gott auserkorenen Nachfolger der Jünger, die nach Christi Tod in die Welt hinausgingen, um zu missionieren. Von den anderen Niederlassungen wussten allerdings nur er und seine zwölf engsten Vertrauten.

Sein Hauptbestreben lag darin, den Einfluss des Islam im christlichen Abendland einzudämmen. Dafür wollte er seine ganze Kraft einsetzen und Bruder Bernhard war überzeugt davon, dass er von Gott für diese Aufgabe auserwählt war. Es konnte nicht sein, dass die Christenheit von den Muslimen überall auf der Welt immer mehr zurückgedrängt wurde und die seiner Ansicht nach viel zu liberalen Kirchen nicht imstande waren, etwas dagegen zu unternehmen. Mit größtem Interesse hatte er die Geschichte der Kreuzzüge studiert und sah sich bereits als legitimen Nachfolger dieser Glaubenskrieger. Und genauso wie die mittelalterlichen Ritter würde er mit Gottes Hilfe jede Hürde erbarmungslos aus dem Weg räumen.

Doch bevor er seine hochfliegenden Pläne in die Tat umsetzen konnte, musste er seine erste Zelle besser unter Kontrolle bringen.

Nachdem er ein langes Dankgebet gesprochen hatte, wollten sich seine hungrigen Anhänger auf das einfache Mahl stürzen.

»Wartet, Brüder und Schwestern, bevor ihr euren sündigen Leib füllt, müssen wir eine Sache klären, die Unruhe in unsere Harmonie gebracht hat. Wie ihr alle wisst, werden wir von der Obrigkeit ziemlich gegängelt, weil wir unsere Kinder nicht auf ihre Schule schicken, sondern sie selbst im Sinne Gottes erziehen. Es kostet uns große Anstrengung, uns ihre Schergen vom Leib zu halten. Deshalb können wir keinerlei weitere Konfrontationen mit dem sogenannten Rechtsstaat brauchen. Ich möchte darum Schwester Yvonne bitten, aufzustehen und ihre Verfehlung öffentlich bekannt zu machen.«

Mit zitternden Knien erhob sich Yvonne.

»Vergebt mir, denn ich habe schwer gesündigt und großes Unheil über die Gemeinde gebracht, indem ich heimlich mit meiner Mutter telefoniert habe«, flüsterte sie und blickte demütig zu Boden.

»Wir vergeben dir, doch wie du weißt, muss ich dir eine nachdrückliche Strafe erteilen, damit du aus deiner Verfehlung lernst.«

Das zustimmende Gemurmel seiner Anhänger bekräftigte Bruder Bernhards Urteil.

»Du wirst eine Woche lang fasten und uns stehend bei den Mahlzeiten zusehen. Zudem ist der Kartoffelkeller deine Schlafstatt für die nächste Zeit. Doch als Erstes bekommst du die Erlaubnis, nachdem wir gegessen haben, deine Mutter anzurufen, um ihr mitzuteilen, dass mit dir alles in Ordnung ist und es dir in unserer Gemeinschaft gut geht.«

Yvonne nickte ergeben und beobachtete aus den Augenwinkeln, wie die anderen sich über das Essen hermachten. Die junge Frau kämpfte mit den Tränen, während sie ihre Beine abwechselnd belastete. Wie hatte sie nur so verrückt sein können, dieser Sekte beizutreten.

Sie rief sich den Abend in einer Heidelberger Studenten-kneipe in Erinnerung, als sie sich unsterblich in Michael ver-liebt hatte.

Im Gegensatz zu ihrer Mutter war Yvonne durchaus selbstbewusst und hatte damals zuerst die Initiative ergriffen, als sie bemerkte, dass ein junger Mann sie geradezu anstarrte. Anfangs ging ihr der durchdringende Blick auf die Nerven und sie wollte den unverschämten Kerl zurechtweisen. Aber irgendetwas an ihm zog sie magisch an, später wurde ihr be-wusst, dass es seine grünen Augen gewesen sein mussten.

Er stellte sich als Michael vor und berichtete ihr von sei-nem Medizinstudium, das er für eine Lehrstelle als Gemüse-gärtner aufgegeben hatte.

Sie unterhielten sich so lange, bis der Kneipier sie hinaus-warf. Die Freundinnen, mit denen Yvonne hergekommen war, hatten das Lokal bereits Stunden zuvor verlassen.

»Hast du Lust, noch ein wenig am Ufer des Neckars ent-lang zu spazieren?«, schlug Michael vor, nachdem sie eine Zeitlang unschlüssig vor der Kneipe gestanden hatten.

Als die Sonne aufging, waren die beiden immer noch nicht müde und Yvonne hatte sich unsterblich verliebt.

Es dauerte keine zwei Wochen, bis die junge Frau bei Michael einzog. Die spärlich möblierte Zweizimmerwoh-nung war alles andere als geräumig, doch das störte das frisch verliebte Paar nicht, im Gegenteil, sie konnten nicht eng ge-nug beieinander sein.

Anfangs besuchte sie ihre Vorlesungen noch regelmäßig, doch allmählich ging Yvonne nur noch sporadisch zur Uni. Stattdessen schlüpfte sie in die Rolle einer Hausfrau, was Michael zunächst kritisierte, der sich dann jedoch schnell an den Luxus eines warmen Abendessens oder frisch gewasche-ner Wäsche gewöhnte. Er erzählte abends von seinen verschiedenen Aufgaben und Yvonne hatte den Eindruck, dass ihm die Arbeit in den Gärten großen Spaß bereitete.

Wenn er mich jetzt fragt, ob ich ein Kind von ihm will, setze ich heute noch die Pille ab, dachte sie beschwingt, als sie eines Abends harmonisch bei einem Glas Rotwein an dem winzigen Esstisch in der Küche saßen.

»Ich weiß ja nicht wie es dir geht, aber mir ist das Leben, so wie wir es führen, einfach zu wenig«, fing er plötzlich an.

Irritiert sah Yvonne ihren Freund daraufhin an.

»Es hat nichts mit dir zu tun oder mit unserer Liebe. Ich glaube einfach, dass das Dasein mehr zu bieten hat als schuften und schlafen.«

»Aber ich dachte, dein Beruf macht dir Spaß. Du erzählst mir doch beinahe jeden Abend völlig euphorisch, was für tolle Gärten ihr angelegt habt.«

»Natürlich liebe ich es, mit meiner Hände Arbeit die Gartenanlage eines Wohnhauses zu verschönern oder in der Erde zu wühlen und zu erleben, wie aus einem Saatkorn eine wunderbare Pflanze entsteht.«

Michael hielt kurz inne und nahm einen Schluck. Dabei nahmen seine intensiven Augen einen eigenartigen Ausdruck an.

»Doch ich würde meine Arbeitskraft lieber in den Dienst einer guten Sache stellen, als dabei zu helfen, dass mein Chef reicher und reicher wird.«

Von diesem Abend an spürte Yvonne deutlich, dass irgendetwas zwischen ihnen und eine schwerwiegende Entscheidung vor ihnen standen.

Es dauerte eine Zeit lang, bis sich diese Veränderung einstellte, Yvonne hatte schon gehofft, dass es sich nur um eine vorübergehende Unzufriedenheit mit dem Dasein handelte.

Aber einige Wochen später kam Michael völlig aufgelöst nach Hause.

»Ich glaube, ich habe die Lösung gefunden.«

Er zog einen kleinen Zettel aus seiner Jackentasche und wedelte mit ihm herum.

»Ich verstehe nicht…, was ist das für eine Adresse, die da draufsteht?«, wollte Yvonne wissen, nachdem er ihr den Papierschnipsel gegeben hatte.

»Schau noch mal genauer hin«, befahl er ihr ungeduldig.

»Da steht, die ›Wahren Jünger‹ und irgendein Ort mit bayerischer Postleitzahl«, entgegnete die junge Frau und betrachtete ihren Freund mit einem äußerst skeptischen Blick.

»Neulich habe ich einen früheren Kommilitonen getroffen, der alle Zelte hinter sich abgebrochen hat und gerade auf dem Weg zu diesen Leuten war. Wir sind noch in eine Kneipe gegangen und er hat mir ziemlich detailliert über die Gemeinschaft dort erzählt«, meinte Michael begeistert.

Wie blind vor Liebe bin ich da nur gewesen, dachte Yvonne traurig und erinnerte sich daran, wie sie alles hingeschmissen hatte, um jetzt wie eine Aussätzige hier zu stehen. Nicht einmal Michael hatte es für nötig befunden, ihr beizustehen.

»So, Schwester, dann wollen wir das Telefonat hinter uns bringen.«

Bruder Bernhard hatte nach dem Essen ein Dankgebet gesprochen und führte Yvonne danach in ein geräumiges Zimmer, das dem Vorsteher als Büro diente und in dem das einzige Telefon der Gemeinschaft stand.

Bereitwillig gab sie ihm die Handynummer ihrer Mutter, die er eintippte und die wenig später auf dem Display erschien.

»Friedrich?«, meldete sich Charlotte, die spontan beschlossen hatte, sich in dem beschaulichen Lindenberg ein Zimmer zu nehmen, um in der Nähe ihrer verzweifelt wirkenden Tochter zu sein.

»Hallo Mami, ich bin's, Yvonne.«

Mit einem Kopfnicken ermunterte sie der Bruder zum Reden.

»Ich wollte dir nur noch sagen, dass ich hier glücklich bin und es keine Veranlassung gibt, dass du mich noch einmal besuchst. Es war schön, dass ich dich wieder einmal gesehen habe, doch halte dich in Zukunft einfach aus meinem Leben raus«, stieß die junge Frau mit zitternder Stimme hervor und war den Tränen nahe.

Dem aufmerksamen Mann neben ihr war nicht entgangen, dass Yvonne völlig aufgelöst war, und er riss ihr den Hörer förmlich aus den Händen.

»Sie haben gehört, was Ihre Tochter gesagt hat, Frau Friedrich, und ich möchte Sie bitten, ihre Entscheidung zu respektieren. Ansonsten wird Sie der Zorn Gottes treffen, denn unsere kleine Gemeinschaft steht unter seinem besonderen Schutz«, ergänzte Bernhard pathetisch.

Diese unverhohlene Drohung ließ Charlotte frösteln und sie rang nach Worten.

»Ich lasse mich von Ihnen nicht einschüchtern, denn ich habe gesehen, dass es meinem Kind bei Ihnen nicht gut geht, und wenn es keine andere Möglichkeit gibt, sie aus Ihren Fängen zu befreien, werde ich zur Polizei gehen.«

Yvonne konnte nicht genau hören, was ihre Mutter antwortete, lediglich das Wort Polizei hatte sie aufgeschnappt, bevor Bernhard ihr bedeutete, den Raum zu verlassen.

»Machen Sie das nicht«, antwortete er betont ruhig. »Denn glauben Sie mir, dass ich alles tun werde, um meine Herde, die mir von Gott anvertraut wurde, zusammenzuhalten. Das

Beste wäre es für alle Beteiligten, wenn Sie einfach zurückkehren zu Ihrem Mann und uns in Ruhe lassen. Ansonsten kann ich für nichts garantieren, auch nicht für Ihre Unversehrtheit. Es geht hier einfach um mehr als um Ihr kümmerliches Leben. Ich hoffe sehr, dass Sie mich verstanden haben.«

Mit diesen unmissverständlichen Worten legte er auf.

Abrupt bremste Karin und ihr Fahrrad kam kurz vor dem Mann zum Stehen.

»Was soll das?«

Die kräftige Gestalt war wie aus dem Nichts vor Karin aufgetaucht.

»Na hör mal, wir haben doch jetzt ein Rendezvous, hast du das etwa vergessen?«, meinte er lässig und legte wie beiläufig seine rechte Hand an ihren Lenker.

Jetzt wurde es der jungen Frau doch etwas mulmig zumute, denn weit und breit war niemand mehr, den sie um Hilfe bitten konnte.

Warum war sie nicht mit den anderen zum Feiern gegangen? Vielleicht kommt doch noch ein Auto vorbei und bemerkt mich, dachte sie hoffnungsvoll, doch dann fiel ihr ein, dass die anderen auf ihrem Nachhauseweg immer die Kalkofensteige hinunterfuhren.

»Bitte lassen Sie mich gehen, ich bin müde und muss morgen wieder früh raus«, entgegnete sie genervt.

»Jetzt hab dich nicht so, du willst es doch auch. Los, steig ab!«

Karin bekämpfte die aufsteigende Panik und ermahnte sich zur Ruhe. Gegen den kräftigen Kerl hatte sie keine

Chance, aber sie konnte es einfach nicht glauben, dass er ihr hier mitten im Wald Gewalt antun würde. Dass sie hier im beschaulichen Sonnenbühl einem Triebtäter zum Opfer fallen könnte, kam ihr so unwirklich vor. Um ihn nicht noch mehr zu reizen, stieg sie betont langsam von ihrem Rad ab und stellte es auf den Fahrradständer.

Einer inneren Eingebung folgend beschloss Karin, in die Offensive zu gehen.

»Ich verstehe nicht, was Sie von mir wollen, außerdem kommen hier gleich mehrere Autos vorbei und einer der Fahrer nimmt uns bestimmt wahr. Also gehen Sie mir jetzt aus dem Weg«, sagte sie so bestimmt, wie es ihr in der gefährlichen Situation möglich war.

In einer Frauenzeitschrift hatte Karin einmal gelesen, dass Vergewaltiger vor einer selbstbewusst auftretenden Frau zurückschreckten.

Sie spürte deutlich, wie er kurz unaufmerksam wurde, und trat mit voller Wucht zwischen seine Beine. Doch als ob er es geahnt hätte, drehte er sich in diesem Moment zur Seite weg und nahm so dem Tritt seine Wirkung.

Jetzt ging alles sehr schnell, er warf Karin auf den Boden und stürzte sich auf sie.

Sie haben was getan? Einen der bekanntesten Strafverteidiger Stuttgarts so sehr verprügelt, dass er sich in ärztliche Behandlung begeben musste?«

Ungläubig blickte Magdalena Mertens zu ihrem Assistenten auf, der die Hauptkommissarin um beinahe zwei Haupteslängen überragte.

Dabei warf sie wütend die neueste Ausgabe der »Stuttgarter Nachrichten« auf den Tisch, in dem ein Artikel ausführlich über einen Polizisten berichtete, der den harmlosen Gast einer Weinprobe mit äußerster Brutalität des Lokals verwiesen hatte.

»Na ja, er hat meine Freundin aufs Gröbste beleidigt und da konnte ich ja nicht tatenlos zusehen«, entgegnete Sascha Gross kleinlaut.

»Und außerdem habe ich ihn lediglich am Kragen geschnappt und ihm zum Abschied einen Tritt in den Allerwertesten gegeben.«

»Hoffentlich haben Sie genügend Zeugen, die Ihre Aussage bestätigen können. Am besten nehmen Sie Ihren Jahresurlaub jetzt schon, damit Sie ein wenig aus der Schusslinie sind. Wir haben gerade sowieso nicht zu viel zu tun. – Äh, entschuldigen Sie meine Neugier, aber sind Sie tatsächlich jetzt mit Miriam Neuburg, der Witwe unseres letztjährigen Mordopfers Harry Kollinski zusammen?«

»Das ist zwar ein wenig ungewöhnlich, doch seit diesen Ermittlungen sind wir ein Paar und, wenn ich mir die Bemerkung erlauben darf, sehr glücklich«, antwortete Sascha lächelnd.

»Das freut mich für Sie«, lautete die knappe Antwort.

Magdalena verschwieg dabei geflissentlich, dass sie bei dem Mordfall im Osterei-Museum in Erpfingen ebenfalls, wie sie sich ausdrückte, einen lieben Freund gefunden hatte. Mindestens einmal in der Woche traf sie sich seither mit dem Hobbypaläontologen und früheren Landwirt Paul Hanser, entweder zu einem gepflegten Abendessen im »Hirsch« in Erpfingen oder zu einem Theaterbesuch im Theater Lindenhof in Melchingen.

Diese gemeinsamen Abende brachten Magdalena deutlich

ins Bewusstsein, wie einsam ihr Leben all die Jahre gewesen war. Sie war in ihrem Beruf bei der Polizei aufgegangen und hatte sich lediglich an Weihnachten oder im Hinblick auf ihren nahenden Ruhestand Gedanken über ihr Alleinsein gemacht.

Doch jetzt war alles anders und sie freute sich nach jedem zusammen verbrachten Abend auf das baldige Wiedersehen.

»Hat der Anwalt schon Strafanzeige gegen Sie erstattet?«

»Das Schreiben hat mich gestern erreicht und mir bleibt jetzt wohl nichts anderes übrig, als mir ebenfalls einen Verteidiger zu suchen. Was meinen Sie, könnte diese Geschichte ernsthafte Folgen für meine Karriere haben?«, fragte Sascha mit bangem Blick und rief sich den Abend nochmals ins Gedächtnis.

Nach der Weinprobe hatten er und Miriam noch etliche Gläser getrunken, um ihren Frust über den misslungenen Abend abzubauen, bevor sie in dem von Miriams Vater eingerichteten Gästezimmer gelandet waren.

Erst am nächsten Morgen, als er mit deutlichen Symptomen eines Katers aufgewacht war, kam Sascha die volle Tragweite seiner Tat zu Bewusstsein.

Miriam versuchte, ihn während des gemeinsamen Frühstücks, das sie in einem schnuckeligen Café einnahmen, zu beruhigen. Sie verwies auf die zahlreichen Zeugen, die die unverschämten Anschuldigungen von Müller-Hindelang gegen sie mitbekommen hatten.

Sascha war sich indes nicht so sicher, ob die Gäste, die sich allesamt zu kennen schienen, gegen einen ihrer Freunde aussagen würden.

»Wenn es sich tatsächlich so verhält, wie Sie es schildern, woran ich natürlich nicht den leisesten Zweifel habe«, ein Lächeln huschte über Magdalenas listiges Gesicht, »bin ich überzeugt davon, dass Sie es trotz Ihrer Verfehlung zum Polizeipräsidenten bringen können.«

Sascha verabschiedete sich von seiner Vorgesetzten und war erleichtert darüber, dass sie die ganze Sache wohl nicht so ernst nahm, wie er befürchtet hatte.

Magdalena Mertens hingegen musste, als sie wieder alleine in ihrem Büro war, sich eingestehen, dass sie sich wohl früher, bevor sie Paul kennengelernt hatte, rigider verhalten hätte.

Mit höchster Konzentration setzte er die Alarmanlage außer Betrieb. Der Rest war ein Kinderspiel. Vorsichtig nahm er das Bild aus seinem Rucksack und tauschte es mit dem Gemälde, das an der Wand hing. Er leuchtete mit seiner starken Taschenlampe und stellte zu seiner Freude fest, dass die Fälschung keinerlei Unterschied zu dem Original aufwies.

Das hier ist ein einträgliches Geschäft und außerdem idiotensicher, dachte er zufrieden, als er wieder hinausschlich. Der Schlossherr hatte zu viele andere Dinge um die Ohren und würde es wohl nie merken.

Wenn ihn nur die Schlampe, die neulich unerwartet hereingekommen war, nicht erkannt hatte und zur Polizei ging. Dann wäre es aus mit dem süßen Leben, denn für Einbruch in dem Stil, wie er ihn betrieb, würde er für einige Jährchen einfahren.

Das Beste wird sein, ich bringe die Alte zum Schweigen, dachte er, als er zu seinem im nahen Wald abgestellten Auto lief. Er musste sich nur noch eine geeignete Methode ausdenken.

Während er die Landstraße entlangfuhr, nahm ein Plan in seinem Kopf Gestalt an. Dazu war es nötig, dass er skrupellos zu Werke ging, aber Skrupel waren ihm seit längerer Zeit ohnehin fremd.

Charlotte war am nächsten Morgen unverrichteter Dinge wieder nach Hause gefahren. Die eindeutige Drohung des Sektenführers ging ihr nicht mehr aus dem Sinn und je mehr sie über den unheimlichen Mann nachdachte, desto mehr kam sie zu der Erkenntnis, dass dieser Kerl für seine Ideale über Leichen gehen würde. Andererseits, was hatte sie schon zu verlieren, ihr einziges Kind wurde offenbar auf dem Bauernhof gegen ihren Willen festgehalten.

Sie wählte die Nummer einer Person, die sie einmal sehr gut gekannt, mit der sie jedoch seit längerer Zeit nicht mehr gesprochen hatte.

Nachdem sie am Telefon ihr Herz ausgeschüttet hatte, war es Charlotte wohler zumute und sie beschloss spontan, ihren Dienst am Nachmittag anzutreten, obwohl sie ursprünglich vorhatte, sich die nächsten Tage krankschreiben zu lassen.

Die Sorge um ihr Kind trat ein wenig in den Hintergrund, als sie den Schlosshof betrat und auf die zahlreichen Touristen blickte. Die meisten von ihnen hatten bereits beeindruckt in den gähnenden Abgrund geblickt und den faszinierenden Ausblick von der Kante des Albtraufs genossen. Und viele hatten sich sicherlich gefragt, wie um alles in der Welt jemand mit den aus heutiger Sicht äußerst bescheidenen Mitteln vor über hundertfünfzig Jahren dieses Kleinod mitten auf den vorgelagerten Felsen hatte bauen können.

Jede ihrer heutigen Führungen wies die maximale Teilnehmerzahl auf und Charlotte hatte teilweise Mühe, sich Gehör zu verschaffen. Am schlimmsten war es aber auf ihrer letzten für diesen Tag angesetzten Tour, offenbar war bei der Zusammenstellung der Gruppe darauf geachtet worden war, in ihr besonders viele unartige Kinder unterzubringen.

Bereits nach den ersten Räumen hatte sich Charlotte nicht mehr anders zu helfen gewusst, als die Eltern der besonders renitenten Bälger vor die Wahl zu stellen, entweder dafür Sorge zu tragen, dass sich ihr Nachwuchs einigermaßen benahm, oder umzukehren. Empört hatten mehrere Väter daraufhin gedroht, sich bei der Verwaltung zu beschweren, doch das war Charlotte in diesem Moment herzlich egal.

»Halt, da darfst du nicht rein«, schrie die überlastete Schlossführerin, als ein rothaariger Junge durch eine wohl versehentlich nicht abgeschlossene Türe in die oberen Räumen schlüpfte.

Sofort nahm Charlotte die Verfolgung auf und rannte dem Kind hinterher. Sie musste unbedingt verhindern, dass dem Bub während ihrer Führung irgendetwas zustoßen konnte. Sie blickte sich in dem engen Treppenhaus, in das sie gelangt war, um, doch von dem Kind war nichts zu sehen.

Charlotte entschloss sich, der Treppe, die in den Hauptturm führte, nach oben zu folgen. Hier oben war die Aussicht noch weitaus phänomenaler, doch dafür hatte sie jetzt keine Muße. Ihre Sorge galt einzig und allein dem verschwundenen Jungen. Völlig außer Atem schaute sie sich um, ob er sich wohl irgendwo versteckt hatte.

Plötzlich wurde Charlotte von hinten gepackt und von starken Armen zu der Brüstung gedrückt. Das kann ja wohl nicht das Kind sein, dachte sie noch, während sie immer näher an den drohenden Abgrund gedrängt wurde.

Das Letzte was Charlotte in diesem Leben sah, war ihr geliebter Lichtenstein und das hämische Grinsen ihres Mörders.

Magdalena Mertens betrachtete angewidert die beinahe bis zur Unkenntlichkeit entstellte Frauenleiche und dachte dabei, dass sie eigentlich in einem Alter war, in dem man solche schrecklichen Dinge nicht mehr unbedingt zu Gesicht bekommen musste. Außerdem war sie so außer Atem wie selten zuvor, weil sie den beschwerlichen Fußmarsch vom Tal herauf gemacht hatte. Nur eine halbe Stunde, nachdem sie mit ihrem Kollegen Gross geredet und er ihr seine Verfehlung gebeichtet hatte, war Köttmann in ihr Büro gestürmt.

»Wir haben einen Leichenfund am Schloss Lichtenstein. Machen Sie sich unverzüglich auf den Weg«, hatte ihr Vorgesetzter in seiner forschen Art befohlen.

Sie blickte hoch zu dem steil aufragenden Felsen, der dem Märchenschloss als Fundament diente.

»Die Frau ist aus großer Höhe heruntergefallen und schlug wohl zuerst an den Steinen auf, bevor sie Bekanntschaft mit mehreren soliden Bäumen machte.«

Wie jedes Mal versuchte Maier von der Spurensicherung, der dickliche Mann mit dem gemütlichen Gesicht, das Geschehen auf humorvolle Art zu verarbeiten. Doch Mertens war angesichts des tödlichen Sturzes nicht nach Scherzen zumute.

»Hat sie ein Ausweisdokument oder sonst etwas dabei, um ihre Identität festzustellen?«, fragte die Hauptkommissarin ungehalten.

»Nein, aber wir wissen, wer sie ist«, meinte ein uniformierter Kollege dienstbeflissen und nicht ohne Stolz. Er hatte die Hauptkommissarin erkannt und sich sofort neben sie gestellt.

»Es handelt sich offenbar um eine Angestellte des Schlosses. Die Zentrale hat meinen Kollegen und mich darüber informiert, dass eine Schlossführerin mitten in der Führung plötzlich verschwunden ist. Daraufhin sind wir und zwei weitere Einsatzfahrzeuge sofort dorthin gefahren und haben die komplette Burg durchsucht. Ich habe mir dann gedacht, vielleicht ist sie zum Turm und hat sich hinuntergestürzt. Bei der anschließenden Inspektion des Hauptturms bin ich schließlich auf einen kleinen Kleidungsfetzen, der an der Brüstung hing, gestoßen. Was lag also näher, als die Bergwacht zu alarmieren, um einen Suchtrupp loszuschicken. Außerdem habe ich veranlasst, das Schloss für den Publikumsverkehr zu sperren und die besagte Gruppe so lange festzuhalten, bis Sie mit diesen Leuten gesprochen haben.«

»Das haben Sie sehr gut gemacht«, entgegnete Mertens anerkennend, die den Ehrgeiz des Kollegen, sich für höhere Aufgaben zu empfehlen, sofort erkannt hatte.

»Danke, Frau Hauptkommissarin, ich habe Ihnen hier alles zusammengestellt.«

Er reichte Mertens einen Zettel, auf dem sich die Personalien der toten Frau befanden.

Nachdenklich blickte sie auf einen Namen, der ihr vage bekannt vorkam.

»Was ist näher und weniger beschwerlich für mich, weiter nach oben zu gehen oder wieder abzusteigen?«, fragte sie einen sehnigen Mann von der Bergwacht, der genauso aussah und gekleidet war, wie man es von diversen Alpenserien im Fernsehen kannte.

Abschätzig betrachtete der Bergretter die ältere Polizistin und wollte ihr wohl gerade das Angebot machen, sie hinunterzutragen, als er in ihre Augen blickte, die einen starken Willen ausdrückten.

»Unweit von hier schlängelt sich der Wanderweg den Berg empor, wenn Sie dem folgen, sind Sie in etwa einer Stunde im Schloss.«

»Ich werde Ihrem Rat folgen.«

Mertens nickte dem Mann dankbar zu.

»Und Sie sind dafür verantwortlich, dass die Leiche einigermaßen unbeschadet auf dem Tisch unseres Pathologen landet«, befahl sie dem Ehrgeizling, wie sie den Kollegen bereits insgeheim getauft hatte.

»Dafür werde ich persönlich sorgen, Frau Hauptkommissar, äh … mein Name ist übrigens Ganter.«

Sie verabschiedete sich von den Männern und sah beim Weglaufen noch, wie die Leiche in einem Sack verschwand, der auf einem Tragegestell fest montiert war.

Für heute war der heißeste Tag des Jahres angekündigt und Magdalena war froh über ihre Kurzhaarfrisur und die leichte Hose.

Seit sie sich regelmäßig mit Paul Hanser traf, hatte sich nicht nur ihre Lebenseinstellung, sondern auch ihre Kleiderauswahl verändert. Offenbar hatte der ungewöhnliche Mann sie aus einer Art Dornröschenschlaf geweckt. Wirkte sie früher eher dröge und abweisend auf ihre Kollegen, kam es inzwischen durchaus vor, dass sie jemanden anlächelte. Im

Büro wurde heftig über Mertens getuschelt, wenn sie öfter mal in farbigen Blusen oder mit einer modischen Jeanshose zur Arbeit erschien anstatt wie früher nur in unauffälligen Grautönen.

Je weiter die Hauptkommissarin nach oben wanderte, desto stärker machte sich allerdings ihre mangelnde Kondition bemerkbar. Immer öfter musste sie Pausen einlegen, um wieder zu Atem zu kommen. Zum Glück hielten die ausladenden Buchen mit ihrem Blätterkleid die heißen Sonnenstrahlen einigermaßen von ihr fern. Endlich erreichte sie schwer atmend und völlig ausgelaugt den sogenannten Albtrauf und schwor sich, in Zukunft häufiger Fahrrad zu fahren oder sich sonst sportlich zu betätigen.

Bereits von Weitem konnte sie mehrere Einsatzfahrzeuge erkennen, und als sie den Schlosshof betreten wollte, musste Magdalena sich zuerst durch eine riesige Menschentraube durchlavieren. Das Absperrband war unter dem Torbogen gespannt und der Beamte davor wirkte wie ein mittelalterlicher Torwächter. Sie hielt ihm ihren Ausweis unter die Nase und konnte unter dem rot-weißen Band durchschlüpfen.

Ganters Maßnahme erwies sich als sehr umsichtig, lediglich der Verwalter war naturgemäß verärgert.

»Endlich kommt jemand mit Kompetenz«, schrie Sailer, nachdem ein uniformierter Polizist auf Magdalena gezeigt hatte.

Der bullige Mann stürmte auf sie zu und schien die zierliche Hauptkommissarin niedertrampeln zu wollen.

»Was fällt euch ein, da draußen stehen mehrere Hundert Menschen, die einen weiten Weg auf sich genommen haben, um unser schönes Schloss zu besichtigen, und ihr sperrt hier alles ab.«

Mit hochrotem Kopf machte der Verwalter seinem Ärger Luft.

»Wer sind Sie und weshalb schreien Sie so? Ich bin zwar nicht mehr die Jüngste, aber taub bin ich noch nicht«, entgegnete Magdalena Mertens ruhig, die es in ihrer langen Laufbahn schon oft mit aufgebrachten Leuten zu tun gehabt hatte.

Erst mal den Wind aus den Segeln nehmen, war eine ihrer Devisen, die sie sich im Lauf der Jahre angeeignet hatte.

Verblüfft blickte er auf die kleine Frau hinab.

»Sailer, ich bin hier der Verwalter und dafür verantwortlich, dass der Laden läuft. Und deshalb verlange ich von euch, dass ihr schleunigst verschwindet, bevor unser guter Ruf noch Schaden nimmt«, meinte er nun deutlich leiser.

»Entschuldigung, darf ich mich vorstellen, Mertens, Hauptkommissarin von der zuständigen Mordkommission Reutlingen, und eines kann ich Ihnen schon mal versprechen, bevor hier nicht alles untersucht ist, kommt keiner ins Schloss herein.«

Bestimmt zeigte sie ihm ihren Ausweis.

»Hä, habe ich richtig gehört, Mordkommission? Nur weil offenbar eine durchgeknallte Tussi während ihrer Arbeit abgehauen ist?«

»Die ›durchgeknallte Tussi‹, wie Sie Ihre langjährige Mitarbeiterin liebevoll genannt haben, wurde unterhalb der Burg in einem beklagenswerten Zustand gefunden. Und zwar so schlimm, dass sie wahrscheinlich nicht einmal ihr Ehemann wiedererkennen wird. Unsere Aufgabe ist es nun herauszufinden, ob sie sich selbst vom Turm gestürzt hat oder ob jemand nachgeholfen hat.«

Der cholerische Verwalter schien nun doch ein wenig aus dem Konzept gebracht worden zu sein.

77

Aufmerksam musterte Mertens den Mann, denn mittlerweile befand sie sich bereits in einem Ermittlungsmodus, in dem jeder, der mit der Verstorbenen zu tun gehabt hatte, ein potenzieller Verdächtiger war. Dieser Kerl hier, der ihr von Anfang an suspekt gewesen war, gehörte zweifellos dazu, denn er hegte offenbar keine große Sympathie für die Tote.

»Wo waren Sie in der Zeit, in der Ihre Mitarbeiterin verschwunden ist?«

Diese Frage brachte Sailer nun vollends aus der Fassung.

»Was soll das, verdächtigen Sie etwa mich? Wieso sollte ich meine Angestellte umlegen? Außerdem glaube ich fest daran, dass sie sich aus eigenem Antrieb hinabgestürzt hat. Bei der war sowieso eine Schraube locker.«

»Würden Sie bitte meine Frage beantworten?«, beharrte Mertens.

»Na, wo war ich wohl, in meinem Büro natürlich.«

»Gibt es dafür Zeugen?«

»Was weiß ich, meine Sekretärin vielleicht, aber jetzt ist mir die Sache zu blöd. Finden Sie erst mal heraus, ob es sich überhaupt um Mord handelt, bevor Sie einen unbescholtenen Bürger verdächtigen. Vor allem würde ich Ihnen raten, sich zu beeilen, damit wir wieder unserem Hauptgeschäft nachgehen können.«

Ohne ein weiteres Wort drehte sich Sailer um und stapfte davon.

Magdalena konnte es ihm nicht einmal verdenken, denn tatsächlich musste sie einen Mord erst mal nachweisen.

Ein uniformierter Kollege brachte sie zu der in einem Aufenthaltsraum wartenden Besuchergruppe. Es herrschte hier ein ziemlicher Geräuschpegel, den sie mit ihrer nicht sehr lauten Stimme zu durchdringen versuchte.

»Guten Tag, meine Damen und Herren, mein Name ist Mertens.«

Sie hielt ihren Ausweis in die Runde, doch es wurde nur geringfügig leiser.

Mit Verve klatschte sie in die Hände, woraufhin sich wenigstens die meisten der Anwesenden zu ihr umdrehten.

»Es tut mir leid, dass wir uns unter so unglücklichen Umständen kennenlernen. Aber ich verspreche Ihnen, dass ich es so kurz wie möglich machen werde, damit Sie endlich nach Hause gehen können. Falls wir es jedoch hier nicht hinkriegen, muss ich Sie einzeln ins Kommissariat einbestellen.«

Diese Drohung zeigte Wirkung und die Erwachsenen sorgten nun auch dafür, dass ihre lärmenden Kinder einigermaßen zur Ruhe kamen.

»Also, als Erstes möchte ich darum bitten, dass mir jemand den Moment schildert, in dem die Schlossführerin verschwunden ist.«

Sofort wurden mehrere Stimmen laut und Mertens hatte das Gefühl, dass die Leute froh waren, ihre Anspannung auf diese Art loszuwerden.

»Bitte, wenn Sie sich darauf einigen könnten, dass mir eine Person kurz darüber berichtet, was genau sich ereignet hat.«

»Die Frau war meiner Meinung nach völlig überfordert, zumal einige der Kinder sich ihren Anweisungen nicht immer gefügt haben«, begann ein schlanker, hochgewachsener Mann zu erzählen. »In dem Zimmer im oberen Stock war es dann so weit: Ein Junge ist ausgebüxt und verbotenerweise durch eine Türe entschwunden. Ohne einen Augenblick nachzudenken, ist sie ihm nachgerannt und zwar in einem für ihr Alter erstaunlichen Tempo.«

Mertens rümpfte die Nase und konnte sich gerade noch

79

eine Bemerkung über die durchaus vorhandene Beweglichkeit im Alter verkneifen.

»Ist jemand aus Ihrer Gruppe ebenfalls hinterher?«

»Wir haben erst einmal abgewartet, schließlich hatte sie im Vorfeld immer wieder ausdrücklich darauf hingewiesen, dass diese Räume für die Öffentlichkeit absolut tabu seien. Nachdem jedoch der Junge wenig später wieder durch die Türe geschlüpft ist und die Schlossführerin auch nach weiteren zehn Minuten nicht wiederaufgetaucht ist, habe ich mir erlaubt, nach oben zu gehen. Zuerst war ich überwältigt von der grandiosen Aussicht und habe dann nach ihr gerufen. Ich habe dann nicht noch mehr in dem verbotenen Teil herumstiefeln wollen und bin zurück. Wenig später kam die nächste Gruppe und wir haben einem Herrn Wahl oder so ähnlich, der sie anführte, von dem Vorfall berichtet. Dieser umsichtige ältere Herr hat dann beide Gruppen hinausgeführt und den Hausmeister alarmiert. Irgendwann ist dann dieser eifrige Polizist gekommen und hat uns hier eingesperrt.«

Ganter, dachte die Hauptkommissarin mit einem leichten Grinsen.

»Danke, Sie haben mir sehr geholfen und ich denke, dass ich Sie für heute entlassen kann. Wenn Sie bitte so freundlich wären und meinem Kollegen hier«, sie deutete auf den Uniformierten, der sie hergeführt hatte, »Ihre Personalien für eventuelle Rückfragen mitteilen würden.«

Mertens verabschiedete sich von den Leuten und versuchte dabei, sich die Gesichter einzuprägen.

»Äh, warten Sie noch kurz«, rief sie dem hochgewachsenen Mann hinterher, der ihr so bereitwillig Auskunft gegeben hatte.

Er drehte sich auf dem Absatz um und die Polizistin meinte einen Anflug von Ärger in seinem Gesicht zu erkennen.

80

»Könnten Sie mir das Kind, das abgehauen ist, und seine Eltern zeigen?«

»Aber gerne, es ist der rothaarige Junge da vorne gewesen.«

»Danke und auf Wiedersehen.«

Sie sah zwar nicht an den anderen Leuten vorbei, doch der Bub war ihr bereits vorher aufgefallen, weil er immer in Bewegung war.

Auf Mertens dezentes Drängeln hin machten ihr die Menschen bereitwillig Platz.

»Entschuldigung, sind Sie die Eltern des Jungen?«

Die verhärmt wirkende Frau und ihr gedrungener Begleiter wollten das rothaarige Kind gerade zur Türe hinausschieben.

»Ja, weshalb?«, antwortete der Mann abweisend und seine dunklen Augen funkelten unwirsch.

»Kann ich ihm noch eine Frage stellen? Es könnte sich als sehr wichtig erweisen.«

Magdalena wusste sehr wohl um die sensible Gesetzeslage in Bezug auf Minderjährige, doch es könnte sich in diesem Fall um einen Augenzeugen handeln und das musste sie rasch klären.

»Meinetwegen, fragen Sie, aber fassen Sie sich kurz, Sie können sich ja denken, dass er ein wenig durcheinander ist.«

Es war offensichtlich, dass die Frau in der Ehe nicht viel zu melden hatte. Ihre traurigen Augen gingen zwischen Vater und Sohn hin und her.

Das Kind war unwesentlich kleiner als sie selbst und Mertens schätzte ihn auf elf oder zwölf Jahre.

»Na mein Junge, wie heißt du denn?«

»Eric«, nuschelte er, nachdem er sich mit einem Blick auf seinen Vater vergewissert hatte, dass er antworten durfte.

In ihrer kleinen Handtasche hatte Magdalena immer einen

Pack Schweizer Kräuterzucker. Sie holte eines heraus und hielt es Eric hin.

»Möchtest du ein Bonbon?«

Wieder ging sein Blick zu seinem Vater, der ganz leicht nickte, erst dann griff er nach der Süßigkeit.

»Kannst du mir mal von dem Abenteuer erzählen, das du in den verbotenen Räumen erlebt hast, und was mich am meisten interessiert, hast du keine Angst in dem dunklen Gemäuer gehabt?«

Obwohl sie keine eigenen Kinder hatte, verstand sich Magdalena gut mit den meisten Kleinen und brachte mit ihrer einfühlsamen Art schließlich auch Eric zum Reden.

»Nein, es war richtig toll und geheimnisvoll«, meinte er voller Stolz.

»Die Frau, die dich gesucht hat, hast du doch rufen gehört, oder? Und dann hast du dir ein schönes Versteck gesucht.«

»Hm, vielleicht, ich weiß nicht mehr. Aber versteckt habe ich mich, das stimmt.«

»So, das reicht jetzt, Sie sehen doch, dass der Junge darunter leidet, was er erlebt hat.«

Entschlossen schnappte der Vater den rechten Arm seines Kindes und zog ihn mit sich zum Ausgang.

Nachdenklich blieb Mertens noch in dem Raum, nachdem die ganze Gruppe bereits gegangen war. Man musste kein Psychologe sein, um zu erkennen, dass Eric nicht auf dem Turm war, als die Frau hinunterstürzte. Sonst würde er sich anders verhalten. Aber könnte es sein, dass er von seinem Versteck aus jemanden gesehen hatte, der der Frau gefolgt war? Wie dem auch sei, bevor sie das Kind erneut befragen konnte, musste sie sich rechtlich beraten lassen.

Als Mertens ebenfalls durch die Tür trat, sah sie einen kleineren, glatzköpfigen Mann auf sich zu kommen.

»Sie müssen die leitende Kommissarin sein.«

Die klugen Augen hefteten sich auf Mertens.

»Die bin ich und wer sind Sie?«

»Wahl, Berthold Wahl, ich bin ein Kollege der Verstorbenen und ich war es auch, der als Erster auf die Gruppe getroffen ist.«

»Ach, das ist gut, ich hätte Sie jetzt eh gleich gesucht. Ich nehme an, Sie bessern Ihre Rente mit diesem Job auf?«

»Hm, das kann man eigentlich nicht so sagen, ich bin pensionierter Lehrer, Geschichte und Deutsch, und die Schlossführungen geben mir die Gelegenheit, anderen Menschen auch weiterhin etwas von meinem Wissen mitzugeben. Seit drei Jahren bin ich alleinstehend, da meine Frau gestorben ist und unsere beiden Kinder sowieso längst aus dem Haus sind. Die üppige Pension reicht mir gut zum Leben und das Geld, das ich hier verdiene, stecke ich zum größten Teil wieder in den Erhalt des Lichtensteins.«

Der Mann ist ein Idealist, dachte Magdalena anerkennend.

»Das freut mich und es ist sicher hier gut angelegt«, entgegnete sie und ließ ihren Blick umherschweifen.

»Ja, das denke ich auch, trotzdem beende ich wahrscheinlich bald meine Tätigkeit hier.« Seine Stimme hatte jetzt einen traurigen Klang bekommen. »Der neue Verwalter ist nicht auf meiner Wellenlänge und ich passe sowieso nicht in sein Zukunftskonzept.«

Mertens wurde hellhörig, nach den abfälligen Äußerungen über seine verstorbene Angestellte und der bestimmt auf Gegenseitigkeit beruhenden Antipathie war dies die zweite Unmutsbekundung. Offenbar war Sailer nicht sehr beliebt.

»Das wäre sicherlich schade. Hatte die Verstorbene ähnliche Absichten wie Sie?«

»Ich glaube schon, sie ist bereits mehrfach mit Sailer

zusammengerasselt, und wenn er gekonnt hätte, hätte er sie lieber heute als morgen entlassen.«

»Würden Sie die Tote als jemanden charakterisieren, der dem Leben abgeschworen hat, oder hätte es sie eher überrascht, wenn sie freiwillig gesprungen wäre?«

Aufmerksam beobachtete Mertens den Mann, der sich seine Antwort gut zu überlegen schien.

»Wissen Sie, wir haben uns eigentlich nicht über persönliche Dinge unterhalten. Hin und wieder hat sie eine Bemerkung fallenlassen, die darauf schließen ließ, dass es Probleme in ihrer Ehe gegeben hat. Aber kürzlich hat sich ihre Tochter nach langer Zeit wieder gemeldet und das hat sie sehr bewegt. Deshalb ist meiner Ansicht nach ein Selbstmord nahezu ausgeschlossen, denn Charlotte hatte plötzlich eine wichtige Aufgabe. Sie wollte ihr Kind unbedingt aus den ›Klauen einer religiösen Sekte‹ befreien, in die diese geraten war, wie sie mir heute in einer Pause gesagt hat. Aber Näheres kann Ihnen bestimmt die Kollegin Haarmann berichten, die beiden haben sich immer gut verstanden.«

»Moment, Sekte sagen Sie?«, stieß die Kommissarin bestürzt hervor.

Sie entfernte sich und dachte dabei angestrengt nach.

Wenn Magdalena einige Schritte ging, kamen ihr die besten Ideen. Und mit einem Mal sah sie klarer.

»Ich kenne die Tote.«

Wie ein Häuflein Elend lag die sonst so selbstbewusste Karin in ihrem Bett. Am Morgen hatte sie sich gerade noch dazu aufraffen können, ihrer Tochter ein belegtes Brot für das Pausenvesper zu richten und sie dann zu verabschieden.

»Was ist los mit dir, Mami?«, hatte das Mädchen gefragt, dem der veränderte Zustand seiner Mutter nicht entgangen war.

»Ach nichts, ich glaube, ich habe mir eine leichte Grippe eingefangen. Halb so schlimm. Beeil dich jetzt, sonst fährt der Schulbus ohne dich ab.«

Als sie alleine war, legte sich Karin wieder ins Bett. Sie versuchte, ein wenig zu schlafen, doch sofort kam ihr die schreckliche Begebenheit der vergangenen Nacht in den Sinn. Immer wieder fragte sie sich, wie ihr so etwas hatte passieren können, und so sehr sie sich auch dagegen wehrte, flossen ihr jetzt die Tränen an den Wangen hinunter.

Beiläufig ging ihr Blick zum Wecker, der sie daran erinnerte, dass sie heute eigentlich Dienst im Schloss hatte. Karin fühlte sich elend und beschmutzt, in diesem Zustand wollte sie nicht aus dem Haus gehen. Mit letzter Kraft griff sie zum Hörer und meldete sich für den heutigen Tag ab. Morgen würde sie zu ihrem Hausarzt gehen und sich auf unbestimmte Zeit krankschreiben lassen.

Dann kreisten ihre Gedanken wieder um das Schwein, das ihr das angetan hatte, und sie kam langsam aus ihrer Lethargie. Sie konnte sich nicht hängen lassen, schon um ihrer Tochter willen.

Plötzlich kam Karin schonungslos zu Bewusstsein, dass sie auch hätte tot sein können, und sie begann, am ganzen Körper zu zittern.

»Weshalb hat der Kerl mich als unliebsame Zeugin überhaupt am Leben gelassen?«, fragte sie sich insgeheim.

Rechnete er damit, dass sie in ihrer Scham nicht zur Polizei gehen und die Tat zur Anzeige bringen würde wie so

viele ihrer Geschlechtsgenossinnen? Sie konnte jetzt nach-
vollziehen, was sie so oft gehört und nie begriffen hatte, dass
viele der Opfer schwiegen und sich in ihren vier Wänden
verkrochen.

Hatte sie sich gerade noch wie ein waidwundes Reh gefühlt, so kehrte zögerlich ihre alte Selbstsicherheit zurück
und die junge Frau fasste einen Entschluss.

In diesem Moment klingelte es an der Haustür und Karin
zuckte unweigerlich zusammen.

Hallo Herr Gross, es freut mich, dass Sie meiner Bitte ent-
sprochen haben und trotz Ihres Urlaubs vorbeigekommen
sind.«

»Äh, hat sich der Chef in irgendeiner Weise zu meinem
Fall geäußert?«, fragte Sascha zögernd und blickte erwartungsvoll auf seine Vorgesetzte.

»Na ja, wie Sie wissen, hat er bisher große Stücke auf Sie
gehalten, wohingegen er mich am liebsten im Vorruhestand
sähe. Aber die Geschichte mit dem malträtierten Anwalt
zieht bereits seine Kreise, denn offenbar hat der Mann, mit
dem Sie sich angelegt haben, Verbindungen in die höchsten
Ebenen.«

Sascha spürte, wie ihm der kalte Schweiß auf die Stirn trat.

»Doch bisher hält Köttmann seine schützende Hand noch
über Sie«, versuchte Mertens ihren Assistenten zu beruhigen.

»Am Telefon haben Sie gesagt, wir hätten so was wie einen
Fall?«

»In der Tat ist etwas Ungewöhnliches geschehen. Eine
Frau mittleren Alters ist spektakulär vom Hauptturm des

Schlosses Lichtenstein gestürzt und dabei zu Tode gekommen. Die Gerichtsmedizin in Tübingen untersucht derzeit die Leiche auf Spuren einer möglichen Fremdeinwirkung. Bevor das nicht geklärt ist, können wir natürlich keine Ermittlungen führen.«

Mertens breitete ihre Hände aus und schüttelte leicht den Kopf.

»Sie gehen von einem Verbrechen aus?«

Er kannte seine Vorgesetzte bereits gut genug, um die Zweifel an ihrer Mimik abzulesen.

»Ich habe einen begründeten Verdacht, dass es hier nicht mit rechten Dingen zugegangen ist, denn die Frau war nach den Schilderungen eines Arbeitskollegen alles andere als suizidgefährdet.«

Bedeutungsschwanger machte Mertens eine Pause.

»Außerdem hat sich herausgestellt, dass ich die Tote gekannt habe. Würden Sie mich bitte zum Ehemann begleiten, um ihm die Nachricht vom Tod seiner Frau zu überbringen?«

»Selbstverständlich, in meiner derzeitigen Situation ist alles besser, als zu Hause rumzusitzen und zu grübeln.«

Der kleine Citroën von Magdalena Mertens blieb vor dem stattlichen Bauernhaus stehen und das ungleiche Pärchen stieg aus.

»Schon wieder ein Anwalt«, stöhnte Sascha beim Blick auf das Klingelschild.

Nach mehrmaligem Läuten schwang die Türe auf und ein älterer Mann blickte die beiden Kriminalbeamten fragend an.

»Guten Tag, entschuldigen Sie die Störung. Sind Sie Herr Karl Friedrich?«

Während Sascha ihm seinen Dienstausweis unter die Nase hielt, betrachtete Mertens den Mann aufmerksam.

87

Er war beinahe so groß wie ihr Kollege und sein Gesicht mochte in früheren Jahren durchaus ansprechend gewirkt haben. Doch inzwischen hatte er Tränensäcke unter den Augen und seine rot unterlaufenen Augen wirkten so, als ob er in den letzten Nächten nicht allzu viel geschlafen hatte.

»Worum geht es? Fassen Sie sich kurz, ich habe zu tun«, herrschte Friedrich ihn an.

Na, das ist jetzt aber mal ein sympathischer Zeitgenosse, dachte Sascha verärgert.

»Ich fürchte, dass Sie sich Zeit nehmen müssen, Herr Friedrich.«

»Wollen wir nicht besser hineingehen«, schaltete sich Mertens ein, die den Unmut ihres jungen Kollegen deutlich spürte. »Die Nachricht, die wir Ihnen überbringen, ist zu wichtig, um sie zwischen Tür und Angel auszusprechen.«

Eine gewisse Unsicherheit gesellte sich zu der zur Schau getragenen Arroganz des Anwalts und mit einer Handbewegung bat er die Polizisten herein.

Dem Geruch nach Fusel zu urteilen, mussten hier in den letzten Tagen richtige Gelage stattgefunden haben, trotzdem konnte die Wohnung durchaus als einigermaßen aufgeräumt bezeichnet werden.

»Also, was haben Sie mir so Wichtiges mitzuteilen, das die Nachbarn nicht hören dürfen?«

Er machte keinerlei Anstalten, ihnen einen Platz, geschweige denn etwas zu trinken anzubieten, und so kam Mertens gleich zur Sache.

»Wir haben Ihre Frau tot aufgefunden«, sagte sie betont leise und beobachtete aufmerksam seine Reaktion.

Friedrich atmete hörbar ein und sein Gesicht bekam einen ungläubigen Ausdruck. Mit einer fahrigen Bewegung zog er einen Stuhl heran und setzte sich geräuschvoll drauf.

»Weshalb sollte Charlotte tot sein?«

Entweder ist er ein sehr guter Schauspieler oder sein Gefühlsausbruch ist echt, dachte Magdalena.

»Ihre Frau wurde unterhalb des Schlosses tot aufgefunden, sie muss von dem Hauptturm heruntergestürzt oder, was ich eher vermute, mit Gewalt hinuntergestoßen worden sein«, antwortete Magdalena nüchtern.

Mehrere Minuten herrschte völlige Stille in dem rustikal eingerichteten Wohnzimmer. Der Ehemann der Toten starrte zum Fenster hinaus und die Kommissare betrachteten stumm den Trauernden.

»Das war bestimmt dieser neue Verwalter«, stieß er plötzlich hervor.

»Sie gehen also nicht von Selbstmord aus, Herr Friedrich?«, fragte Mertens interessiert.

»Ich bitte Sie, weshalb sollte Charlotte sich umbringen. Wir haben uns geliebt und eine harmonische Ehe geführt. Sie war glücklich hier in Honau und ist in ihrem Job als Schlossführerin regelrecht aufgeblüht. Nein, nein, das kann nur dieser Sailer, oder wie der heißt, gewesen sein, der konnte Charlotte von Anfang an nicht leiden.«

»Aber das ist ja kein Grund, jemanden gleich umzubringen«, gab Sascha zu bedenken.

»Doch, doch, der will alles umkrempeln da oben und sie war ihm im Weg.«

Mertens rollte mit den Augen und auch ihr Kollege schüttelte unmerklich den Kopf.

»Können Sie Ihren Verdacht in irgendeiner Weise konkretisieren, Herr Friedrich?«, fragte die Kommissarin scharf, vage Behauptungen wollte sie keinesfalls gelten lassen.

»Charlotte hat mir halt immer von dem Kerl erzählt und da war nichts Gutes dabei.«

Karl Friedrich fuchtelte zur Untermalung seiner Worte in der Luft herum.

»Wir werden Herrn Sailer eingehend befragen und nun möchte ich Sie bitten, uns einen Gebrauchsgegenstand der Toten mitzugeben, damit wir Fingerabdrücke oder einen DNA-Abgleich vornehmen können.«

Widerwillig entfernte sich Friedrich und kam wenig später mit einer Zahnbürste zurück. Mit spitzen Fingern reichte er sie der Hauptkommissarin, die sie in einen Plastikbeutel packte.

»Danke schön, das wäre es dann für heute, wenn wir noch Fragen haben, rufe ich Sie an.«

»Eine Sache«, schaltete sich jetzt Sascha ein, »möchte ich noch erwähnen, Herr Friedrich, eigentlich verhält es sich in vielen Fällen so, dass der jeweilige Ehepartner der Täter ist.«

Überrascht blickte Mertens auf ihren Kollegen.

»Was, ich soll meine eigene Frau um die Ecke gebracht haben? Sind Sie verrückt geworden? Sie haben wohl das Schild an der Türe übersehen, sonst würden Sie mir nicht mit einer solch infamen Unterstellung kommen. Ich habe eine Rechtsanwaltskanzlei und ich werde Ihnen eine Verleumdungsklage um die Ohren hauen, die sich gewaschen hat. Und jetzt verlassen Sie mein Haus, aber sofort!«, schrie Friedrich wild gestikulierend.

Drohend stellte er sich vor die Kommissare und sagte gefährlich leise:

»Außerdem haben Sie vorhin erwähnt, dass es überhaupt noch keine konkreten Indizien dafür gibt, dass es Mord war.«

»Auf Wiedersehen, Herr Friedrich, wir sehen uns bestimmt wieder«, entgegnete Mertens und zog ihren Kollegen mit hinaus.

Mit finsterer Miene schaute der Hausherr durch das Küchenfenster dem sich entfernenden Wagen hinterher. Trauer um seine Frau konnte er nicht empfinden, denn sie hatte ihn schließlich verlassen wollen. Ihn, Karl Friedrich, verließ man nicht einfach so, wenigstens nicht auf diese Art und Weise.

Was war nur los gewesen mit dieser Schnepfe, sie hätte doch zufrieden sein können. Sicher hatte es wie in jeder Ehe Meinungsverschiedenheiten gegeben, aber ohne ihn hätte sie keine Familie gegründet, denn Karl war sich von Anfang an sicher gewesen, dass Charlotte niemals einen Mann gefunden hätte, wenn er sich ihrer nicht erbarmt hätte.

Wütend lief er in der Wohnstube auf und ab und versuchte, seine Gedanken zu ordnen. Aber es wollte ihm nicht so recht gelingen. Die Aussage des Kommissars, dass er seine Frau umgebracht haben könnte, ging ihm nicht aus dem Kopf. Erst allmählich sah er wieder klar und gemahnte sich zur Ruhe.

Als Allererstes musste er jetzt die finanziellen Angelegenheiten regeln, der Gedanke, seiner Frau ein würdiges Begräbnis zu organisieren, kam ihm im Moment noch nicht. Es ging einzig und allein um seine Zukunft und die wollte er sich von niemandem verbauen lassen. Auch nicht von seiner Tochter, die derzeit mit irgendwelchen dubiosen Sektenbrüdern rumhing.

»Das war jetzt nicht sehr diplomatisch, Herr Gross.«

»Der Typ war mir von Anfang an suspekt und da habe ich mir gedacht, ich locke ihn ein wenig aus der Reserve.«

Sascha zuckte mit den Achseln und nahm auf dem Beifahrersitz Platz.

»Ich glaube, dass Ihnen das ausgezeichnet gelungen ist.«

Langsam ließ sie den Wagen anrollen und beobachtete im Rückspiegel, wie Friedrich ihnen feindselig nachstarrte.

»Es würde mich nicht wundern, wenn er uns tatsächlich bei Köttmann anschwärzen würde. Aber wie heißt es so schön, getroffene Hunde bellen besonders laut. Wir werden ihn auf jeden Fall diskret durchleuchten, dann wird es sich herausstellen, ob in seiner Ehe und auch sonst alles so harmonisch zugegangen ist, wie er behauptet. Trauer um einen geliebten Menschen, den man auf derart tragische Weise verloren hat, sieht meiner langjährigen Erfahrung nach anders aus.«

»Wann können wir eigentlich mit konkreten Indizien bezüglich der genauen Todesursache rechnen?«

»Professor Neumann will mir Anfang nächster Woche Bescheid geben und bis dahin können wir nur ein wenig im Nebel stochern.«

»Das kann man jetzt auch wörtlich nehmen«, meinte Sascha grinsend, während seine Kollegin wegen der schlechten Sicht äußerst vorsichtig und langsam fuhr.

Die kurvenreiche Strecke war ihr ohnehin nicht geheuer, sie hätte es lieber gesehen, wenn Gross gefahren wäre.

»Wollen Sie nochmals zum Schloss oder machen wir eine kleine Spazierfahrt im Nebel?«

»Nein, ich würde gerne bei Charlotte Friedrichs Arbeitskollegin vorbeischauen, die auf der Alb wohnt. Gestern war ich schon einmal da, habe die junge Frau jedoch nicht angetroffen und bei ihrem Arbeitgeber auf dem Schloss ist sie nach dessen Aussage die letzten Tage ebenfalls abgängig. Sie scheint die einzige Freundin oder Vertraute der Toten zu sein, deshalb erhoffe ich mir von ihr wichtige Hinweise auf Charlottes persönliches Umfeld.«

Ich habe euch heute hierhergebeten, weil der Verwalter des Lichtensteins einschneidende Veränderungen vornehmen möchte, die ich zwar nicht gutheißen kann, euch aber trotzdem nicht vorenthalten will.«

Die illustre Gesellschaft hatte sich auf Betreiben des Grafen in dem prächtig ausgeschmückten Rittersaal von Schloss Lichtenstein getroffen, in dem die Ahnen der herzoglichen Familie von Urach sie von riesigen Bildern herab beobachteten.

Hohe Fenster mit gotischen Spitzbögen boten einen schönen Blick ins Tal und die Anwesenden saßen auf thronartigen Sitzmöbeln, die sich um einen runden Tisch gruppierten.

Der Graf hatte jeden Einzelnen des Familienrates begrüßt und sich dabei über die Mitglieder des Hauses Württemberg und die Uracher Linie seine Gedanken gemacht.

Vor seinem geistigen Auge hatte er die beiden Lager, die es unweigerlich geben würde, bereits eingeteilt. Seine vier Brüder waren so verschieden wie Geschwister sein konnten und auch die drei Schwestern ähnelten sich allenfalls ein wenig im Gesicht. Dazu kamen noch deren Ehegatten und -gattinnen, die gleichfalls ein Mitbestimmungsrecht über die Geschicke des Schlosses hatten.

Sein älterer Bruder war der eigentliche Chef des Clans, doch in heutiger Zeit wurden Familienangelegenheiten nicht mehr von oben herab dirigiert, sondern eher wie in einem modernen Betrieb im Konsens entschieden.

»Wie ihr wisst, liegt mir das Schicksal unseres Märchenschlosses ganz besonders am Herzen und ich bin auch derjenige, der sich hauptsächlich drum kümmert. Nun verhält es sich zwar so, dass ich auf Empfehlung eines Freundes diesen Sailer vorgeschlagen habe, doch mittlerweile bin ich ein wenig von ihm abgerückt. Aber das Beste wird sein, dass ich

93

euch seine Pläne detailliert vorlege, sodass ihr euch selbst ein Bild davon machen könnt.«

Der Graf blickte in die Runde seiner Verwandten, die so etwas wie den Aufsichtsrat des Familienunternehmens bildeten. Ohne etwas auszulassen, schilderte er das Gespräch, das er mit dem Verwalter geführt hatte, und beobachtete aufmerksam die Reaktionen der Anwesenden.

»Das wären also die, gelinde gesagt, ungewöhnlichen Vorschläge Sailers und ich bin mir fast sicher, dass ihr eine derartige Umstrukturierung unseres geliebten Schlosses genauso wenig wollt wie ich«, versuchte er, seine Zuhörer zu beeinflussen.

»Aber das hört sich doch gar nicht so schlecht an«, rief seine jüngste Schwester Caroline, die mit einem italienischen Marchese liiert war und dem internationalen Jetset angehörte. »Dann kommt endlich mal frisches Leben in die alte Bude.«

Entsetzt blickte der Graf in die Runde und sah die mehrheitlich zustimmenden Gesichter.

»Ich fürchte, Caroline hat recht, denn aus betriebswirtschaftlicher Sicht kann es so einfach nicht mehr weitergehen«, belehrte ihn sein älterer Bruder, ein ausgewiesener Ökonom. »Wir können nicht länger so tun, als ob alles bestens laufen würde«, fuhr er fort und nahm dazu ein neben ihm liegendes Schriftstück zur Hand. »Hier sind die nackten Zahlen der letzten drei Jahre und die verheißen nichts Gutes. Demnach sind die Besucherzahlen dramatisch zurückgegangen und auch der Verkauf von Merchandisingartikeln hinkt weit hinter dem vergleichbarer Häuser her.«

Nüchtern leierte er die Zahlen herunter und machte eine kurze Pause, um seine Worte wirken zu lassen.

»Aufgrund der prekären Lage würde ich dafür plädieren,

dass wir dem Verwalter freie Hand bei der Ausführung seiner Pläne geben. Vielleicht bist du zu oft auf Auslandsreisen und hast den Bezug zur bitteren Realität ein wenig verloren, lieber Bruder.«

Der Graf musste schwer schlucken, mit dieser Reaktion seiner Familie hatte er beim besten Willen nicht gerechnet, da er selbst die Lage keineswegs so dramatisch einschätzte.

»Aber wir könnten doch einfach unseren Werbeetat erhöhen, den wir in den letzten Jahren zurückgefahren haben. Ich bin mir sicher, dass die Touristen wieder strömen, wenn wir eine Zeitlang in verschiedenen Radiostationen und Tageszeitungen Präsenz zeigen. Außerdem könnte man Veranstaltungen organisieren, wie etwa Mittelaltermärkte oder ähnliches«, versuchte er das Ruder herumzureißen.

»Ach was, das sind doch olle Kamellen, das lockt doch keinen mehr hinterm Ofen hervor. Außerdem haben diese Märkte in den letzten Jahren fast schon inflationär zugenommen«, winkte der zweitjüngste Bruder des Grafen ab. »Wir dürfen uns nicht länger vor der Zukunft verschließen, und wenn wir einen fähigen Mann haben, der das Ganze für uns umsetzt, dann ist es nur von Vorteil. Und dieser Sailer ist ehrgeizig und zielstrebig, genau das, was wir uns wünschen.«

Karl Ulrich war der Einzige in der Familie, der einen Weg in die Politik eingeschlagen hatte. Er war Bundestagsabgeordneter und wurde aufgrund seiner integren Art, sowie seiner guten Arbeit, die er in mehreren Ausschüssen leistete, als künftiger Kandidat für ein Ministeramt gehandelt.

»Es darf doch nicht sein, dass wir jedes Jahr Geld aus unserem Familienvermögen in das Schloss stecken, also ich spreche mich ganz klar für die Maßnahmen Sailers aus.«

»Aber das Denkmalamt wird diesen Umbauplänen niemals zustimmen«, nahm der Graf einen neuen Anlauf, seine Verwandten umzustimmen.

»Das lass nur meine Sorge sein, ich kenne ein paar Leute, die bei dieser Behörde ziemlichen Einfluss haben. Außerdem muss es im Sinne des Amtes sein, dafür Sorge zu tragen, dass ein derartiges Juwel auf jeden Fall erhalten wird und sei es mit unkonventionellen Methoden.«

Der Politiker legte eine kurze Pause ein, bevor er resolut fortfuhr:

»Wollen wir kurz darüber abstimmen? Wer ist dafür, dem Verwalter freie Hand bei der Umsetzung seiner Pläne zu geben?«

Nun ist mir auch die Leitung dieser Sitzung entrissen worden, dachte der Graf grimmig und sah, dass sämtliche Familienmitglieder ihre rechte Hand hoben.

»Was ist mit dir?«

»Ihr kennt meine Meinung, man muss mit diesem einzigartigen Kulturgut äußerst sorgfältig umgehen und ich finde, dass diese Maßnahmen der falsche Weg sind. Doch mir liegt nicht daran, mich mit euch zu zerstreiten, deshalb werde ich mich der Mehrheitsentscheidung beugen und sie zeitnah dem Verwalter mitteilen«, antwortete der Graf zerknirscht.

»Das freut mich und ich bin mir ziemlich sicher, dass der von uns gewählte Weg der richtige ist. Doch nun habe ich noch einen weiteren Punkt, den ich mit euch besprechen will. Ihr wisst, dass ich kein unbekannter Hinterbänkler bin und deshalb im Fokus der Öffentlichkeit stehe. Zu meinem Erstaunen hat mich heute Morgen eine Frau Waibel von der führenden regionalen Zeitung kontaktiert. Sie wollte wissen, was es mit einem mysteriösen Todesfall auf sich hat, der sich auf dem Lichtenstein ereignet hat. Da im nächsten Herbst

Wahlen stattfinden, kann ich natürlich alles gebrauchen, bloß keine schlechte Publicity.«

Karl Ulrich schaute seinen Bruder an und der Graf biss die Zähne zusammen.

»Es verhält sich tatsächlich so, dass eine unserer Schlossführerinnen vom Hauptturm gestürzt und dabei zu Tode gekommen ist.«

»Wurde sie ermordet?«, wollte Caroline erwartungsvoll wissen.

»Du musst deine Sensationsgier leider ein wenig zügeln, denn die Kriminalpolizei ermittelt noch, ob es Mord oder Selbstmord war«, antwortete der Graf sarkastisch.

»Wir müssen auf jeden Fall mit der Polizei kooperieren und auch vordergründig mit der Presse zusammenarbeiten, damit keine Spekulationen auftreten. Ich sehe schon die Schlagzeile ›Mord im Märchenschloss‹ vor mir. Soweit darf es nicht kommen«, meinte Karl Ulrich bestimmt.

Mit einem leichten Lächeln betrachtete der Graf seinen Bruder von der Seite und stellte dabei zum wiederholten Mal fest, dass dieser geradezu prädestiniert war, in der hohen Politik eine Rolle zu spielen.

Nachdem diese strittigen Punkte abgehandelt waren, wurde das Essen serviert und die Familienmitglieder wandten sich allgemeineren Themen zu, wobei den familieninternen kleinen und größeren Skandalen besonders große Aufmerksamkeit zuteil wurde.

Wie immer, wenn sie sich hier trafen, wurde das Menü vom nahen »Alten Forsthaus« geliefert und wie jedes Mal traf der Koch den Geschmack der allermeisten Anwesenden. Auch die zwei bekennenden Vegetarier unter den Verwandten kamen mit raffiniert zubereiteten Gemüse- und Käsegerichten voll auf ihre Kosten.

»Ich muss ehrlich gestehen, dass ich gerne einmal wieder einen ordentlichen Rehrücken verspeisen würde«, meinte Wilhelm Rudolf, der jüngste Bruder des Grafen, der sich hauptsächlich um die Forstwirtschaft des Familienunternehmens kümmerte, mit Blick auf das Fleischgericht. »Aber seitdem Vater mir einmal zeigte, wie bei einem frisch geschossenen Hirsch die Leber herausgetrennt wird, und er mir das dampfende Organ in die Hand gegeben hat, kann ich mit Fleisch nichts mehr anfangen.«

Der restliche Abend verlief harmonisch und die Verwandten verabschiedeten sich am Ende des Mahls trotz der teilweise unterschiedlichen Ansichten herzlich voneinander.

Lediglich der Graf hegte keine so freundlichen Gefühle. Er hatte die Entscheidung des Familienrats öffentlich respektiert, doch er würde die Pläne Sailers mit anderen Methoden stoppen, schwor er sich.

Das Haus, vor dem die Kommissarin anhielt, mochte aus den fünfziger Jahren sein und hatte offenbar längere Zeit keinen Anstrich mehr bekommen. Durch eine knarrende Gartentür betraten die beiden Polizisten den Vorgarten, der einen gepflegten Eindruck machte.

Mehrere Minuten waren verstrichen, seitdem Mertens geklingelt hatte, ohne dass sich im Inneren des Hauses etwas regte. Sie versuchte es zwei weitere Male, jedoch ohne Erfolg.

»Das gibt es doch nicht, die Frau muss doch irgendwo sein«, stieß sie verärgert hervor und blickte zu den angrenzenden Häusern. »Gehen Sie mal ums Haus und ich versuch es derweil bei den Nachbarn.«

Sascha umrundete das Gebäude und versuchte, durch die Fenster ins Innere zu schauen, doch sämtliche Innenjalousien waren heruntergelassen.

Magdalena selbst traf nur eine alte Frau zu Hause an und die war hochgradig schwerhörig, sodass sich die Unterhaltung äußerst schwierig gestaltete.

Resigniert stiegen sie in Mertens Auto und fuhren davon.

An der nächsten Kreuzung kam ihnen ein Kleinbus entgegen und die Hauptkommissarin hatte plötzlich eine Idee. Entgegen ihrer sonstigen Fahrweise riss sie das Lenkrad so herum, dass die Reifen quietschten, und folgte dem Wagen, wobei sie einen gehörigen Abstand einhielt.

Tatsächlich hielt das gelbe Postfahrzeug vor Karin Haarmanns Haus. Die zwei Kripobeamten sahen fasziniert zu, wie sich die Haustüre öffnete und eine junge Frau ein schweres Paket von dem Zusteller entgegennahm.

Behände sprang Sascha Gross aus dem Kleinwagen und stürmte auf das Gebäude zu.

»Entschuldigen Sie, aber meine Kollegin und ich hätten ein paar Fragen an Sie.«

Er zückte seinen Ausweis und hielt ihn der überraschten Frau hin.

Mertens war gleichfalls hinzugekommen und nickte dem Postboten freundlich zu.

»Guten Tag, Frau Haarmann, es ist nicht gerade leicht, Sie zu Hause anzutreffen, und wenn, dann öffnen Sie die Türe nur höchst ungern. Dabei haben Sie nach meinem Dafürhalten überhaupt nichts von uns zu befürchten«, meinte sie lächelnd und betrachtete die junge Frau.

Sie war sehr hübsch, doch in ihren regelmäßigen Zügen lag eine Melancholie, als schien sie irgendetwas zu bedrücken. War es die Tatsache, dass ihre Freundin zu Tode gekommen war? Oder steckte etwas anderes dahinter? Dieser Gesichtsausdruck kam Mertens bekannt vor, doch sie sprach nicht aus, was sie dachte.

»Können wir reinkommen? Hier draußen werden wir nur von Leuten gesehen, die sich gleich wieder sonst was zusammenreimen, und das ist doch bestimmt nicht in Ihrem Sinn.«

»Meinetwegen, aber es sollte nicht allzu lange dauern, denn ich bin krank und muss wieder ins Bett gehen.«

Schicksalsergeben ging Karin voran. Im Grunde war sie gastfreundlich und umgänglich, doch seit dem Vorfall bei der Nebelhöhle war sie komplett neben der Spur. Sie bot den beiden keinen Sitzplatz an, geschweige denn etwas zu trinken.

»Wie gut kennen Sie Frau Friedrich, Ihre Arbeitskollegin auf dem Schloss?«, fragte Magdalena bestimmt.

»Weshalb wollen Sie das wissen, Charlotte wird ja wohl kaum mit dem Gesetz in Konflikt gekommen sein, oder?«

Die aufmerksame Hauptkommissarin sah so etwas wie ein feines Lächeln in Karins Gesicht. Konnte es sein, dass sie von dem Todesfall überhaupt noch nichts wusste? Unmerklich nickte Mertens ihrem Kollegen zu.

»Es tut mir leid, Ihnen mitteilen zu müssen, dass Frau Friedrich von dem Hauptturm des Lichtensteins heruntergestürzt und dabei zu Tode gekommen ist.«

Karin brauchte einige Augenblicke, um die Worte Magdalenas zu verdauen, und blickte entsetzt von einem zum anderen.

»Das ist jetzt aber nicht Ihr Ernst.«

»Leider doch, Frau Haarmann, deswegen sind wir hier. Wir haben zwar bisher keine Spuren auf Fremdeinwirkung gefunden, ermitteln jedoch auch in Richtung eines Gewaltverbrechens.«

Während Gross sprach, beobachtete Mertens die junge Frau weiterhin eingehend. Ihrer langjährigen Erfahrung nach zu urteilen, war die Überraschung Karins absolut echt.

»Aber ich verstehe nicht, wer könnte... ich meine... das gibt es doch gar nicht«, stammelte sie und Tränen traten in ihre Augen.

»Ich kann Ihre Reaktion nachfühlen, glauben Sie mir. Es ist immer schwer, einen Menschen zu verlieren, der einem nahegestanden hat«, flüsterte Mertens betont einfühlsam und legte ihre Hand auf die Schulter der jungen Frau. »Trotzdem möchte ich Sie bitten, mir einige Fragen zu beantworten, jeder Hinweis kann uns weiterhelfen.«

»Na gut, fragen Sie«, sagte Karin und nickte dabei.

»Ist Ihnen irgendetwas an Charlotte in letzter Zeit komisch vorgekommen oder hat Sie Ihnen gegenüber Andeutungen gemacht, dass ihr alles über den Kopf wächst?«

»Aber ganz im Gegenteil, seit sie nach langer Zeit wieder eine Nachricht von ihrer Tochter erhalten hat, war Charlotte wie ausgewechselt.«

Mit leiser Stimme berichtete Karin von Charlottes Plan, zu einer ominösen Sekte im Allgäu zu fahren und ihre Tochter aus deren Klauen zu befreien, wie sie sich ausgedrückt hatte.

»Dann hatte die Verstorbene auf jeden Fall eine neue Aufgabe, und bevor diese nicht gelöst wäre, hätte sie sich mit Sicherheit nicht aus freien Stücken umgebracht«, sagte Magdalena mehr zu sich selbst.

»Würde Ihnen spontan jemand einfallen, der Grund genug gehabt hätte, Charlotte nach dem Leben zu trachten?«, wollte jetzt Sascha wissen, dem die einfühlsame Art seiner Kollegin etwas abging.

»Na ja«, antwortete Karin nach einer kurzen Denkpause,

»der einzige Mensch, den Charlotte wirklich gehasst hat, war unser neuer Verwalter und dieses Gefühl beruhte auf Gegenseitigkeit, das können Sie mir glauben. Aber ob es ausgereicht hat, um sie umzubringen, das müssen Sie selbst herausfinden. Und jetzt würde ich mich gerne wieder hinlegen, mir geht es im Moment wirklich nicht gut.«

Karin wollte nur noch, dass die zwei Polizisten so schnell wie möglich das Haus verließen.

Dass Charlotte in letzter Zeit massive Probleme mit Karl, ihrem Ehemann, gehabt hatte, verschwieg sie.

»Hm, das war jetzt aber nicht sehr ergiebig«, meinte Sascha, als sie auf dem Weg zurück nach Reutlingen waren.

»Stimmt, ich habe das Gefühl, dass sie uns etwas verschweigt. Aber so viel habe ich erkennen können, dass die junge Frau gleichfalls Probleme mit dem Verwalter hat, den sie uns als Verdächtigen präsentieren will.«

»Ich kenne diesen Sailer nicht, aber eine Antipathie gegenüber einem Vorgesetzten alleine ist doch kein Grund, jemanden umzulegen.«

»Na ja, dieser Kerl ist beileibe kein ausgesprochener Charmebolzen, aber ob er zu einem Mord fähig wäre, kann ich noch nicht beurteilen.«

»Vielleicht hängt der Tod von Frau Friedrich auch mit dieser komischen Sekte zusammen. Wir sollten nochmals zu dem Ehemann gehen und ihn nach der Adresse der Religionsgemeinschaft fragen.«

»Ich denke, das wird nicht nötig sein, Sascha, ich weiß, wo die ›Wahren Jünger‹ zu finden sind.«

Nun war es an Gross, seine Kollegin mit großen Augen anzuschauen.

»Das müssen Sie mir jetzt genauer erklären.«

»Wie soll ich anfangen… ich habe Ihnen doch erzählt, dass mir die Tote nicht fremd war. Als ich sie allerdings das erste Mal nach dem Sturz gesehen habe, habe ich Charlotte nicht erkannt, dazu war ihr Gesicht zu sehr verunstaltet, und zudem habe ich sie auch mehrere Jahrzehnte nicht mehr gesehen.«

Sie fuhren gerade durch Pfullingen, da lenkte Magdalena ihren Wagen in eine Seitenstraße und blieb vor einer Bäckerei stehen.

»Lassen Sie uns kurz hineingehen und einen Kaffee trinken, während ich Ihnen die ganze Geschichte erzähle.«

Sascha nickte, gegen eine kleine Stärkung hatte er nichts einzuwenden.

»Ich lade Sie ein, Herr Gross, setzen Sie sich doch bitte so lange an ein Tischchen.«

Wenig später kam Mertens mit zwei Cappuccini und einer Auswahl an süßem Gebäck zurück.

»Mögen Sie Mohnschnecken?«, fragte sie strahlend und fügte, ohne eine Antwort abzuwarten, hinzu: »Dafür lasse ich alles andere liegen.«

Derweil schlürfte Sascha genüsslich an dem heißen Getränk.

»Und ich liebe es, einen richtig zubereiteten Cappuccino zu trinken.«

Während Magdalena mit sichtlichem Vergnügen ein Stück ihres Gebäcks abbiss, erklärte Sascha ihr das Geheimnis eines original italienischen Cappuccinos.

»Viele wissen immer noch nicht, dass man keine Sahne obendrauf sprüht, sondern den Kaffee lediglich mit aufgeschäumter Milch krönt, aber mittlerweile bin ich so dreist, dass ich die Wirte, die mir einen falschen andrehen wollen, belehre.«

Sascha erzählte ausführlich von seinen Cappuccino-Abenteuern. Dabei wurde ihm plötzlich bewusst, dass er das erste Mal mit seiner Vorgesetzten so beinahe privat beisammensaß. Bisher war immer eine deutliche Distanz zwischen ihnen zu spüren gewesen und Sascha hatte das Gefühl gehabt, dass es Magdalena Mertens wichtig war, ihren Kollegen nicht zu nahe an sich heranzulassen.

»Sehen Sie, Herr Gross, da habe ich jetzt selbst in meinem hohen Alter wieder mal was Neues hinzugelernt«, meinte Magdalena und lächelte ihn an.

Irgendetwas in ihrem Privatleben muss vorgefallen sein, dachte Sascha, während er die ältere Dame unauffällig musterte, denn nicht nur ihr Wesen hatte sich in letzter Zeit verändert, sondern auch ihr Kleidungsstil.

»Aber wir sind ja nicht zum Vergnügen hier, sondern um einen…«, sie stockte kurz, »ja was eigentlich, einen Mord, Selbstmord oder ein Unglück aufzuklären?«

Sascha hob seine Achseln, lehnte sich zurück und verschränkte seine Hände hinter dem Kopf in Erwartung einer Erklärung.

»Sie sehen aus, als ob Sie sehr gespannt sind auf meine Verbindung zu der Toten.«

Wieder machte Mertens eine kurze Pause und betrachtete ihren Mitarbeiter mit einem leichten Lächeln.

»Lassen Sie mich in einer Zeit anfangen, in der Sie noch nicht geboren waren. Ich komme aus einer sogenannten großbürgerlichen Familie, man könnte auch sagen, alter Reutlinger Geldadel, und bin in einer der noch heute zahlreich vorhandenen Jugendstilvillen aufgewachsen. Während des Zweiten Weltkriegs wurde viel historische Bausubstanz zerstört, doch in der Zeit des Wirtschaftswunders, die darauf folgte, auch vieles wieder aufgebaut. An unserem Haus zum

Beispiel war lediglich ein Türmchen in Mitleidenschaft gezogen, ansonsten sind wir glimpflich davongekommen. Bitte entschuldigen Sie, dass ich so weit aushole, aber zum näheren Verständnis muss es einfach sein.«

»Aber das macht doch nichts, im Gegenteil, ich finde es sehr interessant.«

Sascha hatte sich bisher noch nie darüber Gedanken gemacht, wo und wie seine Vorgesetzte wohnte. Auf den Fluren des Polizeigebäudes war zwar schon sehr viel über die schrullige Hauptkommissarin getuschelt worden, doch diesen Geschichten schenkte er nur bedingt Glauben.

»Wenn Sie mal Zeit haben, lade ich Sie auf ein Gläschen Wein in mein bescheidenes Haus ein«, bot Magdalena an und biss erneut in ihre Mohnschnecke.

Seit sie ihre schlimmen Erinnerungen Paul Hanser offenbart hatte, konnte Magdalena viel unbeschwerter über ihre Kindheit reden als früher.

»Leider hatte es auch Nachteile, ein Kind wohlhabender Eltern zu sein, ich durfte nicht einfach mit den Nachbarskindern herumtollen und wurde dabei auch noch von einem Kindermädchen beaufsichtigt. Später kam ich dann auf ein Internat und verbrachte nur noch die Ferien in meiner Heimatstadt.«

Mertens hielt kurz inne und sah fast verträumt in die Ferne.

»Es muss irgendwann im August gewesen sein, ich war wieder zu Hause und genoss meine freie Zeit. Ich glaube, es war einige Wochen nach meinem fünfzehnten Geburtstag, als ich nach einem langen Spaziergang durch die Reutlinger Altstadt auf dem Nachhauseweg war. Das Nachbarhaus war ebenfalls imposant, mit Erkern und Türmen, und ich habe mir den großen Park mit uralten Bäumen angeschaut. In die vermeintliche Idylle hat sich plötzlich lautes Kindergeschrei gemischt. Ich bin stehen geblieben und habe über den Zaun gelugt. Dabei habe ich gesehen, wie zwei größere Mädchen ein deutlich kleineres Kind angeschrien und es mit gezielten Stockschlägen traktiert haben. Mein Unrechtsbewusstsein war damals schon ziemlich ausgeprägt und ich habe spontan beschlossen, dem Opfer zu Hilfe zu eilen. Damals war ich nicht größer als heute, trotzdem hat mein beherztes Einschreiten wohl ziemlichen Eindruck auf die Schlägerinnen gemacht. Nachdem ich sie in voller Lautstärke angebrüllt hatte, sind die beiden davongeschlichen. Später hat sich dann herausgestellt, dass das kleine Mädchen einem seiner älteren Schwestern ein ziemlich teures Kleidungsstück mit einer Schere zerschnippelt hatte und die zwei also nicht grundlos in Rage geraten waren. Doch ich hatte von diesem Tag an eine kleine Freundin, die sich in meinen Heimurlauben an mich gehängt hat wie eine Klette.«

»Lassen Sie mich raten«, unterbrach sie Sascha. »Das kleine Mädchen war Charlotte Friedrich.«

»Weinmann, damals hieß sie noch Weinmann, trotzdem haben Sie gut kombiniert. Die Kleine ist mir dann irgendwie ans Herz gewachsen, obwohl ich in dem Alter eigentlich viel lieber mit Älteren zusammen war, wie Sie sich vorstellen können. Unsere Wege haben sich dann leider irgendwann getrennt, nachdem sich ihre Eltern scheiden ließen und die Villa verkauft haben. Eine Postkarte aus Freiburg, wo Charlotte damals studierte, war das einzige Lebenszeichen, das ich von ihr in all den Jahren erhalten habe, bis sie mich vor einigen Tagen überraschend angerufen hat. Und jetzt überlegen Sie mal und sagen mir, weshalb mich meine kleine Freundin von damals nach so langer Zeit wieder kontaktiert hat.«

Aufmerksam blickte Mertens ihren Kollegen an und Sascha fühlte sich fast wie bei einer Prüfung.

»Hm, in Anbetracht der Tatsache, dass sie jetzt tot ist, würde ich spontan sagen, entweder hat ihr Mann sie verdroschen oder sie fühlte sich von Sailer bedroht. Aber es ist etwas anderes, nicht wahr?«

»Mit Ihrer letzten Vermutung haben Sie recht. Charlotte hat mich angerufen, um mir von dieser ominösen Sekte zu berichten, der ihre Tochter sich angeschlossen hat und die auch ihre beiden Kollegen erwähnt haben. Vom Anführer der religiösen Gemeinschaft wurde laut Charlotte eine eindeutige Bedrohung gegen sie ausgesprochen, für den Fall, dass sie weiterhin versuchen sollte, ihre Tochter dort rauszuholen.«

»Haben Sie in dieser Richtung bereits etwas unternommen, Frau Mertens?«

»Bisher noch nicht, doch ich habe vor, dieser Landkommune in den nächsten Tagen einen Besuch abzustatten. Charlotte klang bei unserem Gespräch keinesfalls verzweifelt, eher kämpferisch, und ich bin mir beinahe sicher, dass sie den Leuten dort unmissverständlich zu erkennen gegeben hat, dass sie nicht klein beigeben wird.«

»Aber ich verstehe immer noch nicht so recht, was da los ist. Wird die Tochter dort gegen ihren Willen festgehalten, oder was? Wir leben doch in einem freien Land, wo jeder kommen und gehen kann, wie er will«, echauffierte sich Sascha.

»Na ja, Sie wissen so gut wie ich, dass es in den letzten Jahren öfters mal solche Gemeinschaften gegeben hat, bei denen die Mitglieder zuerst freiwillig eingetreten und danach wie Gefangene gehalten worden sind. Und was Charlottes Tochter anbelangt, so hat die besorgte Mutter bei ihrem einzigen Besuch bei diesen Leuten den Eindruck gewonnen, dass Yvonne beileibe nicht tun und lassen konnte, was sie wollte. In einem unbeobachteten Moment hat sie ihre Mutter verzweifelt gebeten, sie da rauszuholen. Wie wenn ich es geahnt hätte, dass meiner alten Freundin etwas zustößt, habe ich Charlotte gebeten, mir eine E-Mail mit Yvonnes Bild im Anhang zu schicken.«

Saschas Gesicht nahm nun einen zornigen Ausdruck an.

»Wenn das so ist, dann gehen wir doch mit einer Hundertschaft da rein und verhaften die ganze Bande.«

»Herr Gross, Sie wissen so gut wie ich, dass das nicht so einfach ist«, tadelte Mertens ihren jungen Kollegen, dessen hitziges Temperament einmal mehr mit ihm durchgehen wollte. »Nein, nein, ich habe eine bessere Idee.«

Sie beugte sich nach vorne und erklärte ihm verschwörerisch ihren Plan für das weitere Vorgehen.

Hallo Miriam, wie geht es dir?«

Mit dem Handy in der Hand saß Sascha auf der Dachterrasse seiner Reutlinger Altstadtwohnung.

»Den Umständen entsprechend, aber das kann ich dir ja heute Abend bei einem Glas Rosé erzählen, du kommst doch, oder?«

»Deswegen rufe ich an, morgen muss ich sehr früh raus und es ist wohl besser, wenn ich hier penne. Der Termin ist sehr wichtig, auch weil ich dadurch bei meinem Chef gut Wetter machen kann nach dem Desaster mit diesem Rechtsverdreher«, bat Sascha um Verständnis.

»Dann kann ich ja mal wieder mit Susi um die Häuser ziehen, vielleicht lernen wir ein paar nette Typen kennen.«

Miriam hörte sich ziemlich beleidigt an.

»Jetzt komm schon, sei doch nicht gleich eingeschnappt. Ich komme morgen Nachmittag und bleibe dir erhalten bis Montag früh, versprochen. Ist das ein Angebot zur Güte? Dazu gelobe ich, nicht zu schnarchen und keine Kunden von dir mehr zu vermöbeln.«

Sascha hörte am anderen Ende der Verbindung leichtes Gekicher.

»Bin ich nun morgen willkommen oder hängst du mit den netten Typen rum, die du heute Abend kennenlernen willst?«

»Ha, ha«, entgegnete die junge Frau scheinbar genervt.

»Natürlich freue ich mich auf ein gemeinsames Wochenende mit dir. Ich habe mich halt schon darauf eingestellt, dass du heute kommst, aber ich will ja nicht jetzt schon beginnen zu klammern.«

Sie tauschten noch zärtliche Worte aus und legten dann auf.

Nachdenklich nippte Sascha an einem Glas des ominösen Barolo, dessen Blindverkostung ihn seine Karriere kosten konnte, und dachte über Miriam nach.

Diese Frau war das Beste, was er seit Langem an weiblichen Wesen kennengelernt hatte, und sein fester Vorsatz, sich in den nächsten Jahren nicht binden zu wollen, war schwer ins Wanken geraten. Sascha konnte sich durchaus vorstellen, mit Miriam eine funktionierende, dauerhafte Beziehung einzugehen.

Die Strecke von Reutlingen nach Stuttgart war keine unüberwindliche Distanz und wer weiß, vielleicht käme für ihn ja irgendwann eine Versetzung in die Landeshauptstadt in Frage.

Wenn nur diese dumme Begebenheit bei Miriams Weinprobe nicht gewesen wäre. Bestimmt kannte der von ihm rausgeschmissene Anwalt auch einflussreiche Leute bei der dortigen Staatsanwaltschaft und würde Sascha sofort Steine in den Weg legen, sollte er sich in Stuttgart bewerben.

Also hieß es, erst mal in Reutlingen zu bleiben und die Affäre unbeschadet zu überstehen.

Nachdem die Flasche zu zwei Dritteln geleert war, fühlte Sascha eine gewisse Bettschwere, und als er den edlen Tropfen wieder verkorkte, nahm er sich vor, bei Miriam eine Art Lehrgang für den richtigen Umgang mit Wein zu machen.

Am nächsten Morgen fühlte er sich topfit und hatte keinerlei Kopfschmerzen.

Durch eine knusprige Brezel und einen starken Kaffee gestärkt fuhr er mit seinem Alfa Romeo älteren Baujahrs in Richtung Pfullingen.

Während der Fahrt überlegte sich Sascha eine Strategie für das kommende Gespräch.

Schwungvoll stieg er aus, nachdem er den Parkplatz erreicht hatte, und wandte sich dem Schlosshof zu.

»Entschuldigung, wo finde ich den Herrn Sailer?«, fragte er freundlich den Mann, der in dem kleinen Kiosk saß.

»Der Herr Verwalter hat sein Büro im selben Gebäude, in dem auch ich sitze, dem sogenannten Fürstenbau«, antwortete er lächelnd. »Sie gehen einfach einmal rundherum und halten sich dann links. Dort treffen Sie auf seine Sekretärin, die Ihnen dann bestimmt sagen wird, wo Sie den Herrn Sailer finden.«

»Danke schön für die Auskunft.«

Sascha folgte der Beschreibung und fand sich in dem Vorzimmer wieder.

Die etwa fünfzigjährige Frau blickte ihn fragend an und stützte ihren Kopf auf die Finger mit den rotlackierten Nägeln.

»Was kann ich für Sie tun, mein Herr?«

»Guten Tag, Frau Bauer.«

Der Kommissar hatte zufällig das Namensschild an der Türe gesehen.

»Mein Name ist Gross, ich müsste in einer dringenden Angelegenheit mit Herrn Sailer sprechen«, meinte Sascha und ließ seinen Blick etwas länger als nötig auf der gestylten Büroangestellten haften.

Das tat seine Wirkung und die Sekretärin entschuldigte sich kurz, während sie das Zimmer ihres Chefs ansteuerte.

»Draußen steht ein gut gekleideter Mann namens Gross und wünscht Sie zu sehen, Herr Sailer«, berichtete sie aufgeregt.

»Ah, das ist bestimmt der Investor, der sich telefonisch angekündigt hat. Bitten Sie ihn herein, Frau Bauer, und bringen Sie uns zwei Latte Macchiato«, entgegnete Sailer für seine Verhältnisse gut gelaunt.

Nachdem ihm der zerknirschte Graf die Zustimmung der Familie zu seinen Plänen mitgeteilt hatte, war Sailer fast sofort ans Telefon geeilt und hatte seinen Kontaktmann gebeten, die entscheidenden Leute mehrerer Hedgefonds zu bitten, sich mit ihm in Verbindung zu setzen.

Daraufhin hatten tatsächlich einige angerufen und sich von Sailer die Pläne für die Umgestaltung des Schlosses schicken sowie die zu erwartenden Gewinnmargen mitteilen lassen.

Der Mann, der nun sein Büro betrat, sah aus wie einem Werbekatalog eines Fonds entsprungen.

»Seien Sie gegrüßt, Herr Gross.«

Sailer war hinter dem Schreibtisch hervorgewuselt und hielt dem verdutzten Sascha die rechte Hand zur Begrüßung hin.

»Äh, ja, hallo Herr Sailer.«

»Wollen Sie zuerst einen Blick in die Bücher werfen oder

wollen wir bei diesem herrlichen Wetter erst mal das Schloss besichtigen?«

In diesem Moment kam die Sekretärin herein, stellte die beiden Latte auf das kleine Tischchen, das zum Empfang von Gästen diente, und blitzte Sascha dabei mit ihren kajalumrandeten Augen an.

Die verwechseln mich mit irgendjemandem, dachte der Kommissar amüsiert und beschloss, das Spielchen noch eine Weile mitzuspielen.

»Sehen wir uns doch einfach mal gemeinsam das Märchenschloss an«, antwortete Sascha und schlürfte genüsslich von dem Kaffeegetränk.

Wenig später überquerten die beiden zwischen zwei Schlossführungen die Zugbrücke und Sailer erzählte dem vermeintlichen Geldgeber von der wechselvollen Geschichte der Burg. Er führte ihn zuerst in die Räume, die auch der Allgemeinheit zugänglich waren, bevor es dann in die prächtig ausgestatteten Privatgemächer ging.

»Das ist ja wirklich alles sehr schön und beeindruckend, aber zu einer richtigen Burg gehört ja auch ein Turm. Können wir den auch noch besichtigen oder ist das ein Problem? Ich würde zu gerne die Aussicht von dort oben genießen.«

Wenn dies ein außergewöhnlicher Wunsch sein sollte, so ließ Sailer es sich nicht anmerken.

»Aber selbstverständlich, Herr Gross, wenn Sie mir bitte folgen würden?«

Sailer öffnete eine kunstvoll verzierte Holztür und sie standen in einem engen Treppenhaus. Die steinerne Wendeltreppe war sehr steil und beide Männer mussten gehörig schnaufen, als sie oben ankamen.

»Das ist ja wirklich traumhaft hier oben«, sagte Sascha beeindruckt.

112

»Ja, in der Tat und auch diese Aussicht werden wir gewinnbringend vermarkten. Ich stelle mir eine Art Luxusdachterrasse vor, natürlich erst, wenn wir aus Sicherheitsgründen die Brüstung noch ein wenig erhöht haben.«

Mit beiden Händen stemmte sich Sailer auf eine der Zinnen des Rundturms und ließ zufrieden seinen Blick umherschweifen.

»Stimmt es eigentlich, dass sich erst vor Kurzem eine Frau von hier oben hinabgestürzt hat?«, fragte Sascha scheinbar gelassen und brachte Sailer damit dermaßen aus der Fassung, dass dieser Mühe hatte, nicht die Beherrschung zu verlieren.

Seine Hände verkrampften sich so sehr an dem glatten Stein, dass sich die Fingerknöchel weiß färbten. Sailer räusperte sich und versuchte, die Contenance zu bewahren, bevor er antwortete.

»Ein tragischer Unglücksfall war das, die arme Frau hatte seit vielen Jahren schwerste Depressionen, die sie bei ihrer Einstellung natürlich verschwiegen hatte.«

Da hat mir Frau Mertens aber was anderes erzählt, dachte Sascha süffisant.

»Immer wieder ließ sie sich aus nichtigen Gründen krankschreiben und ich dachte bereits daran, ihr zu kündigen. Na ja, sie hätte sich auch woanders umbringen können und sich nicht ausgerechnet unser schönes Schloss dafür aussuchen müssen. Aber in Zukunft werden wir bei einer Neueinstellung die potenziellen Mitarbeiter besser durchleuchten, das verspreche ich Ihnen.«

Sascha musste sich zusammenreißen, um diesem unsympathischen Zeitgenossen nicht sofort die Leviten zu lesen. Außerdem wurde er das Gefühl nicht los, dass dieser Kerl irgendwas zu verbergen hatte.

»Aber lassen Sie uns doch wieder zurück in mein Büro

gehen, meine Sekretärin hat uns in der Zwischenzeit ein paar leckere Häppchen gerichtet. Ich hoffe, Sie konnten einen kleinen Überblick über das Objekt gewinnen.«

Gemeinsam traten sie den Rückweg an und überholten dabei eine Touristengruppe, die von dem früheren Lehrer Wahl angeführt wurde. Sascha bemerkte, dass Sailer seinen Angestellten keines Blickes würdigte, wohingegen dieser ihnen freundlich zunickte.

Hier war nicht alles eitel Sonnenschein und der Kommissar beschloss, seine wahre Identität noch nicht so schnell preiszugeben.

Genüsslich biss er von dem Baguette herunter, das mit einer würzigen Fischterrine bestrichen war, und griff nach einem Orangensaft.

»Wollen Sie nicht lieber ein Gläschen Sekt, Herr Gross? Wir haben eine sehr schmackhafte Hausmarke, die wir von einer der namhaftesten Sektkellereien in Deutschland abfüllen und mit unserem Lichtenstein-Emblem versehen lassen.«

»Vielen Dank, aber ich muss noch Auto fahren, vielleicht ergibt sich ein andermal die Gelegenheit dazu.«

»Das hoffe ich doch schwer«, entgegnete Sailer und nahm einen herzhaften Schluck des perlenden Getränks.

»Jetzt aber mal zur Sache, wie stehen meine Chancen, dass Ihre Anleger bei uns einsteigen?«

Offenbar hatte der Alkohol den Verwalter beschwingt und ihn mutig gemacht.

Sascha hingegen musste sich nun entweder als Polizist outen oder Sailer eine glaubhafte Lügengeschichte auftischen.

Um etwas Zeit zu gewinnen, nahm er schnell einen großen Bissen des knusprigen Weißbrots und zuckte dabei entschuldigend mit den Achseln.

Magdalena Mertens schlenderte scheinbar ziellos über den weitläufigen Stadtplatz und blieb an verschiedenen Ständen stehen, um von den angebotenen Lebensmitteln zu kosten. Die Marktbeschicker hatten offenbar von ihren Kollegen im südlichen Europa gelernt, dass man neue Kunden am besten dadurch gewinnen konnte, indem man ihnen ein Gratisstück Käse, Wurst oder was auch immer im Angebot war zum Goutieren gab.

Sie hatte bereits einiges probiert, als sie bei einem eigenwillig gekleideten Mann stehen blieb, der hinter seiner Verkaufstheke stand und keinerlei Werbung hinausschrie. Trotzdem tummelten sich bei ihm die meisten Kaufinteressenten, und als Magdalena ein Stück des angebotenen Bergkäses im Mund hatte, wusste sie auch warum.

Der einzigartige Geschmack reichte von mild bis würzig und die Hauptkommissarin meinte beinahe, die einzelnen Alpenkräuter herauszuschmecken.

»Hm, der schmeckt ja herrlich, ich habe selten zuvor einen so schmackhaften Käse gegessen«, stieß Magdalena bewundernd hervor, als sie endlich an der Reihe war.

Ohne die Miene zu verziehen oder auf das Lob einzugehen, heftete der Verkäufer seine Augen fragend auf seine neue Kundin.

»Was darf es sein?«

Die Auswahl war alles andere als riesig und Mertens nahm ein großes Stück des probierten Käses, sowie ein weiteres vom jüngeren und damit weniger gereiften. Während der Mann die Portionen zurechtmachte und in ein spezielles Frischhaltepapier verpackte, beobachtete ihn die Polizistin eingehender.

Er war groß gewachsen und hatte breite Schultern. Seine kräftigen Hände waren von der körperlichen Arbeit schrundig und seine Kleidung erinnerte sie an Fotos von den sogenannten Amish People in Amerika. Ein breitkrempiger schwarzer Hut und eine derbe, sackartig geschnittene schwarze Hose sowie ein weißes Leinenhemd ließen den Käseverkäufer aussehen, als sei er dem neunzehnten Jahrhundert entsprungen.

Wortlos reichte er Mertens den bestellten Käse und wandte sich einem älteren Herrn zu, der nach Magdalena an der Reihe war.

Am Nachbarstand kaufte sie noch etwas Räucherspeck und Hartwurst, eine sogenannte Hirschwurzen, und ging danach in eine Bäckerei, wo sie ein paar Semmeln erstand. Mit zusammengekniffenen Augen, wegen der hoch stehenden Sonne, suchte sie einen Sitzplatz und steuerte zielsicher auf eine freie Parkbank zu.

Magdalena kramte in ihrer Handtasche nach dem Taschenmesser, das sie immer mit sich führte, und begann damit, von ihren gekauften Köstlichkeiten kleine Häppchen herunterzuschneiden, wobei sie sorgfältig darauf achtete, das Frischhaltepapier, das um den Käse gewickelt gewesen war, nicht zu zerstören.

Ihr Blick schweifte dabei immer wieder in Richtung des auffällig gekleideten Marktverkäufers, der seinen Stand unweit ihrer Sitzbank hatte.

Mit stoischer Ruhe bediente er seine zahlreichen Kunden und wurde auch nicht nervös, als die Traube der Käufer immer größer wurde. Gegen dreizehn Uhr packten die Marktleute langsam zusammen und auch der von Mertens beobachtete Mann bereitete sich auf den Feierabend vor.

Magdalena hätte sich nicht gewundert, wenn er seine Sachen auf eine bereitstehende Pferdekutsche gepackt hätte, doch allem Anschein nach war die Kleidung das einzige

Relikt aus vergangenen Tagen. Scheinbar mühelos wuchtete er den eingeklappten Marktstand auf die Pritsche eines neueren Ford-Pickups und Magdalena beeilte sich, ihren Proviant wieder einzuwickeln und in die Handtasche zu stecken. Sie ging mit schnellen Schritten zu ihrem unweit abgestellten Wagen, den sie mit viel Glück auf einem zentrumsnahen Parkplatz hatte parken können.

Im Rückspiegel sah sie, wie das bullige Auto sich in Bewegung setzte, und fuhr gleichfalls los.

Im Gespräch mit ihrem Kollegen Gross war ihr eine Idee gekommen, wie sie Kontakt zu Charlotte Friedrichs Tochter herstellen könnte. Zwar würde dies eine ziemlich gewagte Unternehmung werden, aber einen Versuch war es allemal wert.

Da Mertens noch einige Tage Resturlaub hatte und derzeit bis auf den ungeklärten Tod von Charlotte ohnehin nicht viel zu tun war, brauchte sie ihren Vorgesetzten nicht lange zu beknien, ihr freizugeben.

Magdalena hob am Automaten Bargeld ab, tankte ihren Citroën voll und begann ihren Ausflug ins schöne Allgäu. Aus dem Telefongespräch mit ihrer verstorbenen Freundin wusste sie ungefähr, wo die Religionsgemeinschaft beheimatet war, die angeblich Charlottes Tochter gegen deren Willen festhalten sollte.

Um auf Nummer sicher zu gehen, hatte Mertens beschlossen, hier in der Stadt Lindenberg den Markt zu besuchen und sich an das Sektenmitglied anzuhängen, das laut Charlotte am Samstag den Käse der Kommune dort verkaufte.

Betont unauffällig und mit gebotenem Abstand folgte Mertens dem schweren US-Car. Sie sah, wie er immer wieder auf die Wiesen ausweichen musste, sobald ihm auf diesen schmalen Straßen ein größerer Wagen als ein Smart entgegenkam.

Sie musste sich auf die Verfolgung konzentrieren und hatte keine Muse, die idyllische Hügellandschaft zu genießen.

Plötzlich schoss aus einem Feldweg ein Milchlaster heraus und Magdalena konnte gerade noch bremsen.

»So ein Mist, was fällt dem Kerl ein!«, rief sie aus und betätigte wütend ihre Hupe.

An dem Lkw gingen die Warnblinklichter an und er blieb abrupt stehen. Verdutzt sah Mertens, wie sich die Fahrertür öffnete und ein jüngerer Mann mit Tattoos an beiden Unterarmen ausstieg.

»Hast du ein Problem, du alte Schachtel?«, fragte er lässig und blieb provozierend vor Magdalenas Fahrertür stehen.

Langsam öffnete sie die Tür bis zu dem Lkw-Fahrer, der sich keinen Millimeter wegbewegte.

»Ich fürchte, dass Sie gleich ein ziemliches Problem bekommen«, zischte sie und hielt dem verblüfften Mann ihren Dienstausweis unter die Nase.

»Wenn Sie nicht sofort einsteigen und mich überholen lassen, kriege ich Sie dran wegen Beamtenbeleidigung und Behinderung der Ermittlungsarbeit.«

»Äh… Entschuldigung, ich konnte ja nicht wissen…« entgegnete der Fahrer kleinlaut und trollte sich.

»Ich wüsste aber, wie Sie Ihren Fehler eventuell wieder gutmachen können!«, rief Mertens ihm hinterher. »Sie kennen sich doch hier aus, ich suche einen Bauernhof, auf dem sich ziemlich skurril gekleidete Leute herumtreiben.«

Der Mann nickte wissend.

»Wenn es weiter nichts ist, folgen Sie mir einfach. Ich mache den Warnblinker an, sobald wir da sind.«

Offenbar war die Sekte in der Gegend bekannt, denn der Hinweis auf die Kleidung schien als Beschreibung auszureichen.

»Aber was haben die denn ausgefressen? Das sind doch nur harmlose Spinner, die ihren sonderbaren Glauben ausleben wollen.«

»Kennen Sie diese Menschen etwa?«, fragte Mertens neugierig.

»Na ja, was heißt hier kennen, bevor sie ihren Käse selbst vermarktet haben, waren sie Mitglied in der hiesigen Genossenschaft und ich musste dann die Milch auf ihrem Hof abholen.«

»Gibt es so etwas wie einen Anführer oder haben mehrere Leute dort das Sagen?«

Diese Frage war etwas speziell und der Fahrer kratzte sich am Kinn, während er angestrengt nachdachte.

»Aber ja, natürlich, dieser Bruder… wie nannte er sich noch gleich… Bernhard, glaube ich. Ja, jetzt entsinne ich mich, dieser Bruder Bernhard war eindeutig der Oberguru, um den die anderen sich geschart haben und der das große Wort geführt hat. Doch wie ich vorhin schon sagte, das ist alles schon eine Weile her.«

Der Mann hob zum Abschied die Hand und ging zu seiner Fahrertür.

Er war gerade im Begriff einzusteigen, als er sich noch einmal umdrehte.

»Da fällt mir noch was ein. Ein Bekannter hat mir erzählt, dass die Sektierer sich weigern, ihre Kinder zur Schule zu schicken, und deshalb bereits massive Probleme bekommen haben. Aber offenbar verfügen sie über gute Anwälte, denn bis auf Weiteres haben sie eine Ausnahmegenehmigung erhalten. Das ist doch alles ziemlich ungewöhnlich, oder etwa nicht?«

»In der Tat, und wenn ich richtig informiert bin, ist es in Deutschland bis auf wenige Ausnahmen nicht erlaubt, seine Kinder zu Hause zu unterrichten«, pflichtete ihm die Hauptkommissarin bei und fügte hinzu: »Aber erst mal vielen Dank, Sie haben mir wirklich sehr geholfen.«

»Das habe ich doch gerne getan, wenn Sie mich dafür nicht anzeigen ...«

Mertens lachte verschmitzt und entließ den Fahrer mit einem Wink.

Sie hatte keine Mühe, dem Lkw zu folgen, denn offenbar war der Lenker darauf bedacht, der nachfolgenden Polizistin keinen Grund zu geben, ihm eine Strafe aufzubrummen. Bei diesem recht gemächlichen Tempo konnte sie endlich ihren Blick auch über die Hügel, die saftigen Wiesen und den nahen Wald schweifen lassen und die Anmut dieses Landstriches genießen.

Es dauerte keine Viertelstunde, als an dem Dreißigtonner die Warnblinkanlage anging. Mertens hielt an und blickte sich um. Sie konnte nirgends eine menschliche Ansiedlung erkennen, erst als der Fahrer mit seiner Hand aus dem Fenster in eine bestimmte Richtung deutete, sah sie hinter einem kleinen Waldstück verborgen den Aussiedlerhof.

An einer kleinen Einbuchtung hielt sie an und parkte ihr Auto. Sie stieg aus und betrachtete nachdenklich den idyllisch gelegenen Bauernhof.

Ich werde euch einen Besuch abstatten, den ihr nicht mehr vergessen werdet, dachte Magdalena grimmig und ging zurück zu ihrem Wagen.

Das war sie ihrer alten Freundin Charlotte schuldig. Doch zuvor wollte Mertens noch eine andere gute Bekannte aufsuchen.

Schon von Weitem konnte sie die Silhouette des riesigen Sees erkennen und wurde darüber beinahe wehmütig. Sie dachte zurück an die drei Jahre, die sie am Anfang ihrer Ausbildung in der Nähe von Lindau auf der württembergischen Seite des Sees verbracht hatte. Wieder einmal kam Magdalena schmerzlich zu Bewusstsein, wie schnell die Jahre verflogen waren, und es schien ihr, als sei es erst gestern gewesen, dass sie hier gewohnt hatte.

Vor der Brücke, die zur Insel Lindau führte, auf der die historische Altstadt lag, fand sie glücklicherweise einen Parkplatz.

Gerade als sie die Brücke fast überquert hatte, überraschte sie aus heiterem Himmel ein Regenguss.

»So ein Mist«, rief sie aus und hielt verzweifelt Ausschau nach einer Möglichkeit zum Unterstehen, doch innerhalb weniger Augenblicke war sie bereits nass bis auf die Haut.

Jetzt ist es auch vollends egal, dachte Magdalena gleichmütig und stapfte weiter durch den platschenden Regen. In der Färbergasse blieb sie tropfend vor einem alten Fachwerkhaus stehen und blickte auf die Türschilder. Fest drückte sie auf einen Klingelknopf und hoffte inständig, dass jemand zu Hause sein würde. Aber auch nach mehrmaligem Klingeln tat sich die von Mertens hoffnungsvoll betrachtete Haustüre nicht auf. Resigniert und vor Kälte zitternd entfernte sie sich langsam von dem uralten Gebäude.

»Hallo, wollen Sie zu mir?«

Mertens drehte sich um und sah, wie sich eine Frau mit einem Handtuch um den Kopf gewickelt aus einem geöffneten Fenster beugte.

»Hallo Ulrike, erkennst du mich nicht mehr?«

Es dauerte nur einen kurzen Moment, bis die Frau am Fenster einen Schrei des Entzückens ausstieß.

»Das gibt es doch nicht, Magdalena Mertens wie sie leibt und lebt. Es tut mir leid, dass ich dir nicht sofort geöffnet habe, aber ich war unter der Dusche und das dauert bei mir meistens ziemlich lang. Aber jetzt komm erst mal hoch, bevor du dir den Tod holst. Ich wohne im dritten Stock.«

Nun wieder ein wenig fröhlicher stapfte Magdalena die Treppen hoch, wobei sie eine nasse Spur hinter sich herzog.

»Es ist schön dich zu sehen«, meinte Ulrike, als Magdalena oben ankam, und umarmte ihren Gast stürmisch.

»Jetzt gehst du aber erst einmal unter die heiße Dusche, ich bringe dir gleich ein paar Klamotten von mir.«

Ohne große Gegenwehr kam Magdalena dem Befehl ihrer Freundin nach und genoss es, das warme Wasser an sich herunterlaufen zu lassen.

»Na ja, du bist nicht wirklich gewachsen, seitdem wir uns aus den Augen verloren haben«, meinte Ulrike grinsend, als sie ihren Gast betrachtete und feststellte, dass ihr Jogginganzug an Mertens hing wie ein Sack.

»Ich bin eigentlich nicht hergekommen, um an einer Modeschau teilzunehmen«, entgegnete Magdalena ebenfalls mit einem Lachen auf dem Gesicht.

Ulrike hatte inzwischen einen bunten Salat zubereitet und etwas Käse und Brot aufgetragen.

»Leider kann ich dir keine Wurst anbieten, da ich seit geraumer Zeit Vegetarierin bin«, meinte die Gastgeberin mit einem Schulterzucken, während sie Magdalena ein Glas Spätburgunder vom Bodensee eingoss.

»Solange du nicht Antialkoholikerin geworden bist, ist mir das ziemlich egal«, entgegnete Mertens und genehmigte sich einen kleinen Schluck des aromatischen Weines.

»Nun erzähl mal, wie ist es dir in all den Jahren ergangen, Ulrike?«

Magdalena fläzte sich in die Polster der gemütlichen Sitzgruppe, nachdem sie sich satt gegessen hatte, und betrachtete ihre frühere Kollegin und Freundin. Alt sind wir geworden, dachte sie dabei wehmütig.

»Hm, was willst du hören, soll ich sagen, ich bin rundum glücklich? Das würdest du mir mit deinem fast schon legendären Scharfsinn eh nicht abkaufen. Also sage ich dir die Wahrheit. Wie nicht anders zu erwarten war, habe ich damals, nachdem du wieder nach Reutlingen zurückgekehrt bist, unseren Revierleiter Rüdiger geheiratet. Er legte mir die Welt zu Füßen und kurz nacheinander kamen eine Tochter und ein Sohn auf die Welt. Unglücklicherweise war ich nicht das Heimchen am Herd, das er sich gewünscht hatte.«

Ulrike unterbrach sich kurz und hob anklagend ihren Zeigefinger.

»Was unter anderem auch dein Verdienst war, denn deine rebellische Art hat wohl auf mich abgefärbt. Jedenfalls dauerte das Glück nicht lange und im verflixten siebten Jahr kam die Trennung. Danach habe ich meine Kinder großgezogen und mich nebenher fortgebildet.«

»Hast du noch Kontakt zu deinem Sohn und deiner Tochter?«

»Leider nur sporadisch, da Lukas in Berlin lebt und Corinna in Freiburg. Gelegentlich beehren sie ihre alte Mutter mit einem kurzen Besuch, aber die meiste Zeit bin ich alleine in meiner Wohnung. Was nicht heißt, dass ich einsam bin, im Gegenteil treffe ich mich viel mit Leuten aus meinem Bekanntenkreis und es gibt auch einen Mann …«

»Erzähl mir mehr«, forderte Magdalena Mertens ihre Freundin auf.

Beinahe die ganze Nacht unterhielten sie sich und waren ziemlich beschwipst, als sie endlich ins Bett gingen.

»Es bleibt also dabei, du tust mir den Gefallen, um den ich dich gebeten habe?«

»Das ist zwar etwas ungewöhnlich, aber ich denke, das kriegen wir hin.«

»Danke im Voraus, dafür gehe ich auch morgen früh zum Bäcker und hole uns frische Brötchen«, versprach Magdalena, bevor sie ins Bad ging.

Nachdem er den Bissen hinuntergeschluckt hatte, wollte Sascha gerade etwas erwidern, als Sailers Smartphone klingelte.

»Ja, hallo? … Aber ich verstehe nicht, … das gibt es doch nicht…, ja, in Ordnung, Mittwoch um 14 Uhr, okay, ich werde auf Sie warten.«

Sailer legte auf und ein wölfischer Ausdruck trat in sein Gesicht. Offenbar war der richtige Investor am Telefon gewesen.

»Wer sind Sie?«

»Ich…, äh…, hat mich Ihre Sekretärin denn nicht vorgestellt?«, stotterte Sascha, doch im nächsten Augenblick erlangte er seine Selbstsicherheit zurück. »Gross ist mein Name und ich bin Kommissar bei der Mordkommission in Reutlingen. Es geht immer noch um die verstorbene Frau Friedrich und…«

»Verlassen Sie sofort unser Gelände«, spie Sailer seine Worte förmlich aus. »Und morgen früh wird Ihr Vorgesetzter Ihnen als Erstes gehörig die Leviten lesen, das verspreche ich Ihnen. Ich hoffe, dass Ihnen Ihre alte Uniform noch passt, denn wenn ich mit Ihnen fertig bin, werden Sie wieder auf Streife gehen und irgendwelche Eierdiebe fangen. Und jetzt raus hier.«

Eigentlich wollte Sascha nicht klein beigeben und am liebsten hätte er dieses Arschloch am Kragen geschnappt, doch dann erinnerte er sich an den Rechtsanwalt bei Miriams Weinprobe. Mit einem genuschelten »Auf Wiedersehen« verließ er das Gebäude und machte sich auf den Weg zum Parkplatz.

Er setzte sich in seinen Alfa Romeo und atmete erst mal tief durch. Der Widerling hatte Dreck am Stecken, da war Sascha sich sicher und er dachte die ganze Fahrt über nach, wie er an Sailer herankommen könnte.

Bevor er zu Miriam fuhr, machte er noch einen Stopp in seiner Wohnung, um etwas Wäsche und Kleidung einzupacken und einen Kaffee zu trinken. Seine Dachterrasse war wirklich einmalig und das allein wäre schon ein Grund, um hierzubleiben. Als er seinen Blick gedankenverloren über die Dächer der Altstadt bis zur nahen Schwäbischen Alb schweifen ließ, kam ihm plötzlich eine vage Idee in den Sinn. Doch so schnell, wie sie gekommen war, verwarf er sie wieder.

»Nein, das funktioniert nicht«, sagte er zu sich selbst.

Auf der halbstündigen Reise nach Stuttgart kam der Gedanke jedoch immer wieder hoch und er beschloss, es auf einen Versuch ankommen zu lassen.

Mit Müh und Not fand er schließlich einen Parkplatz unweit von Miriams Haus.

Es war eines der wenigen Dinge von Wert, die ihr von ihrem verstorbenen Ehemann geblieben waren, und das auch nur, weil ihre Mutter die Restschulden in Höhe von zwanzigtausend Euro bei der Bank abgelöst hatte.

Unter Tränen hatte sie Sascha davon erzählt, dass bei der Sichtung von Kollinskis Hinterlassenschaft einige höchst unschöne Dinge ans Licht gekommen waren.

»Warum hast du den Halunken nicht längst vorher hinausgeschmissen?«, hatte Sascha die junge Frau eines Abends bei einer Flasche Wein gefragt.

Damit hatte er jedoch einen wunden Punkt bei Miriam berührt. Der schwere Nero d'Avola tat ein Übriges und Miriam hatte fürchterlich zu heulen angefangen.

»Ich … ich habe diesen Mistkerl geliebt und ihm immer wieder aufs Neue blind vertraut. Außerdem ist er der Vater meiner Kinder«, hatte sie schluchzend hervorgebracht.

Behutsam hatte Sascha sie in den Arm genommen und getröstet.

Seit jenem Abend vermied er es tunlichst, das Gespräch auf Kollinski zu lenken.

Kaum war das Läuten der Türklingel verstummt, wurde die Tür aufgerissen und Miriams Töchter strahlten Sascha an. Wie selbstverständlich umarmte er sie und Miriam blickte glücklich auf die vertraut wirkende Geste. Die beiden Mädchen hatten ihre anfänglichen Vorbehalte gegen den neuen Mann im Leben ihrer Mutter völlig aufgegeben und freuten sich auf gemeinsame Unternehmungen mit dem Kommissar.

»Hallo ihr zwei Süßen, ratet mal, was ich euch Tolles mitgebracht habe.«

Anne und Sylvie konnten es kaum erwarten, bis er seinen kleinen Rucksack durchwühlt hatte. Triumphierend hielten sie die zwei Barbiepuppen in die Höhe und zeigten sie voller Stolz ihrer kopfschüttelnden Mutter.

»Du sollst die Gören doch nicht immer so verwöhnen, Sascha.«

»Ach was, du bist bloß neidisch, weil ich dir nichts mitgebracht habe«, entgegnete er augenzwinkernd.

»Mir reichst du als Geschenk völlig aus«, hauchte ihm Miriam ins Ohr, als er sie ebenfalls stürmisch umarmte.

Nachdem er seinen Rucksack samt seiner Tasche mit den Klamotten ins Schlafzimmer getragen hatte, setzte er sich wohlig stöhnend an den kleinen Bistrotisch auf Miriams Terrasse.

»Hier, ein kleiner Willkommenstrunk.«

Die junge Frau reichte ihm ein Sektglas mit einer hellroten, perlenden Flüssigkeit.

»Mmh, der schmeckt aber lecker«, sagte er anerkennend.

»Ja, nicht wahr? Das ist ein Rosé Frizzante von einer kleinen Winzergenossenschaft in der Nähe von Verona. Ich habe bereits einige Kartons davon verkauft, und wenn der Sommer recht heiß wird, kann das mein diesjähriger Verkaufsschlager werden.«

Am Abend gingen Miriam und Sascha gemeinsam mit den Kindern zu einer nahe gelegenen Taverne, die bekannt war für ihre ursprüngliche griechische Küche und das familienfreundliche Ambiente.

»Hat dir die Geschichte mit dem Rechtsanwalt eigentlich Umsatzeinbußen gebracht?«, wollte Sascha wissen, während er genüsslich an seinem Souvlaki knabberte.

»Du hast wohl immer noch ein schlechtes Gewissen deswegen, oder?«

Sascha machte ein ernstes Gesicht und hob entschuldigend die Achseln.

»Ist schon okay«, fuhr Miriam fort. »Es war überfällig, dass diesem arroganten Kerl einmal jemand die Grenzen aufgezeigt hat und dass du dieser jemand warst, umso besser. Ich habe von einem gemeinsamen Bekannten allerdings mitbekommen, dass Dr. Müller-Hindelang reichlich Stimmung gegen meinen Laden macht und behauptet, ich würde den Leuten mit billigen Imitaten von Spitzenweinen das Geld aus den Taschen ziehen.«

Saschas Miene verfinsterte sich.

»Dann muss ich mir den feinen Herrn wohl noch mal vorknöpfen.«

Miriam legte ihre Hand auf seinen Arm, um ihn zu beschwichtigen.

»Das lässt du mal schön bleiben, denn bisher sind die allermeisten Kunden auf meiner Seite. Mit diesem Anwalt sind schon viele aneinandergeraten und es hat für mich mittlerweile den Anschein, dass immer mehr Leute meine Weinhandlung besuchen, gerade weil du ihn vor die Tür gesetzt hast. Das hat bestimmt mit Schadenfreude zu tun, aber meinem Geschäft tut es gut und das ist die Hauptsache.«

Diese Aussage besänftigte Sascha und der obligatorische Ouzo, den der Chef persönlich an den Tisch brachte, tat ein Übriges.

Anne und Sylvie gähnten immer stärker und Miriam bestellte die Rechnung.

»Wollen wir morgen mal wieder zur Wilhelma gehen?«, fragte Sascha in die Runde, wobei er die Antwort natürlich schon im Voraus wusste.

»Jaaaa«, riefen die Mädchen im Chor und waren plötzlich wieder hellwach.

Auf dem Nachhauseweg hakte Miriam sich bei Sascha unter.

»Wir sind fast wie eine Familie, Sascha, ich wünsche mir so sehr, dass das so bleibt und dass mir und den Kindern eine erneute Enttäuschung erspart bleibt.«

Dem sonst so hartgesottenen Kommissar kamen beinahe die Tränen vor Rührung, denn genau dasselbe hatte er auch gerade gedacht.

»Ich habe dir ja schon einige Episoden aus meiner wilden Vergangenheit erzählt, und weil es eigentlich nie über einen längeren Zeitraum mit mir und meinen Verflossenen geklappt hat, habe ich immer gedacht, ich sei beziehungsunfähig. Doch ich habe das Gefühl, dass es mit dir endlich funktionieren kann, und ob du es glaubst oder nicht, aber ich habe mir heute Nachmittag überlegt, mich nach Stuttgart versetzen zu lassen. Du siehst also, dass es mir ziemlich ernst mit euch ist. Und wer weiß, vielleicht gibt es ja noch das ein oder andere gemeinsame Kind? Am besten fangen wir nachher gleich damit an…«, meinte Sascha und presste Miriam ganz fest an sich.

Der Samstag, den sie in dem schön angelegten Zoo verbrachten, war ein voller Erfolg, denn sowohl im Tigergehege als auch bei den Elefanten gab es Nachwuchs, was die Mädels »sooo süß« fanden. Im derzeit angesagtesten Eiscafé »Da Luigi« bekamen die vier die letzten verfügbaren Plätze, was den Tag speziell für die Kinder vollends abrundete.

Am Sonntag bereitete Sascha einen ausgedehnten Brunch mit allen Finessen zu und raffte sich sogar auf, einen Bäcker ausfindig zu machen, der frische Brötchen im Sortiment hatte. Der Nachmittag war für die Jahreszeit ungewöhnlich heiß und sie beschlossen, gemeinsam zu einem nahe gelegenen Badesee zu fahren.

Doch plötzlich war es wieder Sonntagabend und das schöne Wochenende vorbei.

»Bleibst du heute Nacht noch hier, Sascha?«, fragte Miriam, nachdem die Kinder, die am Montag wieder zur Schule mussten, im Bett waren.

»Ja, klar, ich muss morgen um zehn kurz ins Präsidium, aber sonst habe ich ja eigentlich Urlaub«, antwortete Sascha und fügte geheimnisvoll hinzu: »Doch jetzt müsste ich zuerst etwas Wichtiges mit dir besprechen.«

Fragend blickte Miriam ihren Freund an, während sie zwei Gläser mit einem provenzalischen Rotwein füllte.

Die ersten Gewitter zogen über Stuttgart hinweg, sodass die beiden gezwungen waren, die Gartenterrasse zu räumen und sich auf das Sofa zu flüchten.

»Das ist nicht dein Ernst!«, rief Miriam entrüstet aus, nachdem Sascha sein ungewöhnliches Anliegen vorgebracht hatte.

»Pst, nicht so laut, deine liebreizenden Töchter schlafen doch schon«, mahnte er und hielt sich den Zeigefinger vor den geschlossenen Mund.

»Und leider ist es mir sehr ernst damit. Aber ich möchte dich nicht unter Druck setzen. Schlaf eine Nacht oder zwei drüber und gib mir dann Bescheid. Bedenke aber bitte, dass ich dir wirklich nicht böse bin, wenn du es nicht machst.«

Der weitere Abend verlief weniger harmonisch als die vorangegangenen und Miriam verkroch sich in dem sprichwörtlichen Schneckenhaus. Sascha musste seinen ganzen Charme aufbieten, um seine Freundin einigermaßen wieder zu besänftigen. Miriam willigte schließlich ein, wenigstens über seinen Vorschlag nachzudenken.

Nach einer Nacht der Versöhnung weckte Miriam ihre Kinder und Sascha ließ es sich nicht nehmen, für die beiden leckere Pausenbrote zu schmieren.

»Viel Spaß in der Schule und ärgert eure Lehrer nicht zu sehr«, gab Sascha den Mädchen mit auf den Weg zur Bushaltestelle.

Schweigend saßen sie sich danach beim Frühstück gegenüber und tranken ihren Kaffee.

»Du bedeutest mir sehr viel, Sascha, und ich würde gerne mein weiteres Leben mit dir teilen.« Miriam legte eine längere Pause ein und sagte dann mit einem Seufzer: »Deshalb

130

habe ich mich entschieden, es zu machen, weil ich weiß, dass diese Sache für dich sehr wichtig ist.«

Der Kommissar sprang auf und umarmte seine Freundin stürmisch.

»Ich weiß nicht, wie ich dir danken soll, und ich verspreche dir, dass ich mich in irgendeiner Form revanchieren werde. Ob sich die Mühe allerdings lohnt, kann ich dir nicht versprechen, aber einen Versuch ist es allemal wert.«

»Eine Gegenleistung brauche ich nicht von dir, mir reicht es, wenn du bei mir bleibst.«

Sascha war zu aufgewühlt, um etwas zu entgegnen, und drückte Miriam stattdessen noch fester an sich. Wie immer, wenn sie sich für das kommende Wochenende verabredeten, war eine gewisse Wehmut zu spüren und Sascha beeilte sich danach, das Haus zu verlassen.

Er stieg in seinen Alfa und quälte sich durch die Stadt, wobei er in dieser Hinsicht Stuttgart verfluchte und dem deutlich kleineren Reutlingen gedanklich wieder Pluspunkte vergab. Endlich erreichte er die B 27 und ließ sein italienisches Pferdchen ordentlich galoppieren, doch leider hatte Sascha in seiner seltsamen Stimmung nicht mehr bedacht, dass auf der Schnellstraße durchgehend ein Tempo von einhundertzwanzig vorgeschrieben war.

Vor dem nächsten Parkplatz bedeutete ihm ein uniformierter Kollege mit einer Kelle unmissverständlich, dass er einzuscheren und anzuhalten habe.

»Guten Tag der Herr, Sie haben es heute wohl besonders eilig«, begrüßte ihn ein anderer Polizist mit einem schadenfrohen Lächeln.

Sascha musste an sich halten, um nicht laut aufzuschreien. Mit versteinerter Miene zeigte er dem Mann seinen Dienstausweis.

»Ich bin in einem Mordfall unterwegs und da kommt es auf jede Sekunde an. Normalerweise halte ich mich immer an die Geschwindigkeitsbegrenzung, das können Sie mir glauben, Kollege«, entgegnete Sascha, wobei er das Wort Kollege besonders betonte.

»Tja, was soll ich da sagen, Sie sind von der Kripo Reutlingen und das ist ja wohl nicht ganz Ihr Zuständigkeitsbereich, oder?«

Der Beamte schaltete offenbar auf stur.

»Hören Sie zu, wir haben da eine heikle Sache laufen, in der wir mit den Kollegen aus Stuttgart zusammenarbeiten«, versuchte es Sascha und hielt sich verschwörerisch die Handaußenseite vor den Mund. »Es ist wirklich äußerst dringend und Sie wären uns sehr behilflich, wenn Sie mal ein Auge zudrücken würden.«

»Was glauben Sie, wie oft ich diese Ausrede von einem von euch Kripo-Jungs schon gehört habe und jedes Mal, wenn ich es überprüft habe, war der ach so dringende Mordfall allenfalls ein kleiner Diebstahl. Fakt ist, dass Sie achtzig Stundenkilometer zu schnell gefahren sind, und das bedeutet in diesem Fall, dass ich eigentlich Ihre Fahrerlaubnis einziehen müsste. Doch weil ich heute meinen guten Tag habe, können Sie weiterfahren und erhalten in Kürze Post von uns, mit einem saftigen Bußgeldbescheid.«

Eine heftige Reaktion lag Sascha auf der Zunge, die er aber im letzten Augenblick hinunterschluckte.

»Also gut, dann wünsche ich euch Jungs noch einen guten Tag«, meinte er mit einem säuerlichen Lächeln und fuhr los, nachdem die Beamten seine Personalien aufgenommen hatten.

Jetzt kann es nur noch aufwärtsgehen, dachte Sascha und hielt sich von jetzt an akribisch an die Geschwindigkeitsbegrenzung.

In der Nähe seiner Wohnung fand er einen Anwohner-parkplatz und machte sich zu Fuß auf den Weg zum Poli-zeipräsidium. Das gemeinsame Büro war verwaist, offen-sichtlich war Magdalena Mertens auf ihrer angekündigten Mission unterwegs.

Gerade als Sascha sich einen Kaffee aus dem Vollautoma-ten eingoss, kam sein Vorgesetzter mit hochrotem Gesicht zur Tür herein.

»Sind Sie und Ihre Kollegin eigentlich von allen guten Geistern verlassen?«, brüllte Köttmann und baute sich vor dem eine Handbreit längeren Sascha auf.

Alles an ihm wirkte kantig, sowohl sein Körper als auch sein Kopf, wobei dieser Eindruck durch die eckige, schwarz-umrandete Brille noch verstärkt wurde.

Erschrocken wich Sascha einen Schritt zurück.

»Entschuldigung, aber ich…«

»Es gibt hier nichts zu entschuldigen, bei mir rufen im Minutentakt Leute an, denen Sie oder Ihre schrullige Kolle-gin auf den Schlips getreten sind. Glauben Sie eigentlich, ich hätte nichts Besseres zu tun, als mir dauernd Klagen über un-fähige Mitarbeiter anzuhören?«

Bisher war Sascha eigentlich immer gut mit Köttmann klargekommen und deshalb in diesem Moment völlig über-rascht von der heftigen Attacke seines Chefs.

»Das mit dem Anwalt in Stuttgart kann ich Ihnen erklä-ren, es war…«, begann Sascha kleinlaut und wurde sofort rüde unterbrochen.

»Hier geht es nicht um diesen Rechtsverdreher, dem Sie einen Tritt verpasst haben. Darüber könnte ich hinwegsehen. Nein, es geht um Ihre Ermittlungen in einem Mordfall, der meines Wissens nach keinerlei Indizien eines solchen auf-weist und bei dem alles auf Selbstmord hindeutet. Trotzdem sprechen Sie wilde Verdächtigungen aus und legen sich obendrein mit einem Mann an, der offenbar in diesem Land gut vernetzt ist. Sie schleichen sich unter Vorspiegelung falscher Tatsachen bei ihm ein und spielen dabei unverhohlen einen reichen Investor, um an Informationen zu kommen.«

Das kantige Gesicht Köttmanns näherte sich Sascha und er fuhr gefährlich leise fort:

»Normalerweise stelle ich mich vor meine Leute, das wissen Sie, doch in diesem Fall bin selbst ich der Ansicht, dass sowohl Sie als auch Frau Mertens aus dem Verkehr gezogen gehören. Und das tue ich hiermit. Wie ich weiß, haben Sie derzeit Urlaub, und sobald der beendet ist, sind Sie hier im Innendienst, und zwar auf unbestimmte Zeit. Bisher habe ich immer große Stücke auf Sie gehalten und das ist mit ein Grund, warum ich Sie nicht, wie von Herrn Sailer verlangt, wieder auf Streifendienst schicken werde. Was Ihre Kollegin anbelangt, so werde ich darauf drängen, dass Frau Mertens schleunigst in den wohlverdienten Ruhestand verabschiedet wird, damit sie nicht noch größeres Unheil anrichten kann. Haben wir uns verstanden, Herr Gross?«

Sascha gab es auf, sich rechtfertigen zu wollen, denn offenbar hatte Köttmann von höherer Stelle ordentlich Druck bekommen.

»Ja«, antwortete er knapp und ging schicksalsergeben zu seinem Schreibtisch.

»Was haben Sie sich bloß dabei gedacht?«, sagte Köttmann kopfschüttelnd und verließ das Büro.

Mit einem lauten Seufzer ließ sich Sascha in seinen Drehstuhl plumpsen. Solch eine Standpauke hatte er nicht erwartet und in Gedanken malte er sich aus, wie es sein würde, nur noch Innendienst zu verrichten. Eine Versetzung nach Stuttgart konnte er sich unter den derzeitigen Umständen ganz sicher abschminken, jedenfalls nicht in seiner jetzigen Lage.

Niedergeschlagen saß er eine Zeitlang da und überlegte sich seine nächsten Schritte. Saschas Gedanken schweiften hin und her, doch als ihm Miriam in den Sinn kam, erwachte sein Kampfgeist wieder.

So einfach gebe ich nicht klein bei, sagte er zu sich und griff zu seinem Smartphone.

»Hallo, Frau Mertens, hier ist Ihr Kollege Gross, ich weiß, dass Sie kein Freund von Handys sind und nicht gern damit telefonieren, trotzdem möchte ich Sie bitten, mich sofort zu kontaktieren, sobald Sie diese Nachricht abhören.«

Am Sonntagmorgen war unerwartet Ulrikes neuer Freund erschienen und hatte die zwei Frauen auf seine Motorjacht zu einer Spritztour eingeladen.

Mehrmals an diesem herrlichen Tag, der nicht nur strahlenden Sonnenschein, sondern auch eine fantastische Fernsicht bot, dachte Magdalena wehmütig an ihre Zeit am Bodensee zurück und schwor sich, gemeinsam mit Paul diesem schönen Fleckchen Erde in Zukunft öfters einen Besuch abzustatten.

Völlig gerädert stand die Hauptkommissarin am Montag nach einer weiteren viel zu kurzen Nacht als Erste auf, flanierte dann am See entlang und genoss die herrliche Morgenstimmung. Anschließend ging sie wie schon am Vortag zu einem Bäcker in der pittoresken Lindauer Altstadt. Zurück in Ulrikes Wohnung setzte sie die original italienische Espressokanne auf. Der köstliche Kaffeeduft sorgte dafür, dass ihre Freundin ebenfalls das Bett verließ.

»Wollen wir nach dem Frühstück gleich los oder wie hast du es dir gedacht?«, fragte Magdalena, während sie von einer knusprigen Brezel abbiss.

»Jetzt lass mich erst mal vollends aufwachen, dein Kreislauf ist durch den kleinen Spaziergang ja schon in Schwung gekommen. Danach sehen wir weiter.«

Wie wenn Magdalena es geahnt hätte, schaltete sie ihr älteres Handy ein und sah, dass eine Nachricht auf ihrer Mobilbox eingegangen war. Sie wählte die Nummer ihres Kollegen und nach wenigen Klingeltönen meldete sich Sascha.

»Hallo, das ging jetzt aber schnell, Frau Mertens.«

»Guten Morgen Herr Gross, was gibt es so Dringendes, dass Sie mich im Urlaub kontaktieren?«, fragte die Kommissarin, während ihre Freundin weiterfrühstückte.

»Ich habe mir heute schon einen sauberen Einlauf von Köttmann abgeholt, der leider auch Sie betrifft.«

In wenigen Sätzen schilderte er die ausgiebige Rüge des Chefs.

»Da bin ich aber froh, dass ich nicht da war. Wenn er mich in Rente schicken will, soll er es ruhig sagen, ich werde mich jedenfalls nicht dagegen wehren«, entgegnete sie wütend und dachte im selben Moment, dass sie sich eigentlich noch nicht reif für den Ruhestand fühlte.

»Nehmen Sie es nicht zu persönlich und genießen Sie Ihre freien Tage. Dann wollte ich Ihnen noch etwas sagen.«

»Ja?«

Gestern war Sascha entschlossen gewesen, seine Vorgesetzte von seinem Vorhaben zu unterrichten, doch jetzt war er sich plötzlich nicht mehr so sicher.

»Ach, nicht so wichtig, das erzähle ich Ihnen lieber unter vier Augen. Ich wünsche Ihnen eine angenehme Zeit, bis bald, Frau Mertens.«

»Bis bald, Herr Gross.«

Nachdenklich drückte sie auf die rote Taste, die das Gespräch beendete. Irgendetwas Wichtiges hatte der Kollege auf dem Herzen gehabt, aber das würde sie bestimmt bald genug erfahren.

Etwa zwei Stunden später waren sie endlich abfahrbereit.

»Hast du normalerweise keine Begleitung dabei, Ulrike?«

»Nein, das ist in der Regel nicht notwendig«, antwortete die Fahrerin und stellte das Ziel im Navi ein.

»Aber ist das nicht gefährlich? Was machst du, wenn du einen renitenten Kunden hast?«

»Ha, dann rufe ich einfach eins eins zwei an«, entgegnete Ulrike lächelnd. »Im Ernst, dieser Fall ist bei mir Gott sei Dank noch nicht vorgekommen, toi, toi, toi.«

Danach ruhte die Konversation und beide lauschten den bezaubernden Klängen von Smetanas »Moldau«.

Dic abwechslungsreiche Landschaft des Allgäus glitt an ihnen vorüber, was sehr beruhigend wirkte. Gleichwohl war Mertens ziemlich angespannt, denn sie wusste nicht so recht, was sie beide erwartete.

»Es scheint hier keine Klingel zu geben«, sagte Ulrike kopfschüttelnd, nachdem sie ihr Ziel erreicht hatten und nun vor einem mannshohen Holzzaun standen, in den ein breites schmiedeeisernes Tor integriert war.

Wie aus dem Nichts stürmte ein riesiger Hund heran und warf sich gegen das Tor, das sich bedenklich bewegte. Erschrocken wichen die zwei Frauen zurück und blickten gebannt auf das sich wie wild gebärdende Tier.

Ulrike fasste sich als Erste wieder und rief mit lauter Stimme nach einem Menschen. Sie war offenkundig schon öfter solch einem scheinbar unüberwindbaren Hindernis gegenübergestanden.

»Hallo, kann bitte mal jemand kommen und diese Bestie zurückrufen?«

Wenig später schlappte derselbe Mann herbei, den Magdalena vor zwei Tagen an dem Käsestand in Lindenberg gesehen hatte.

»Ruhig Benno«, rief er mit fester Stimme und fuhr dem Hund durchs dichte Fell. »Was wollen Sie?«

Geringschätzig taxierte er die beiden Frauen und Mertens hatte den Eindruck, dass ihr Anliegen ihm ziemlich egal sein würde. Insgeheim rechnete sie damit, dass sie erst mit einer größeren Anzahl uniformierter Polizisten auf dem Grundstück Zutritt bekommen würden.

Doch da kannte sie ihre Freundin schlecht.

»Ohrenstein, Dr. Ohrenstein, ich bin vom Gewerbeaufsichtsamt, Abteilung Lebensmittelkontrolle und ich würde Ihnen raten, mit mir zu kooperieren, ansonsten kann es für Sie ziemlich unangenehm werden«, entgegnete sie mit einer deutlichen Schärfe in ihrer Stimme und hielt ihren Ausweis über das Tor.

Der verblüffte Mann brummte etwas in seinen stattlichen Bart und ging zurück zum Haupthaus. Mertens sah, wie er auf einen anderen zuging und aufgeregt auf ihn einredete.

Schnell öffnete sie ihre Tasche und betrachtete auf ihrem Handy das Bild von Yvonne, das ihr Charlotte kurz vor ihrem Tod geschickt hatte.

»Einen schönen guten Tag möchte ich den Damen wünschen, mein Name ist Bernd Waldner. Hier nennt mich jeder Bruder Bernhard und ich bin so etwas wie der Vorsteher dieser religiösen Gemeinschaft. Wobei kann ich Ihnen helfen?«

In dem Telefongespräch, das sie mit der Verstorbenen geführt hatte, war Charlotte immer wieder auf diesen ominösen Bruder Bernhard, der in diesem Augenblick das Tor öffnete, zu sprechen gekommen. Offenbar um sich von seinen Anhängern in ihrer derben Bauernkluft abzuheben, trug er ein weites weißes Gewand, das sein attraktives Äußeres noch verstärkte und seine Wirkung auf die zwei Besucherinnen nicht verfehlte.

Doch trotz des jovialen Auftretens dieses Mannes hatte Charlotte von einer unterschwelligen Angst berichtet, die sie in seinem Beisein gespürt habe, und Mertens konnte das absolut nachempfinden. Dieser Mann war gefährlich, aber sie war zum Glück vorgewarnt und würde sich von ihm nicht einwickeln lassen.

»Wie ich Ihrem..., äh, Kollegen bereits gesagt habe, kommen wir von der Lebensmittelkontrolle.«

Ulrike zeigte ihm ihren Ausweis, den er eingehend studierte, und stellte Mertens als Assistentin vor.

»Um Gottes willen, Frau Ohrenstein, ist etwas mit unserem Käse nicht in Ordnung?«

»Leider ja, Es gibt die Anzeige einer Person, die eines Ihrer Produkte auf dem Wochenmarkt in Lindenberg gekauft hat und nach dem Verzehr über heftige Magenschmerzen klagte«, meinte Ulrike bestimmt und hielt ein Papier hoch.

»Ist diese Frischhaltefolie von Ihnen?«

Bernhard nickte, bevor er antwortete.

»Das ist jetzt ja wirklich mysteriös, Sie müssen wissen, dass wir noch nie irgendwelche Beanstandungen gehabt, geschweige denn mit den Behörden Ärger gehabt haben. Ich kann mir das beim besten Willen nicht erklären.«

Der Bruder wirkte einen kurzen Moment unsicher, was Mertens nicht entging, doch im nächsten Augenblick kehrte seine Souveränität zurück.

»Das mag ja alles stimmen, trotzdem muss ich im Interesse

der Verbraucher jedem noch so kleinen Hinweis nachgehen. Deshalb möchte ich Sie bitten, mir Ihre Produktionsstätten zu zeigen, damit ich die hygienischen Bedingungen anschauen und von Ihren sämtlichen Käsesorten eine Probe nehmen kann«, sagte Ulrike bestimmt.

»Hm, selbstverständlich kann man unsere Käseküche und auch die Aufbewahrungsräume jederzeit besichtigen, ohne Gefahr zu laufen, dass Würmer über den Boden kriechen«, meinte Bernhard lächelnd. »Doch ich würde Sie trotzdem bitten, kurz zu warten, bis die Arbeiten darin abgeschlossen sind. Sie sind unterdessen natürlich unsere Gäste. Wenn Sie mir bitte folgen wollen?«

Ohne eine Antwort abzuwarten, marschierte er los, wobei der federnde Gang des drahtigen Mannes bewirkte, dass sein langes, zu einem Zopf zusammengebundenes Haupthaar mitwippte.

Er blieb vor dem stattlichen Haupthaus stehen und öffnete eine niedrige Tür. Bevor Mertens ihm folgte, vergewisserte sich die Kommissarin, dass die Waffe in ihrer Handtasche griffbereit war.

»Das Gebäude stammt aus dem siebzehnten Jahrhundert und wir haben es so weit wie möglich im originalen Zustand belassen, weil das unserer Lebensphilosophie entgegenkommt.«

Ein riesiger gusseiserner Beistellherd diente offenbar als Kochstelle und Bernhard entnahm daraus einen integrierten Topf mit heißem Wasser, das wegen des brennenden Feuers im Herdinneren laufend zur Verfügung stand.

»Darf ich Ihnen einen Tee anbieten?«

Die beiden Frauen nickten zustimmend und der Gastgeber bot ihnen an, auf einer Eckbank Platz zu nehmen. Mit bewundernden Blicken betrachtete Mertens die Holzvertäfelungen der rustikalen Bauernstube an Wand und Decke. Bernhard stellte die zwei Tassen auf den massiven Eichenholztisch und reichte dazu einige Scheiben Brot sowie den obligatorischen Bergkäse, den Mertens auf dem Markt bereits genossen hatte.

»Wenn Sie mich jetzt entschuldigen würden? Ich sorge dafür, dass Sie die Räumlichkeiten in Kürze begutachten können.«

Mit energischen Schritten verließ er den niedrigen Raum. In der Tür blieb er plötzlich stehen und drehte sich um.

»Ach, bevor ich es vergesse, wenn Sie nachher meinen Mitbrüdern und -schwestern begegnen, so möchte ich Sie bitten, diese nicht anzusprechen. Das mag jetzt für Sie etwas seltsam erscheinen, doch der heutige Tag wurde von unserer Gemeinschaft als Tag der Stille auserkoren. Wir haben uns dazu ein Sprechverbot auferlegt und ich rede nur, weil wir Gäste haben. Bitte respektieren Sie diesen Teil unserer Religion.«

Als er gegangen war, sahen sich die beiden Frauen verwundert an.

»Also das ist ja …«

Mertens wollte gerade loslegen, um ihrem Unmut Luft zu machen, als sie innehielt und sich etwas genauer in dem Raum umschaute. Irgendwie fühlte sie sich beobachtet und die Polizistin traute dem Anführer durchaus zu, dass er seine Herde trotz der scheinbar archaischen Lebensweise mit modernen Kameras überwachen ließ.

»Mmh, der Käse schmeckt vorzüglich und auch das Brot trifft voll meinen Geschmack«, sagte sie stattdessen und stieß ihre Begleiterin unter dem Tisch mit dem Knie an.

Ulrike verstand offenbar sofort und die beiden führten eine harmlose Unterhaltung.

»Also, meine Brüder und Schwestern.«

Bernhard hatte seine Anhänger in der Käseküche versammelt, es fehlten lediglich eine Handvoll Leute, die auf den Feldern beschäftigt waren.

»Es sind zwei Frauen draußen, die von einer Behörde geschickt wurden, um unsere hygienischen Zustände hier zu untersuchen. Ihr braucht keinerlei Angst vor ihnen zu haben, sie werden lediglich kurze Zeit unsere selbst gewählte Ruhe stören und dann wieder verschwinden. Ich habe ihnen erzählt, dass wir für heute ein Schweigegelübde abgelegt haben.« Er legte bewusst eine Pause ein und schaute jedem einzelnen in die Augen. »Ich hoffe, ihr wisst, was das bedeutet.«

Seine Anhänger nickten und machten sich wieder an die Arbeit.

»Gabriel, du sorgst dafür, dass die Kinder derweil in der hinteren Scheune untergebracht sind. Diese Leute brauchen nicht zu wissen, wie viele Minderjährige hier rumspringen, sie informieren dann bloß wieder andere Behörden und mit unserer Ruhe ist es vorbei.«

Bevor er wieder zu den beiden Frauen zurückging, lenkte Bernhard seine Schritte in sein Büro, wo ein Mitbruder vor einem Computer saß. Der Mann in seiner derben Tracht wirkte reichlich deplatziert inmitten dieser Hightech-Geräte, schien sich aber gut damit auszukennen.

»Und, worüber haben sie sich unterhalten, Korbinian?«

»Belanglosigkeiten«, antwortete der knapp und machte eine wegwerfende Handbewegung.

Bernhard war enttäuscht, er hatte gehofft, etwas über die zu erwartende Aktion zu erfahren und darüber, ob sie vielleicht sogar mit einer größeren Razzia rechnen mussten.

»Entschuldigen Sie, meine Damen, dass ich Sie so lange habe warten lassen, aber jetzt können Sie die Räume begutachten.«

Mertens und ihre Freundin erhoben sich und folgten dem Bruder in ein angrenzendes Gebäude.

Hatten sie erwartet, hier auf uralte Gerätschaften zu treffen, so wurden sie eines anderen belehrt, denn offenbar war in diese moderne Anlage vor nicht allzu langer Zeit kräftig investiert worden.

Riesige glänzende Kupferwannen, in denen sich eine sämige Masse befand, standen in dem vollständig gekachelten Raum. Männer, die für diese Arbeit ihre Hüte gegen eine Plastikkopfbedeckung eingetauscht hatten, rührten gleichmäßig mit sogenannten Käseharfen in den Töpfen.

»Als Lebensmittelkontrolleurin kennen Sie sich ja sicher mit der Käseherstellung aus. Wenn ich Ihnen trotzdem die wichtigsten Schritte kurz erklären darf?«

Ohne eine Antwort abzuwarten, deutete Bruder Bernhard auf eine Wanne.

»Das hier nennt man Dickete, so bezeichnen wir die Masse, die nach dem Dicklegen der Milch entstanden ist. Bei diesem Verfahren wird dem Ausgangsmaterial, der Milch, das Lab genannte Enzym, das aus Kälbermagen gewonnen wird, beigefügt. Unsere versierten Käsemeister verarbeiten diese Dickete mit der Käseharfe zu dem Käsebruch, aus dem danach die fertigen Laibe hergestellt werden. Wohlgemerkt von Hand und nicht wie in der Industriefertigung maschinell. Ein weiterer Grund für den besonderen Geschmack unserer Produkte. Selbstverständlich verzichten wir komplett auf Silofutter und lassen unsere Milchkühe so lange es irgend geht auf der Weide.«

Während Mertens den Worten Bernhards interessiert lauschte, ging Ulrike geschäftig umher und kroch dabei auch

143

unter die Wannen, um deren Sauberkeit zu prüfen. Doch selbst Magdalena konnte erkennen, dass die hygienischen Standards hier äußerst hoch waren. Dabei ließ sie immer wieder betont unauffällig ihren Blick umherwandern und betrachtete die hier arbeitenden Frauen.

»Durch langsames Erhitzen entziehen wir der Masse immer mehr Wasser, bevor wir sie in die sortentypischen Formen gießen.«

Bernhard zeigte auf mehrere Frauen in langen Röcken, die ihre Kopftücher gleichfalls gegen Plastikhauben eingetauscht hatten und die mit geschickten Händen die Formen füllten. In einem angrenzenden Raum stand eine überdimensionale Badewanne, in die die Frauen die fertigen Laibe tauchten.

»Hier sehen Sie unser Salzbad, das unserem Käse Geschmack und Haltbarkeit gibt.«

Der Typ gäbe einen hervorragenden Vertreter für allerlei Verkaufsartikel ab, dachte Mertens.

»Und zum Abschluss besichtigen wir noch unseren Käsekeller, wo die Laibe aufbewahrt werden.«

Sie mussten mehrere Stufen hinabsteigen, um in den geräumigen Gewölbekeller zu gelangen, der zwar offensichtlich alt war, doch keinerlei Spuren von Spinnweben oder dergleichen aufwies. Das Gewölbe war strahlend weiß getüncht und der Boden mit gebrannten Ziegelsteinen ausgelegt.

»Herr Bernhard, es tut mir leid, aber ich müsste dringend kurz auf die Toilette.«

Mit einer entschuldigenden Geste stand Mertens vor dem Bruder.

»Das ist überhaupt kein Problem …, hallo …, Schwester.«

Eine junge Frau, die gerade damit beschäftigt war, die älteren Käselaibe in den Edelstahlregalen mit einer Salzlake einzuschmieren, drehte sich um.

»Unterbrich kurz deine Arbeit und führe die Dame zum nächsten WC. Warte bitte so lange auf sie und zeige ihr dann den Weg hierher zurück.«

Mertens folgte ihr durch die Produktionshalle in die vorbildlich angelegten Sozialräume. Dabei schaute sie immer wieder unauffällig nach oben und war sich absolut sicher, dass hier jeder Schritt von einer Kamera aufgezeichnet wurde.

Betont umständlich ließ sie ihre Jeanshose herunter und zog dabei das Handy aus ihrer Handtasche, um nochmals das Foto zu betrachten.

Wenige Minuten später gingen sie wieder zurück.

»Warten Sie, an Ihrem Ärmel sitzt eine Wespe.«

Magdalena tat erschrocken, blieb stehen und wischte über das grobe Leinenhemd. Dabei drückte sie der überraschten Frau blitzschnell einen Zettel in die Hand.

Bevor sie etwas sagen konnte, flüsterte ihr die Kommissarin ins Ohr:

»Ich bin eine Freundin Ihrer Mutter, Yvonne.«

»Was ...?«

Die Frau wollte etwas erwidern, doch Mertens schüttelte den Kopf.

»Es ist schade, junge Dame, dass wir uns nicht unterhalten können«, sagte Mertens jetzt laut hörbar und ging weiter, während Yvonne einen schnellen Blick auf den kleinen Zettel warf.

»Ich hätte zu gerne erfahren, wie das Leben so ist in einer religiösen Gemeinschaft, in der man nur unter seinesgleichen ist. Na ja, wer weiß, vielleicht komme ich ja irgendwann mal wieder.«

In diesem Moment hatten sie den Lagerkeller wieder erreicht und Yvonne nahm ihre Arbeit wieder auf.

»Der Herr Waldner war so freundlich, mir unterdessen die anderen relevanten Räume zu zeigen, und auch dort gab es keinerlei Beanstandungen«, gab Ulrike bekannt und fuhr an den Bruder gewandt fort: »Wahrscheinlich ist es der Person, die Sie angezeigt hat, aus anderen Gründen schlecht geworden, aber wie schon gesagt müssen wir leider jedem Hinweis nachgehen. Ich hoffe sehr, dass unser Besuch keine großen Umstände gemacht hat.«

Mit einem Augenrollen nahm die Kommissarin zur Kenntnis, dass Waldners Charme bei Ulrike bereits zu wirken schien.

»Na, dann können wir ja wieder gehen und uns dem nächsten Kunden widmen. Wenn Sie uns dann bitte hinausführen würden?«, sagte Magdalena.

Sie hatte es plötzlich eilig, von dem Bauernhof wegzukommen, auch um wieder normal reden zu können, denn sie wollte ihre Freundin unbedingt darauf ansprechen, was die ganze Produktionsstätte wert war. Beim besten Willen konnte sich die Hauptkommissarin nicht vorstellen, dass das alles durch den Käseverkauf finanziert wurde.

»Wie Sie wünschen, meine Damen, doch bevor Sie gehen, möchte ich Ihnen gerne noch eine Auswahl unseres Käses zusammenstellen. Ich hoffe, dass Sie das nicht als eine Art Bestechung auffassen«, meinte Bernhard und lächelte Ulrike an.

»Aber wo denken Sie hin, das werde ich sofort ins Labor geben zur Untersuchung«, antwortete die Lebensmittelkontrolleurin mit einem Schmunzeln.

Sie folgten ihm in die Küche, wo er dünne Scheiben von den verschiedenen Sorten mit einem speziellen Käsemesser heruntersäbelte und in Frischhaltepapier einwickelte.

»Bei unserem Bergkäse ist es so, dass er umso mehr Aroma

entfaltet, je dünner die Scheiben geschnitten sind«, belehrte sie Bernhard, während er die zwei Frauen zum Tor geleitete.

Gerade als er es öffnete, fiel Magdalenas Blick auf einen korpulenten Mann, der auf einen schweren Ackergaul einredete. Sie erschrak.

Beinahe hätte sie ihre Überraschung laut kund getan, konnte sich jedoch im letzten Moment beherrschen, sodass Bernhard nichts mitbekam. Gleichzeitig war sie sich ziemlich sicher, dass der Mann sie nicht erkannt hatte.

»Du glaubst nicht, wen ich da vorhin gesehen habe«, sagte die Kommissarin aufgeregt, als die beiden wieder im Auto saßen und Ulrike den Gang einlegte.

Yvonne hielt sich den Magen, als sie vor den Vorarbeiter trat.

»Ich muss dringend aufs WC.«

»Aber du warst doch erst vorhin, das geht doch nicht, dass du alle paar Minuten aufs Klo rennst«, meinte der hagere Mann barsch.

»Es tut mir leid, es hat sicher mit der Woche Zwangsfasten zu tun, das ich erst gestern beenden konnte. Wahrscheinlich muss mein Körper sich erst wieder an feste Nahrung gewöhnen«, entgegnete Yvonne mit einer entschuldigenden Geste.

»Hm, dann geh halt.«

Die Stimme war jetzt etwas freundlicher, denn die Strafe, die Yvonne für ihr Fehlverhalten aufgebrummt bekommen hatte, war nicht nur ihm ein wenig zu streng erschienen, sondern auch den meisten Mitbrüdern und -schwestern. Doch selbstverständlich hatte keiner gewagt, Kritik an Bernhards Entscheidung zu üben.

Mit gesenktem Kopf machte sich Yvonne auf den Weg zu den Sozialräumen, wobei sie sich bemühte, langsam zu gehen, um nicht unnötig aufzufallen.

Als sie den Raum betrat, blieb sie kurz stehen und vergewisserte sich, dass niemand sonst anwesend war. Sie setzte
sich auf die Toilette, um den Anschein zu wahren, und ging
danach zum Waschbecken.

Gründlich wusch sie sich die Hände und holte sich einige
Einwegpapiertücher aus dem Kasten, der an der Wand an-
gebracht war. Dies verstieß zwar gegen die ökologischen
Grundsätze der Gemeinschaft, war aber aus hygienischen
Gründen wegen der Käseherstellung unumgänglich.

Yvonne bückte sich und wühlte in dem halbvollen Papier-
korb, bis ihre Hand ertastete, was sie suchte.

»Suchst du etwas Bestimmtes, Schwester?«

Unbemerkt war Bernhard hereingekommen und schaute
mit seinen stechenden Augen Yvonne an.

Ich habe keinen Bock mehr darauf«, erregte sich der sonst
so gut gelaunte Kai. »Wenn Sailer nicht bald einen Ersatz für
Charlotte einstellt, kündige ich.«

Die drei verbliebenen Schlossführer standen abseits vom
Innenhof beisammen und redeten über die angespannte
Stimmung, die derzeit wegen der Mehrarbeit sowie des un-
verschämten Führungsstils von Sailer herrschte.

»Aber Kai, du kannst doch nicht einfach hinschmeißen,
was würde ich bloß ohne dich machen«, meinte Karin mit
einem hinreißenden Augenaufschlag und legte ihre Hand
wie beiläufig auf seinen Arm.

Keiner ihrer beiden Kollegen bemerkte einen Unterschied
im Verhalten von Karin. Den schrecklichen Überfall hatte sie
irgendwo in das hinterste Eck ihrer Seele verbannt und auch

den Tod ihrer Kollegin und Freundin schien die junge Frau einigermaßen verdaut zu haben. Sie zwang sich regelrecht, normal zu wirken, allein schon wegen ihrer Tochter.

Hoffentlich geht das noch eine Weile gut und ich breche nicht unter der Last meiner Gefühle zusammen, dachte Karin, während sie ihren Kollegen anblickte.

»Na, wenn du mich so lieb bittest, überlege ich es mir noch mal«, entgegnete Kai und hatte wieder sein typisches Lachen im Gesicht.

»Hoffentlich«, mischte sich Berthold ein.

»Du weißt ja, gutes Personal ist schwer zu bekommen, und ich finde, dass du deine Sache sehr gut machst. Wie geht es übrigens mit deinem Archäologiestudium in Tübingen voran?«

Der pensionierte Lehrer hielt große Stücke auf seinen jungen Kollegen und unterstützte ihn so gut es ging.

»Ich kann mich nicht beklagen, nach dem Herbstsemester schreibe ich meine Doktorarbeit und was danach kommt, werden wir sehen. Zum Glück greifen mir meine Eltern unter die Arme, ansonsten wäre es verdammt eng.«

Unter die Arme greifen ist gut, dachte Karin säuerlich. Unwillkürlich kam ihr der ziemlich neue BMW in den Sinn, mit dem Kai sie am Morgen abgeholt hatte.

»Wir könnten doch mal wieder gemeinsam am alten Lichtenstein graben, vielleicht finden wir was Interessantes«, bot der pensionierte Lehrer hinter vorgehaltener Hand an.

»Sobald ich einen Tag Zeit habe, können wir das gerne machen. Aber derzeit ist es wirklich schlecht.«

Die zwei Geschichtsfreaks hatten sich in letzter Zeit ein paarmal getroffen, um die alte Ruine ein wenig zu durchleuchten. Das Verbot, dort zu graben, hatten sie ignoriert und lediglich Karin war in ihre Aktivitäten eingeweiht.

Tatsächlich hatten sie mehrere Tonscherben sowie Dinge des täglichen Gebrauchs wie etwa Töpfe und Pfannen gefunden, die Kai mit Kennerblick auf die Zeit des dreizehnten Jahrhunderts datierte.

»Was machen wir mit dem Zeug, zum Verkaufen ist es zu wenig wertvoll«, hatte Kai damals spöttisch gemeint.

»Du weißt ja, dass ich mein ganzes Gehalt dem Erhalt dieser Burg spende und deshalb schwebt mir ein kleines Museum in einem Raum im Schloss Lichtenstein vor, wo die Geschichte der ursprünglichen Raubritterburg ein wenig gezeigt wird.«

»Du bist einfach ein unverbesserlicher Idealist, Berthold. Aber die Idee ist nicht schlecht. Vielleicht finden wir ja noch ein paar Waffen und Harnische. Oder am Ende noch einen Goldschatz.«

Kai lachte in der Erinnerung an diesen Wortwechsel und drehte sich dabei zur Seite.

Sein Blick fiel auf den herannahenden Sailer und sein Lachen erstarb.

»So, meine Herrschaften, ich hoffe, Sie haben eine gute Unterhaltung und lästern nicht gerade über mich.«

Die drei Schlossführer rümpften unisono ihre Nasen und wollten weggehen, schließlich hatte ihre Arbeitszeit noch nicht begonnen.

»Warten Sie bitte einen Augenblick, ich möchte Ihnen Ihre neue Kollegin vorstellen.«

Neben ihm stand eine hübsche Frau mit dunkler Lockenpracht und einem offenen Gesichtsausdruck.

»Das ist Frau Neuburg, sie arbeitet ab heute hier und ich möchte Sie bitten, sich ihr gegenüber korrekt zu verhalten.«

So ein Schleimer, dachte Karin genervt, der einzige, der sich hier danebenbenimmt, bist du.

»Karin, wären Sie bitte so freundlich und würden Frau Neuburg heute bei Ihren Führungen mitnehmen«, meinte er, wobei die Bitte einem unmissverständlichen Befehl gleichkam.

»Sie könnten ihr dann anschließend noch die Texte mit den Infos, die sie auswendig lernen muss, erklären.«

»Aber ich...«

Karin wollte erwidern, dass sie sofort nach Feierabend nach Hause zu ihrer Tochter müsse, doch ein Blick in Sailers Augen ließ sie verstummen.

Achselzuckend bedeutete Karin der neuen Kollegin mitzukommen und gemeinsam gingen sie auf die Zugbrücke, wo bereits eine kleinere Besuchergruppe auf sie wartete.

»Hier ist es allgemein üblich, dass man sich duzt. Außer unseren tollen Chef natürlich.« Der sarkastische Unterton war unüberhörbar. »Ich hoffe, du hast nichts dagegen. Mein Name ist Karin«, sagte sie und hielt ihre rechte Hand hin.

»Damit habe ich absolut kein Problem. Ich bin Miriam.«

Mit einem Lächeln schüttelte sie der neuen Kollegin die Hand.

Miriam stellte sich hinter die Gruppe und lauschte interessiert der souveränen Begrüßung durch Karin. Während sie den Touristen in die einzelnen Räume folgte und versuchte, so viel wie möglich von Karins Worten aufzuschnappen, fragte sich Miriam erneut, worauf sie sich da eingelassen hatte.

Sie war alles andere als begeistert gewesen, als Sascha sie eindringlich gebeten hatte, sich hier im Schloss als Führerin zu bewerben, und es wäre beinahe zu einem ernsthaften Zerwürfnis des Paares gekommen.

Letztlich hatte Miriams gesunder Menschenverstand die Oberhand gewonnen, der ihr sagte, dass diese Sache für

Sascha äußerst wichtig war. Sie wollte eigentlich nicht, dass er deswegen in ihrer Schuld stand, sondern ihm einfach auf diese Art vermitteln, dass ihre Liebe zu ihm auch ungewöhnliche Maßnahmen einschloss.

Es hatte wohl mehrere Bewerber auf diese Stelle gegeben, doch Miriam hatte sofort erkannt, dass dieser Sailer sie wegen ihres Aussehens favorisieren würde. Tatsächlich war sie kurz darauf zu einem weiteren Gespräch eingeladen worden, bei dem Sailer ihr den unterschriftsreifen Arbeitsvertrag präsentiert hatte.

Im Laufe der Führung durch die stilvoll eingerichteten Räume beobachtete Miriam, wie die Touristen förmlich an den Lippen Karins hingen, und sie freute sich plötzlich richtig darauf, den Leuten selbst das Schloss zeigen zu dürfen.

Das ist bestimmt auch eine gute Schulung für die Arbeit in meiner Weinhandlung, dachte sie lächelnd und hoffte inständig, dass ihre Mutter nicht vergessen hatte, den Laden zu öffnen.

Gerda Neuburg war sofort bereit gewesen einzuspringen, schließlich handelte es sich um das Vermächtnis ihres geliebten Mannes und sie hatte auch nicht nach dem Grund gefragt. Die beiden Mädchen waren in der Ganztagesschule gut aufgehoben und konnten sich, bis Miriam nach Hause kam, im »Chez Rudi« aufhalten, wo es ihnen schon immer gut gefallen hatte. Für die wenigen Tage, an denen Miriam als Aushilfe hier im Lichtenstein arbeiten würde, hätte es sich ohnehin nicht gelohnt, jemanden einzustellen.

»Ich habe jetzt eine kurze Pause«, sagte Karin, nachdem sie sich von der Gruppe verabschiedet und ein gutes Trinkgeld bekommen hatte. »Wir können uns etwas zu trinken besorgen und uns vorne im Schlosspark hinsetzen.«

Miriam nickte zustimmend und ging neben Karin über den weitläufigen Schlosshof.

»Du bist nicht von der Alb, oder?«

Fragend betrachtete Karin die junge Frau. Sie hatten sich einen Becher Kaffee »to go« geholt und auf einer Parkbank Platz genommen.

»Nein, eher aus dem Flachland«, entgegnete Miriam lachend. »Ich bin in der Nähe von Stuttgart geboren und habe da auch bis vor Kurzem gewohnt. Aber vor ein paar Jahren ist mein Mann gestorben und dadurch hat sich meine Situation von Grund auf geändert.«

»Oh, das tut mir aber leid.«

»Ist schon okay, ich bin relativ schnell drüber weggekommen, aber meine beiden Töchter leider nicht.«

Mitfühlend und mit anderen Augen schaute Karin auf ihre neue Kollegin, die offenbar auch alleinerziehend war.

»Vor ein paar Monaten habe ich dann jemanden kennengelernt und es läuft so gut mit uns, dass wir beschlossen haben, zusammenzuziehen. Nach dem tragischen Tod meines Mannes habe ich mehrere Beziehungen angefangen, doch keiner von den Kerlen wurde von meinen Mädels akzeptiert und das ist etwas, woran mir natürlich sehr viel liegt. Mit meinem jetzigen Freund habe ich endlich den Mann gefunden, der auch dieses Kriterium erfüllt. Einen kleinen Wermutstropfen gibt es allerdings, er kann Reutlingen aus beruflichen Gründen nicht verlassen und da habe ich mich nach langem Überlegen entschieden hierherzuziehen.«

Miriam tat es leid, dass sie Karin anlügen musste, denn die Kollegin war ihr auf Anhieb sympathisch gewesen, aber das gehörte nun mal zu ihrer Rolle und zu ihrer eigenen Überraschung wurde sie nicht einmal rot beim Flunkern.

»Hast du auch Kinder?«

»Ja, eine zwölfjährige Tochter.«

»Dann weißt du ja, wie schwer es ist, die Kleinen aus ihrer gewohnten Umgebung zu reißen, aber wie gesagt, ich denke, der Mann ist es wert.«

»Welcher Mann ist es wert, dass wir irgendetwas aufgeben?«

Karin lachte, doch hinter ihrer schönen Fassade meinte Miriam eine leichte Melancholie zu entdecken.

»Und warum hast du dir ausgerechnet diesen Job ausgesucht?«

»Na ja, ich bin kurz nach dem Abitur schwanger geworden und habe keinerlei Ausbildung gemacht«, antwortete Miriam wahrheitsgemäß. »Deshalb ist es nicht so einfach, eine gute Arbeit zu bekommen. Was mich hier bei diesem Job reizt, ist der direkte Kontakt mit Menschen, den man hat, sowie der Aspekt, auf einem Märchenschloss seine Kreuzerlein verdienen zu können. Jedes Mädchen träumt doch seit frühester Kindheit davon, einmal eine Prinzessin zu sein.«

»Da hast du allerdings recht«, stimmte ihr Karin mit einem Grinsen zu.

In diesem Augenblick fiel ihr Blick auf Sailer, der fuchtelnd im Schlosshof stand und auf eine Gruppe von etwa zehn Leuten deutete, die sich an der Zugbrücke versammelt hatten.

»Ich fürchte, dass unsere Pause vorbei ist.«

Seufzend erhob sie sich und drückte den Deckel auf den Kaffeebecher.

»Du scheinst nicht so erfreut über den Chef zu sein?«, fragte Miriam und versuchte, dabei nicht allzu neugierig zu wirken.

»Na ja, welcher Vorgesetzte ist schon über alle Zweifel erhaben.«

Die Vorsicht in Karins Antwort war deutlich spürbar. Obwohl sie die neue Kollegin sehr sympathisch fand, hielt sie sich mit negativen Äußerungen über Sailer zurück. Vielleicht wenn wir uns mal besser kennen, dachte sie.

»Was hat Herr Sailer gesagt, wann darfst du deine eigene Gruppe führen?«

»Er meinte, wenn ich mir den Vortrag zu Hause ausführlich anschaue, kann ich nach ein paar Tagen, die ich bei dir oder einem anderen mitgehe, alleine auf die Touristen losgelassen werden. Ich würde dir gerne längere Zeit zuhören, denn ich finde, dass du deine Sache ausgezeichnet machst, aber das liegt leider nicht in meiner Macht.«

Von der Seite sah Miriam, dass Karin durchaus geschmeichelt war.

»Danke für die Blumen, aber ich bin auch schon eine Zeitlang hier beschäftigt. Wollen wir hoffen, dass unsere nächsten Gäste genauso begeistert sind und mir ein üppiges Trinkgeld geben.«

Mittlerweile hatten sie die Zugbrücke erreicht und Karin stellte sich vor die Gruppe hin, die aus zehn äußerst interessiert wirkenden Rentnern bestand. Der Umstand, dass die Führung von zwei sehr attraktiven jungen Frauen geleitet wurde, rief bei den älteren Herren zusätzliche Rufe der Entzückung hervor. Karin hatte keinerlei Mühe, sie um den Finger zu wickeln, was sich später sehr wohl beim Trinkgeld bemerkbar machte.

»Wollen wir noch irgendwo was trinken gehen? Ich lade dich ein, ich müsste nur noch kurz meiner Tochter Bescheid geben«, schlug Karin vor, nachdem die beiden nach zwei weiteren Führungen Feierabend machen konnten.

»Ich weiß nicht so recht, ob ich meinem Lover die Kinder heute Abend alleine aufs Auge drücken kann«, druckste Miriam herum.

»Aber du hast doch gesagt, dass er gut mit ihnen auskommt. Dann sieh es einfach als Probe aufs Exempel.«

Miriam zierte sich noch ein wenig, war insgeheim jedoch mehr als zufrieden, dass sie gleich am ersten Abend mit Karin privat zusammentreffen würde. Vielleicht war sie der Schlüssel zur Lösung des Mordfalls, denn als solchen hatte ihr Sascha die ganze Angelegenheit verkauft. Seiner Ansicht nach wusste die junge Frau mehr, als sie der Polizei erzählt hatte.

Allein beim Gedanken daran, dass ihre Vorgängerin einem Verbrechen zum Opfer gefallen sein könnte, lief es Miriam eiskalt den Rücken hinunter. Sofort kam ihr Harry, ihr verstorbener Mann, in den Sinn, der ebenfalls umgebracht worden war, und zwar, wie sich später völlig überraschend herausstellte, von Miriams Vater.

Plötzlich betrachtete sie ihre neue Kollegin mit anderen Augen. Was, wenn sie oder jemand anders auf dem Schloss Charlotte Friedrich getötet hatte? Vielleicht war das mit der Undercover-Aktion doch keine so gute Idee von Sascha gewesen und sie würde sich dadurch selbst in Lebensgefahr bringen.

»Wohin gehen wir?«, wollte Miriam wissen, als sie den Parkplatz erreichten.

»Hm, wir könnten nach Honau fahren, dort ist eine Gaststätte, deren Fischspezialitäten ein wirklicher Genuss sind. Außerdem sitzt man in der lauschigen Gartenterrasse direkt am Bach und hat zudem einen Ausblick auf unseren Arbeitsplatz, das schöne Schloss.«

»Das hört sich gut an.«

Miriam lief zu ihrem alten Porsche und öffnete die Tür.

»Wow«, meinte Karin sichtlich erstaunt. »Wo hast du denn diese geile Karre her?«

»Eines der wenigen Erbstücke, die mir mein Vater hinterlassen hat. Leider hat er so seine Tücken und meine Kinder haben darin auch nicht wirklich viel Platz. Ich sollte ihn schleunigst verkaufen, aber das bringe ich nicht übers Herz, da hängen einfach zu viele Erinnerungen dran.«

Tatsächlich hatte Gerda, ihre Mutter, es abgelehnt, sich noch einmal in den Sportwagen ihres verstorbenen Mannes zu setzen, und ihn bereitwillig Miriam übergeben. Sie selbst hatte auch lange mit sich gerungen, letztlich hatte Sascha den Ausschlag gegeben, der sich sofort in den etwas ramponierten Oldtimer verguckt hatte.

Miriam hatte dann zugestimmt, dass Gerda ihr das Auto schenkte. Verkaufen könne man es immer noch, hatte Miriam zu Sascha gesagt, aber in seinen Augen gesehen, dass er das nicht wollte. Ihre finanzielle Situation hatte sich nach dem Tod ihres Mannes Harry deutlich verbessert. Obwohl er selten etwas zustande brachte, hatte er doch tatsächlich eine Lebensversicherung abgeschlossen und sogar, was völlig untypisch für ihn war, die Beiträge immer pünktlich bezahlt.

Als dann ihr Vater ebenfalls verstarb, hatte Miriams Mutter ihrer einzigen Tochter nicht nur den Porsche, sondern auch die Weinhandlung überlassen. Den schlecht bezahlten Job in einem Pflegeheim hatte Miriam daraufhin mit Freuden gekündigt.

»Wenn du willst, lassen wir deinen Wagen stehen und ich bringe dich nachher einfach wieder hierher zurück«, bot Miriam an, der Karins Begeisterung nicht entgangen war.

»Da sage ich nicht nein, ich muss nur noch kurz eine Jacke holen.«

Wenig später fuhren die zwei Frauen die kurvige Strecke der Steige hinunter, wobei Miriam darauf achtete, nicht allzu schnell unterwegs zu sein.

»Allzu bequem ist die Karre halt nicht und man sitzt ziemlich weit unten, zudem ist sie sehr laut«, rief Miriam ihrer neuen Freundin zu, die mit einem beseelten Gesichtsausdruck neben ihr saß, und machte ihr einen Vorschlag:

»Du kannst nachher gerne zurückfahren, wenn du willst.«

Karin nickte freudig.

Zuerst sah es nicht danach aus, als ob die beiden einen Platz im Freien bekommen würden, doch zu ihrem Glück sahen sie, wie an einem kleineren Tisch die Kellnerin stand und abkassierte. Schnell eilten sie dorthin, da noch weitere hungrige Leute warteten, und setzten sich hin, nachdem die anderen Gäste aufgestanden waren.

»Also für mich darf es der Feinschmeckersalat mit geräuchertem Fisch sein und ein Glas Muscadet«, meinte Karin, ohne die Karte studiert zu haben.

»Ich verlasse mich auf den guten Geschmack meiner Begleiterin und schließe mich sowohl beim Wein als auch beim Salat an.«

»Das ist eine gute Wahl, wenn ich mir die Bemerkung erlauben darf«, meinte die Bedienung mit einem Schmunzeln, nahm die Speisekarten und eilte geschäftig davon.

Während sie aufs Essen warteten, unterhielten sich die zwei Frauen angeregt über alltägliche Themen, wobei Miriam erneut versuchte, so wenig naseweis zu wirken wie möglich.

»Du bist also derzeit solo?«

»Na ja, nach dem Debakel mit meinem Ex habe ich erst mal keine Lust auf eine neue Beziehung«, antwortete Karin säuerlich.

158

Fragend blickte Miriam sie an und Karin begann nach einem tiefen Seufzer zu erzählen.

»Das mit Dieter und mir war eine typische Sandkastenliebe. Unsere Eltern waren nicht nur Nachbarn, sondern auch sehr gut miteinander befreundet und haben sich oft getroffen. Wir beide waren ungefähr im selben Alter und haben uns bereits als Kinder ewige Treue geschworen. Nach der Pubertät wurde aus der Freundschaft Liebe, das dachte ich zumindest. Ich habe meine Berufswünsche zurückgestellt und eine Ausbildung als kaufmännische Angestellte gemacht.«

»Das hört sich ja spannend an.«

»Ja, allerdings, ich habe mich nie wieder in meinem Leben so sehr gelangweilt wie in der Lehre. Aber es war ja alles nicht so schlimm, denn ich wollte mich über kurz oder lang eh um den Haushalt und unsere gemeinsamen Kinder kümmern und meinem Mann den Rücken freihalten.«

»Du wirkst jetzt aber nicht wie das typische Heimchen am Herd, ganz und gar nicht«, meinte Miriam und nahm einen Schluck von dem gut gekühlten französischen Weißwein.

»Ich war schon immer recht selbstbewusst und trotzdem hatte ich keine Zweifel an meiner Bestimmung als Dieters Gattin. An meinem zwanzigsten Geburtstag hielt er klassisch bei meinen Eltern um meine Hand an und ein Jahr später kam unsere Tochter auf die Welt. Das Märchen war in Erfüllung gegangen und ich im siebten Himmel. Dank eines guten Freundes seines Vaters, der in gehobener Stellung bei einem Maschinenbauunternehmen tätig war, startete Dieter so richtig durch. Wenig später wurde er jüngster Abteilungsleiter im ganzen Konzern und du kannst dir ja denken, dass ich mächtig stolz auf meinen erfolgreichen Mann war. Wir haben von unseren Eltern etwas Geld bekommen und uns den Rest von der Bank geliehen, um den Traum von einer Dreizimmerwohnung in Reutlingen zu verwirklichen. Dieters Hausbank hat ihm dazu aufgrund seiner beruflichen Möglichkeiten bereitwillig einen Kredit eingeräumt.«

Karin unterbrach die Erzählung ihrer Lebensgeschichte und strich sich mit der rechten Hand eine Strähne aus dem Gesicht.

»Als unsere Kleine auf die Welt kam, haben wir unter der Achalm noch einen Schrebergarten mit einem kleinen Häuschen drauf erworben. Das war die einzige Sache, die ich forciert hatte und bei der ich große Überzeugungsarbeit bei meinem Mann leisten musste. Die erste Zeit waren wir jede freie Minute da draußen und haben uns um das verwahrloste Grundstück gekümmert. Dieter hatte sich sogar eine Motorsäge und sonstiges Arbeitsgerät zugelegt, weil es ihm trotz seiner anfänglichen Bedenken sichtlich Spaß machte. Er begann damit, für unsere Kleine Spielgeräte zu bauen, und ich habe dort meine Leidenschaft für die Gartenarbeit entdeckt und Gemüsebeete angelegt. Es war unsere glücklichste Zeit und ich bin wie selbstverständlich davon ausgegangen, dass es so bleibt. Aber das Leben ist nicht immer nur märchenhaft und recht bald hatte ich das Gefühl, dass wir uns mehr und mehr auseinanderlebten. Denn unter der Woche war Dieter zunehmend auf Geschäftsreisen und am Wochenende, wenn ich eigentlich gedacht habe, dass wir gemeinsam mit unserer Tochter in unserem Garten etwas unternehmen könnten, frönte er nun seinem neuen Hobby Tennisspielen.«

»Lass mich raten, wenig später hatte er den ersten Seitensprung.«

»Hm, das glaube ich nicht, das heißt, ich weiß es natürlich nicht mit Gewissheit. Er ist nicht der Typ für einen One-Night-Stand. Nein, ich habe weiterhin versucht, Verständnis für Dieter aufzubringen, und eben auch meine eigenen Freundschaften gepflegt. Im Nachhinein betrachtet lief es unweigerlich auf die Katastrophe hinaus, die dann ja auch eingetreten ist. An einem Wochenende im Januar ging er mit seiner Abteilung zum Skilaufen, was eigentlich nichts Außergewöhnliches war, das hatte er in der Vergangenheit des Öfteren gemacht. Absolut unverständlich hingegen war für mich jedoch sein Anruf, bei dem er mir mitteilte, dass er noch den Sonntag dranhängen wolle, obwohl sein bester Kumpel am Abend zuvor seinen dreißigsten Geburtstag feierte. Dieter kehrte am Sonntagabend ziemlich spät zurück, als ich schon schlief, und am nächsten Morgen musste er früh los, um seinen Flieger nach New York zu erwischen. Mehrmals habe ich versucht, ihn unter der Woche telefonisch zu erreichen, doch ohne Erfolg.«

Karin stieß einen Seufzer aus und nahm wieder einen Schluck Wein.

»Ich habe ihn dann zur Rede gestellt, als er am späten Freitagnachmittag wiedergekommen ist, doch statt mir eine vernünftige Antwort zu geben, ist er in unser Schlafzimmer gegangen und hat mehrere Anzüge von der Stange genommen. Fassungslos bin ich im Türrahmen gestanden und habe beobachtet, wie er auch noch Hemden und Unterwäsche eingepackt hat.«

»Das gibt es ja nicht«, rief Miriam so laut aus, dass sich die Leute am Nebentisch zu ihnen umdrehten.

»Leider doch, zwischen Tür und Angel hat er mir dann eröffnet, dass er eine andere Frau kennengelernt habe und aus unserer gemeinsamen Wohnung ausziehe. Da hat es mir dann erst mal den Boden unter den Füßen weggezogen, das kannst du dir ja denken. Die ersten Wochen habe ich noch gehofft, dass er es sich anders überlegt, doch dann habe ich mein angeknackstes Selbstvertrauen wiedergewonnen und die Scheidung eingereicht.«

In diesem Moment kamen die zwei Gerichte und die junge Frau unterbrach ihre Erzählung.

»Guten Appetit.«

»Wünsche ich dir auch.«

Miriam kam die Unterbrechung nicht unrecht, denn sie fühlte sich ziemlich mies. Im Vertrauen erzählte Karin ihre Lebensgeschichte und sie hatte sie angelogen. Sie beschloss, ihrer neuen Kollegin nach dem Essen die Wahrheit zu sagen.

»Und wie schmeckt es dir?«, erkundigte sich Karin.

»Das ist wirklich oberlecker, hier war ich bestimmt nicht das letzte Mal«, antwortete Miriam mit vollem Mund.

»Das freut mich, der Salat ist wirklich vorzüglich.«

»Aber eines verstehe ich nicht, du hast mir im Herfahren gesagt, dass du mehrere Jobs hast, um dich über Wasser zu halten. Wieso sorgt dein erfolgreicher Exmann nicht für deine Tochter und dich?«

Ungläubig schaute sie auf Karin.

»Das ist eine vertrackte Geschichte. Wie ich dir bereits vorhin gesagt habe, hat sich Dieter nur am Anfang unserer Ehe wirklich um das Kind gekümmert. Danach hat er sich seiner Karriere gewidmet und sich dann mit seiner neuen Flamme einfach aus unserem gemeinsamen Leben verabschiedet. Du kannst dir ja denken, dass ich wütend war und ihn nicht so einfach davonkommen lassen wollte. Die erste Zeit kam die Alimente regelmäßig und auch die Raten für die Wohnung wurden beglichen, doch eines Tages, als ich an der Kasse eines Supermarkts stand, funktionierte meine EC-Karte nicht. Ich habe mir zunächst nichts weiter dabei gedacht und bin zur Bank gegangen, um das Versehen aufzuklären, aber dort musste ich zu meinem Entsetzen feststellen, dass der Dauerauftrag von meinem Exmann gekündigt worden war und er auch beschlossen hatte, den Kredit nicht mehr abzustottern. Ich habe dann meine Scheidungsanwältin und das Jugendamt eingeschaltet und es hat sich nach ein paar Tagen herausgestellt, dass mein ach so erfolgreicher Dieter Privatinsolvenz angemeldet hatte.«

»Das ist nicht wahr«, entfuhr es Miriam.

»Leider doch, seine neue Tussi hatte ihm wohl nicht so gut getan«, antwortete Karin gehässig. »Die Dame neigt wohl ein wenig zum Luxus und Dieter musste bluten. Als es selbst bei seinem hohen Ingenieursgehalt nicht mehr gereicht hat, hat er von einem Zulieferer, der unbedingt in Dieters Konzern Fuß fassen wollte, eine großzügige Spende angenommen. Wie meist in solchen Fällen kam das heraus und Dieter wurde fristlos gekündigt. Als das Ersparte ebenfalls aufgebraucht war und die Bank nichts mehr herausrückte, hat sich die Dame ein anderes Opfer gesucht und einen moralisch verfehlten und mittlerweile alkoholabhängigen Dieter zurückgelassen.«

»Hast du ihn nochmals wiedergesehen?«

»Nein, das wollten weder ich noch meine Kleine. Wie ihm das Leben mitgespielt hat, ist zwar tragisch, aber großes Mitleid habe ich eigentlich nicht. Er ist übrigens mittlerweile trocken und hat wieder eine Arbeit, doch die Schulden, die er in seiner Verblendung angehäuft hat, werden ihn wohl noch eine Weile beschäftigen. Die Wohnung ist schon längst wieder verkauft und es ist wenigstens so viel übrig geblieben, dass ich sämtliche Schulden tilgen konnte. Meinen kleinen Schrebergarten habe ich behalten und so oft es mir möglich ist, gehe ich dorthin. Du musst mich mal besuchen, die Abgeschiedenheit und die Ruhe sind wunderbar und es gibt nichts Besseres als Gartenarbeit, um auf andere Gedanken zu kommen. Meine Kleine und ich sind dann wenig später auf die Alb gezogen, wo die Mieten erschwinglich sind. Trotzdem reicht das Geld hinten und vorne nicht, deswegen habe ich die verschiedenen Jobs.«

Es herrschte eine Zeitlang Ruhe, Karin wirkte erschöpft und Miriam musste das Gehörte erst mal verdauen.

»Wünschen die Damen noch ein Dessert?«, fragte die aufmerksame Kellnerin, während sie das Geschirr abräumte.

»Also mir reicht es.«

Karin strich symbolisch über ihren flachen Bauch und auch Miriam verneinte.

»Wie lange machst du schon die Schlossführungen?«

»Hm, lass mich überlegen, dass müssten jetzt fast genau zweieinhalb Jahre sein.«

»Und es macht dir nach wie vor Spaß?«

»Na ja, die Tätigkeit an sich gefällt mir ganz gut, und wenn der frühere Chef noch da wäre, wäre es perfekt. Aber man kann nicht alles haben.«

Wieder hatte Miriam das Gefühl, dass ihre neue Kollegin ein größeres Problem mit Sailer hatte, aber offenbar nicht darüber reden wollte. Sie deutete lediglich an, dass Sailer zahlreiche Veränderungen mit dem Schloss vorhabe, was besonders dem Grafen überhaupt nicht gefalle.

Und ich werde auch nicht erfahren, was Karin so sehr beschäftigt, dachte Miriam bitter, denn sie hatte sich dazu durchgerungen, ihrer Kollegin die Wahrheit zu beichten.

»Äh…, ich muss dir etwas sagen«, begann die junge Frau zögerlich. »Das mit dem Job auf dem Lichtenstein hat mein neuer…«

»Du Flittchen!«, schrie ein Mann in diesem Augenblick wie von Sinnen und stürmte auf den Tisch von Karin und Miriam zu.

164

»Wegen dir ist sie tot, du hast sie gegen mich aufge-
hetzt.«

»Aber Karl...«

Äh, mein Ring..., er muss mir irgendwie in den Abfallkorb
gefallen sein.«

Yvonne musste sich beherrschen, um nicht vor lauter
Angst laut aufzuheulen.

»Lass mich mal sehen«, befahl Bernhard und drückte die
junge Frau rüde zur Seite.

In diesem Moment kam Michael, Yvonnes Freund, zur
Tür herein.

»Kannst du mal kurz kommen, Bernhard, es gibt ein
Problem in Halle sieben.«

Der Anführer drehte sich widerwillig zu Michael hin, der
seit seiner Ankunft bei den »Wahren Jüngern« ungewöhnlich schnell zum zweiten Mann hinter Bernhard aufgestiegen war.

»Und du gehst gefälligst zurück an die Arbeit.«

Yvonne nickte ergeben, als die zwei Männer den Raum
verließen.

Schnell griff sie erneut in den Eimer und nahm das Handy
mitsamt den Ersatzakkus heraus, das Magdalena Mertens
dort deponiert hatte. Ein Ladekabel wäre zu auffällig gewesen, das leuchtete ihr ein. Auf dem Zettel, den ihr die Kommissarin zugesteckt hatte, stand auch der Sicherheitscode.

Während sie zurück zu ihrem Arbeitsplatz ging, dachte sie
an ihren Freund Michael, der ihr nicht beigestanden hatte,
als sie vor allen Glaubensgenossen abgekanzelt und bestraft

165

worden war. Er hatte sich fast völlig von ihr abgewandt und suchte sie nur sehr selten auf, meistens nur noch dann, wenn sein natürlicher Trieb ihm zu stark zusetzte. Ansonsten hing er immer mit Bernhard zusammen und sehr oft gingen die beiden in die neu erbaute sogenannte »Halle sieben«, deren Zugang nur dem inneren Zirkel um den Anführer erlaubt war.

Eines Tages war zuerst ein Trupp Bauarbeiter gekommen und danach waren die verschiedenen Teile einer Stahlhalle angeliefert worden. Selbstverständlich durfte niemand außer Bernhard mit den Arbeitern reden oder sich auf der Baustelle aufhalten und Yvonne fragte sich immer wieder, wie die Gruppe dieses aufwendige Bauwerk allein mit dem Käseverkauf finanzieren konnte.

Manchmal schlich sie heimlich vorbei, wenn die Männer sich dort nach dem Abendbrot versammelten, doch wegen des Schallschutzes drang kein Laut nach außen und hineinzugehen traute sie sich nicht.

Nicht im Geringsten konnte sie sich vorstellen, was der »innere Zirkel«, wie die fünf auserwählten Brüder von den anderen genannt wurden, dort veranstaltete. Sie hatte es einmal gewagt, Michael danach zu fragen, aber nur eine patzige Antwort erhalten, dass sie das nichts angehe.

Der Vorarbeiter schrie ihr schon von Weitem zu, sie solle sich beeilen, und Yvonne nahm zähneknirschend ihre Arbeit wieder auf. Immer wieder griff sie in die einzige Tasche an ihrem groben Leinenkleid und vergewisserte sich, dass das Mobiltelefon noch vorhanden war. Fieberhaft suchte sie in Gedanken nach einem sicheren Platz für das Ding. Sie mochte sich nicht vorstellen, was Bernhard mit ihr anstellte, wenn er oder jemand anderes aus der eingeschüchterten Gruppe das Handy entdecken würde. Wie so oft in letzter Zeit kam ihr schmerzlich zu Bewusstsein, dass sie außer Michael hier niemanden so richtig kannte.

Die anderen Frauen hatten sie anfangs durchaus herzlich aufgenommen, doch seit dem Vorfall, als sie verbotenerweise ihre Mutter angerufen hatte und diese auch noch hier aufgetaucht war, stieß sie bei allen nur noch auf eisige Ablehnung.

Aber offensichtlich hatte ihre Mutter Yvonnes Hilferuf richtig gedeutet und diese Lebensmittelkontrolleurin vorbeigeschickt. Denn eines war ihr klar geworden, sie musste unbedingt so schnell wie möglich hier raus, wenn sie nicht zugrunde gehen wollte.

Bruder Bernhards subtile Art der Gehirnwäsche hatte bei Yvonne noch nicht so richtig verfangen, doch musste sie sich selbst eingestehen, dass es nur noch eine Frage der Zeit war, bis auch sie ihren eigenen Willen ablegen würde. Und dann wäre es wirklich soweit, dass sie sich dem Manne unterordnen würde, wie Bernhard nicht müde wurde, aus der Bibel zu zitieren.

»Ich weiß nicht, die Knarren, die uns der russische Waffenschieber angedreht hat, scheinen mir ziemlich eingerostet zu sein.«

Michael deutete auf drei Kalaschnikows, die zerlegt auf einem Tisch in Halle sieben lagen. Der Anführer der Gruppe legte seine Stirn in Falten und betrachtete die Schnellfeuergewehre.

»Wenn der Kerl uns gelinkt hat, wird er sehr schnell den Zorn Gottes spüren«, drohte Bernhard ärgerlich.

»Na ja, vielleicht kriegen wir sie ja nochmals hin«, erwiderte der andere beschwichtigend und goss etwas Waffenöl auf einen Lappen.

»Hm, hoffentlich. Etwas anderes...« Bernhard tippte

mit seinem Zeigefinger auf Michaels Brust und fixierte ihn mit seinen stechenden Augen. »Du solltest dich mehr um Yvonne kümmern, ich habe die Befürchtung, dass sie uns sonst entgleitet und womöglich abhaut. Wir können es uns nicht leisten, dass auch nur ein Mitglied die Gemeinschaft verlässt. Es wäre verloren in der schlechten Welt draußen.«

Vor allem dürfen keine Interna nach außen treten, dachte Michael, behielt es aber für sich.

»Außerdem musst du sie behutsam darauf vorbereiten, dass ihre Mutter gestorben ist.«

Verblüfft sah Michael den Meister an und fragte:

»Aber, was ist mit ihr passiert? Die war doch erst neulich hier, um ihre Tochter zu besuchen, und da schien sie noch bei bester Gesundheit zu sein.«

»Tja, Gottes Wege sind unergründlich, soviel ich weiß, hat sie einen seltsamen Unfall gehabt«, antwortete Bruder Bernhard mit einem sardonischen Lächeln.

Ob er etwas mit dem Tod von Yvonnes Mutter zu tun hatte, fragte sich Michael und versuchte, trotz seines schrecklichen Verdachts eine gleichgültige Miene aufzusetzen.

»Hast du die im Übrigen gekannt, Michael?«

»Nein, weder die Mutter noch den Vater habe ich jemals getroffen, da Yvonne mit beiden schon gebrochen hatte, als wir uns kennengelernt haben.«

»Dann weißt du auch nicht, dass deine kleine Freundin eine ziemlich gute Partie ist?«

Der hoch aufgeschossene Michael blickte irritiert auf seinen Meister herab.

»Ja, du hast richtig gehört, Charlotte Friedrich, ihre Mutter, kam aus einem sehr vermögenden Haus, und wenn wir es richtig anstellen, bekommt unsere aufstrebende Bewegung eine ordentliche Finanzspritze.«

168

»Aber was ist mit dem Vater, der lebt doch noch?«

»Hier geht es um mehrere Millionen, die uns auf unserem Weg, dem Christentum wieder zu seiner wahren Größe zu verhelfen, wichtig sein können, da dürfen wir nicht zimperlich sein. Wir fordern den größtmöglichen Pflichtteil ein, und wenn er nicht kooperiert, müssen wir einen anderen Weg finden.«

Fröstelnd betrachtete Michael den Meister und dachte, diesen Mann sollte man besser nicht zu seinem Feind haben.

Andererseits war er vollkommen auf dessen Linie, man musste den expandierenden Islam zurückdrängen, das war ihre von Gott gegebene Berufung. Dabei kam ihm in den Sinn, wie Bernhard der Gemeinde immer wieder von den unbeirrbaren Kreuzrittern erzählte und sie ermahnte, sich an diesen todesmutigen Männern ein Beispiel zu nehmen.

»Also gut, ich werde mich mehr um sie kümmern«, versprach Michael und half seinem Meister dabei, die Waffen zu reinigen.

Nun erwies sich ihre Strafe als Vorteil, denn in den dunklen Keller kam außer Yvonne, die immer noch dort schlafen musste, niemand. Anfangs hatte sie sich noch vor allem Möglichen gefürchtet, doch mittlerweile hatte sie sich an die Geräusche der Mäuse gewöhnt.

Nach dem Abendbrot wurde in der Regel gebetet und danach legte sich die Gruppe nieder zum Schlafen.

Yvonne hangelte sich die steile Kellertreppe hinab und suchte sofort nach einem Versteck. Sie klopfte die Steine des Mauerwerks ab und fand endlich einen, den sie leicht herausziehen konnte. Mit ihren Fingern kratzte sie den Mörtel ab und legte das Mobiltelefon mitsamt den Akkus hinein.

»Ausprobieren könnte ich es ja wenigstens«, flüsterte sie vor sich hin und nahm das Handy wieder heraus.

Sie gab die Zugangsdaten ein und wartete. Das Display leuchtete auf, doch wie sie schon befürchtet hatte, bekam sie in diesem Kellerloch natürlich keinen Empfang. Ärgerlich schaltete Yvonne das Gerät wieder aus und legte es wieder in das Versteck zurück. Danach drückte sie den Stein an seinen alten Platz.

Das hieß, dass sie sich zum Telefonieren einen anderen Platz suchen musste.

Als sie auf ihrem harten Lager lag, zermarterte sie sich das Gehirn auf der Suche nach einer Lösung. Es war deshalb so schwierig, eine geheime Stelle zu finden, weil man hier auf Schritt und Tritt überwacht wurde.

Morgen fällt mir bestimmt was ein, mit diesem Gedanken fiel sie in einen unruhigen Schlummer.

Ein verdächtiges Knarren ließ Yvonne mitten in der Nacht auffahren und ängstlich hörte sie, wie sich jemand die steile Treppe hinuntertastete. Sie zog sich in die hinterste Ecke ihrer spartanischen Schlafstatt zurück und wollte gerade um Hilfe rufen, als sich eine grobe Hand auf ihren Mund legte.

»Pst, ich bin es.«

Yvonne konnte nicht anders, als vor Erleichterung die Arme um Michael zu schlingen.

»Du hast mich beinahe zu Tode erschreckt«, schalt sie den Mann, mit dem sie nach einer von Bernhard durchgeführten Trauzeremonie verheiratet war.

Nachdem er sie in der letzten Zeit so offenkundig links liegen gelassen hatte und ihr auch bei dem peinlichen Verhör nicht zur Seite gestanden war, hätte sie mit seinem Besuch am allerwenigsten gerechnet.

Bestimmt war er hier, um sie zu bestrafen, nachdem der allwissende Meister von ihrem Handy erfahren hatte. Doch im nächsten Moment musste sie feststellen, dass Michael alles andere als eine Bestrafung im Sinn hatte. Schwer atmend riss er ihr das Nachthemd förmlich vom Leib und bedeckte ihren nackten Oberkörper mit seinen Küssen.

Die letzten Male, als er seine ehelichen Pflichten bei ihr eingefordert hatte, war er plump vorgegangen und Yvonne war sich vorgekommen, als diene sie lediglich der Befriedigung seiner Triebe.

Jetzt jedoch hatte die junge Frau das Gefühl, als sei er wieder der aufmerksame Liebhaber, in den sie sich in Heidelberg verknallt hatte. Obwohl sein erigiertes Glied zu bersten drohte, nahm er sich die Zeit und liebkoste mit seiner Zunge ihren Schoß.

»Oh…, ah…, Michael«, stieß sie hervor, als er in sie eindrang.

Beinahe gemeinsam kamen die beiden zum Höhepunkt und lagen sich danach erschöpft in den Armen.

»Das war schön«, flüsterte er und strich Yvonne sanft über das Gesicht.

Sie genoss den Augenblick und dachte wehmütig darüber nach, dass Michael das erste Mal seit ihrem Eintritt in die Sekte so zärtlich zu ihr war.

»Hast du es auch genossen?«

Anstatt einer Antwort gab sie ihm einen heftigen Kuss auf den Mund.

»Seit ich zum wichtigsten Vertrauten des Meisters aufgestiegen bin«, meinte er mit Stolz in der Stimme, »habe ich leider nur sehr wenig Zeit für dich gehabt, aber das wird sich jetzt ändern. Mit Bernhards Erlaubnis hole ich dich morgen hier raus und wir schlafen wieder gemeinsam in einem Bett.«

Yvonne erstarrte und dachte an das Mobiltelefon, das unmittelbar über Michaels Kopf hinter einem Stein versteckt war.

Und so sehr sie es gerade genossen hatte, mit ihm zu schlafen, so wenig Lust verspürte sie, wieder in den riesigen Schlafsaal zurückzukehren, in dem sämtliche Mitglieder der Gruppe schliefen.

Das war auch so ein ungeschriebenes Gesetz von Bernhard, dass es für die Gemeinschaft förderlich sei, wenn alle nachts beisammenlagen. Hier unten huschten zwar Mäuse umher, aber mit Grauen dachte Miriam an das Schnarchen, das Kindergeschrei und die Beischlafgeräusche in dem großen Raum, für den Zwischenmauern herausgebrochen worden waren. Nach Yvonnes Ansicht diente diese Maßnahme wie viele andere nur der totalen Überwachung durch den Meister.

»Das wäre schön, Liebster, ich sehe zwar ein, dass ich einen schweren Fehler gemacht habe und diese Bestrafung verdient habe, aber natürlich sehne ich mich danach zurück, neben dir einzuschlafen.«

Bei Morgengrauen wachte Michael auf und räkelte sich, woraufhin Yvonne gleichfalls zu sich kam.

»Wir wollen die anderen nicht warten lassen«, mahnte er zur Eile, denn ein anderes Gebot des Meisters besagte, dass die restlichen Mitglieder der Gruppe erst mit dem Frühstück beginnen durften, wenn alle anwesend waren.

Ursprünglich hatte er sie noch behutsam über den Tod ihrer Mutter informieren wollen, doch dafür war auch noch später Zeit, fand er.

Wohlwollend betrachtete Michael seine Frau und gestand sich ein, dass es ihm wirklich Spaß gemacht hatte, mit ihr zu schlafen, und er nahm sich vor, bis zum nächsten Mal nicht mehr so lange zu warten. Auch Yvonne bemerkte, dass er sie nicht mehr so abweisend ansah wie in den letzten Wochen.

Wer weiß, vielleicht wird ja doch noch alles gut und ich kann das Handy in seinem Versteck lassen, dachte sie hoffnungsvoll.

Gemeinsam betraten sie den Frühstückssaal und begrüßten ihre Brüder und Schwestern, die bereits an der langen Tafel saßen.

Mit viel Aufwand war das Gebäude nach dem Einzug der Gruppe entkernt worden, damit im Obergeschoß der Schlaf- und im Erdgeschoß der Aufenthaltsraum entstehen konnten. Selbstverständlich waren sämtliche Baugenehmigungen und Standsicherheitsnachweise vorhanden gewesen und mit der Ausführung der Arbeiten örtliche Handwerker beauftragt worden. Bernhard wollte diesbezüglich keinerlei Aufsehen erregen, das galt auch für sämtliche Steuerzahlungen, die er immer pünktlich beglich.

Lediglich in Sachen Kindererziehung ging er auf Konfrontationskurs, da die öffentlichen und auch privaten Schulen nach seiner Ansicht nach völlig verfehlten Methoden unterrichteten.

»Hier in unserem Garten Eden haben die Kinder alles, was sie brauchen, um zu nützlichen Gliedern der Gesellschaft heranzureifen«, hatte er erst neulich in seiner Predigt gesagt, die an jedem Wochentag auf das gemeinsame Frühstück folgte.

Er selbst brachte den Kindern Rechnen, Lesen und Schreiben bei, wobei selbstverständlich die Bibel sowie seine eigenen Schriften die einzigen Lehrmittel waren, die er verwendete.

Bei einer Verfehlung oblag die Züchtigung nicht den Eltern, sondern einem sogenannten Richter, der von Bernhard jeden

173

Monat neu ernannt wurde und dessen Aufgabe es war, die Kinder gerecht zu bestrafen. Dadurch wurde in den Augen des Anführers niemand benachteiligt. Dem Richter ließ man freie Hand und noch nie war es vorgekommen, dass sich ein Elternteil über die Strafe beschwert hatte, obwohl bei den teilweise harten Schlägen, die die sündigen Kleinen über sich ergehen lassen mussten, sowohl Kinder als auch Mutter oder Vater den Tränen freien Lauf ließen.

Wie jeden Morgen standen riesige Schüsseln mit Müsli, das ausschließlich mit Produkten der Gemeinschaft hergestellt wurde, auf dem Tisch und die Leute langten schnell und kräftig zu, da sie wussten, dass Bernhard jederzeit, wenn es ihm in den Sinn kam, das Mahl für seine Morgenandacht unterbrechen konnte.

»Meine Brüder und Schwestern, ihr Glücklichen müsst euch nicht mit den Schlechtigkeiten der Außenwelt herumschlagen, doch ich als euer Hirte darf leider nicht ignorieren, was dort draußen an gottlosen Dingen vorfällt.«

Bernhard war tatsächlich der Einzige, der an seinem Computer Internetanschluss und somit Zugang zu den neuesten Nachrichten hatte.

Lediglich Michael, der den Käse auf dem Markt verkaufte, hätte die Möglichkeit besessen, eine Tageszeitung zu lesen, doch Yvonnes Freund war absolut loyal und hatte der Versuchung bisher tapfer widerstanden.

»Und derzeit geschehen dramatische Dinge, denn unser Heimatland wird von muslimischen Horden überrannt.« Bernhard ließ seine Worte wirken und genoss beinahe die entsetzten Gesichter seiner Gefolgsleute. »Hunderttausende haben die Grenzen bereits überschritten und ihnen werden mit Sicherheit noch viele folgen. Derweil schaut unsere sogenannte Regierung tatenlos dabei zu, wie unsere Gesellschaft zunehmend islamisiert wird und der Untergang des Abendlandes näher rückt.«

Wieder machte er eine rhetorische Pause und betrachtete seine Anhänger.

»Aber, Meister, Gott wird uns doch in dieser dramatischen Situation nicht im Stich lassen«, rief Michael, mit dem Bernhard sich vor der Predigt abgesprochen hatte, besorgt aus.

Mehrere Gemeindemitglieder gaben ihrem Unmut lautstark Ausdruck.

Mit einer eindringlichen Geste hob Bernhard beide Arme in die Höhe.

»Der Herr lässt uns niemals im Stich und ich darf euch die freudige Botschaft überbringen, dass er Menschen aus unserer Gemeinschaft als sein Werkzeug auserkoren hat. Wir sind seine Speerspitze, die dabei hilft, die Ungläubigen wieder dahin zurückzudrängen, wo sie hergekommen sind.«

Jubelschreie brandeten durch den Saal und lediglich Yvonne war skeptisch, versuchte aber, dies in ihrem Mienenspiel nicht zu zeigen.

Bei diesen Horden, wie sich Bernhard ausdrückt, handelt es sich bestimmt um Asylbewerber, also Flüchtlinge, dachte die junge Frau und fragte sich, was das mit ihrer kleinen Kommune zu tun haben könnte.

Verstohlen blickte sie sich um und musste feststellen, dass sie als Einzige keine Begeisterung zeigte. Was hatte Bernhard vor? Wie wollte er die »Ungläubigen« bekämpfen?

Yvonne fröstelte es und plötzlich hatte sie keinerlei Zweifel mehr daran, dass sie dieser Gemeinschaft entkommen musste.

Vielleicht sollte sie versuchen, Michael dazu zu bewegen, gemeinsam mit ihr zu flüchten. Nach dem eindeutigen

Liebesbeweis seinerseits in der letzten Nacht würde sie ihn bestimmt umstimmen können.

Ja, das war die Lösung, gleich heute Abend würde sie ihm von dem Handy erzählen und danach würde sie damit die Beamtin, die eine Freundin ihrer Mutter war, anrufen, um sie um Hilfe zu bitten.

Entsetzt schaute Miriam auf den Mann, der wie von Sinnen war.

»Reicht es dir nicht, dass du unsere Ehe zerstört hast?«, schrie Karl und sämtliche Gäste auf der lauschigen Gartenterrasse hielten inne und glotzten auf den Berserker.

Offenbar hatte eine der Bedienungen schnell geschaltet, denn in diesem Moment kam ein stiernackiger Mann in einer Kochuniform herbei und schnappte sich den wild gestikulierenden Karl.

»Du kommst mir nicht ungeschoren davon, das verspreche ich dir.«

Entgeistert starrte Karin auf Charlottes Ehemann, während dieser von dem Koch unsanft hinausgeworfen wurde.

Miriam sah, wie die junge Frau heftig zitterte, als sie versuchte, ihr Weinglas zum Mund zu führen.

»Was um alles in der Welt war denn das?«, fragte sie, nachdem die Leute an den Nachbartischen wieder zur eigenen Konversation zurückgekehrt waren.

»Hm, das war Karl, wie er leibt und lebt.«

Erwartungsvoll blickte Miriam zu Karin, die nur bedeutungsschwanger den Kopf schüttelte.

»Meiner Ansicht nach ist er unzurechnungsfähig und zudem der schlimmste Querulant, den man sich vorstellen kann. Sobald er jemanden kennenlernt, dauert es meistens nicht allzu lange, bis er mit ihm in Streit gerät, dabei reagiert er damit nur die Unzufriedenheit über sein verpfuschtes Leben ab. Und wenn er mir die Schuld daran gibt, dass seine Ehe kaputt gegangen ist, so steckt dahinter tatsächlich ein Quäntchen Wahrheit. Immer wieder habe ich Charlotte geraten, diesen üblen Typen zu verlassen, und wie sie mir an dem Morgen, als ich sie das letzte Mal sah, versicherte, hatte sie auch nicht mehr vor, in das gemeinsame Haus zurückzukehren. Er muss sie am Abend davor so dermaßen schlimm behandelt haben, dass sie völlig außer sich war und sogar von Todesangst geredet hat.«

Das ist ja interessant, dachte Miriam und revidierte ihr Vorhaben, Karin über ihre geheime Mission in Kenntnis zu setzen.

»Du meinst, er hat sie so bedrängt, dass sie in ihrer Aussichtslosigkeit keinen anderen Weg mehr gesehen hat als den Selbstmord?«, fuhr es Miriam heraus und sie biss sich auf die Zunge über die unbedachte Äußerung.

»Woher weißt du, dass Charlotte sich selbst getötet hat?«

Skeptisch betrachtete Karin ihre neue Kollegin, die händeringend nach einer Ausrede suchte.

»Äh… Sailer hat so etwas angedeutet, wieso, stimmt es etwa nicht?«

»Niemals hätte Charlotte Selbstmord begangen, da bin ich mir hundertprozentig sicher, dass dabei jemand nachgeholfen hat. Diese tatterige Hauptkommissarin und ihr eitler Assistent sind lediglich unfähig und wollen den Fall so schnell wie möglich zu den Akten legen.«

Da irrst du dich aber gewaltig, dachte Miriam und hatte größte Mühe, sich nicht zu verraten.

»Aber bitte schön, wer hätte Grund, eine einfache Schlossführerin um die Ecke zu bringen?«, fragte sie stattdessen mit
einem ratlos wirkenden Gesichtsausdruck.

»Einen Tatverdächtigen hast du ja vorhin selbst kennengelernt. Charlotte war drauf und dran, ihren Ehemann zu
verlassen, und zudem war sie bereits bei einem Notar, um
ihr Testament zu ändern. Du musst wissen, dass Charlotte
Friedrich von ihren Eltern ein großes Vermögen geerbt hat
und Karl mit dem kleinstmöglichen Pflichtteil abspeisen
wollte. Sie ist nun leider nicht mehr dazu gekommen, das
vorgefertigte Formular zu unterschreiben.«

»Das ist allerdings happig, aber bringt man deswegen
gleich jemanden um?«

»Du kennst Karl nicht, na ja wenigstens nicht so gut wie
ich, dem würde ich gelinde gesagt alles zutrauen. Charlotte
hat mir viel über ihn erzählt, deshalb glaube ich zu wissen,
wie der Typ tickt. Mindestens zehnmal musste die Familie
umziehen, weil der feine Herr Anwalt wieder einen Streit mit
einem Nachbarn vom Zaun gebrochen hatte. Und mit Streit
meine ich einen richtigen Rechtsstreit, der immer vor Ge-
richt gelandet ist. Es hat meistens mit Lappalien angefangen
und damit geendet, dass Karl in dem jeweiligen Nachbarn
oder der Nachbarin einen Todfeind gesehen hat, den er am
liebsten vernichtet hätte. Seine Frau war davon alles andere
als begeistert und sie war es, die versucht hat, die Wogen zu
glätten, doch meistens war es schon zu spät. Am schlimmsten war es für Yvonne, ihre Tochter, jedes Mal wenn sie
Freundschaften geschlossen hatte, zerstörte der Vater durch
seine Streitlust das kleine Glück seiner Tochter.«

»Hast du sie einmal kennengelernt?«

»Nein, sie muss schon recht früh das Elternhaus verlassen
haben, aber das ist ja kein Wunder, bei diesem Vater. Natür-

lich sucht er die Schuld dafür, dass seine Tochter abgehauen ist, wieder bei anderen, hauptsächlich bei Charlotte.«

Karin hatte sich richtig hineingesteigert und nahm zur Beruhigung einen Schluck Muscadet.

»Aber, sag mal, hast du das alles den Kommissaren erzählt?«, fragte Miriam und wollte damit ihrer neuen Freundin eine Brücke bauen.

»Ach was, das interessiert die doch gar nicht, wie gesagt, die wollen das Ganze als Selbstmord abtun und zu den Akten legen. Ist ja auch egal, mir tut es nur leid um Charlotte, ich habe sie wirklich gern gehabt.«

Tränen traten in Karins Augen und sie zog ein Papiertaschentuch aus ihrer Handtasche.

Miriam schwieg betroffen und schaute in den sternenklaren Himmel.

»Tut mir leid, dass ich dich gleich am ersten Tag mit diesen Problemen konfrontiere«, meinte Karin schniefend.

»Macht doch nichts, es ist immer wieder unsäglich traurig, wenn man einen wertvollen Menschen verliert. Ich habe letztes Jahr meinen geliebten Vater beerdigt und weiß deshalb aus eigener Erfahrung, wie du dich fühlen musst.«

»Danke für dein Einfühlungsvermögen und ich bin mir ziemlich sicher, dass wir gute Freundinnen werden.«

Karin legte sanft ihre Hand auf Miriams und diese musste schlucken, um nicht gleichfalls loszuheulen.

»Wollen wir langsam los? Ich kann meine Tochter nicht so lange alleine lassen und du solltest deinen Lover ebenfalls nicht beim ersten Babysitting überfordern.«

»Na hoffentlich lauert uns dieser durchgeknallte Karl nicht noch auf«, gab Miriam zu bedenken.

»Das soll er nur mal versuchen, ich hätte keine Scheu, dem Kerl einen Tritt zwischen die Beine zu verpassen.«

Nachdem Miriam widerstrebend akzeptiert hatte, dass Karin die Zeche bezahlte, gingen sie zum nahen Parkplatz.

»Mein Angebot steht noch«, meinte Miriam lachend, als Karin sich an die Beifahrertür stellte.

»Oh, daran habe ich gar nicht mehr gedacht.«

Schnell kam sie um das Auto herum und setzte sich hinters Steuer.

Ein unverwechselbares Röhren kam aus dem Auspuff und zauberte ein Lächeln auf Karins Gesicht. Sie nahm die Haarnadelkurven in der Steige souverän und war ziemlich enttäuscht, als der Parkplatz in Sicht kam.

»Ich kann dir die Karre auch mal an einem Wochenende ausleihen, da hab ich kein Problem mit«, bot Miriam an.

»Dieses Angebot kann ich natürlich nicht abschlagen«, freute sich Karin.

Das zusätzliche Licht des Vollmonds gab dem perfekt illuminierten Schloss eine wahrhaft märchenhafte Aura.

»Kannst du dir vorstellen, dass hier auf der grünen Wiese ein riesiges Besucherzentrum mit Giftshop und multimedialer Show entstehen soll?«, fragte Karin unvermittelt und deutete auf den Platz vor dem Lichtenstein.

»Wie …, wie meinst du das?«

»Na unser toller Herr Sailer will doch alles hier ummodeln und dem Kommerz opfern. Das beschauliche Schlösschen soll den bayerischen Königsschlössern Konkurrenz machen und ein schwäbisches Neuschwanstein werden.«

Karin zündete sich eine Zigarette an und bot Miriam auch eine an. Mit Rücksicht auf ihre Geschmacksnerven hatte die junge Frau jedoch mit der Qualmerei aufgehört, nachdem sie »Chez Rudi« übernommen hatte, und lehnte deshalb dankend ab.

»Und die Besitzer, ich meine, der Lichtenstein gehört ja wohl nicht Herrn Sailer, oder?«

Über die Besitzverhältnisse hatte Miriam sich noch keine großen Gedanken gemacht.

»Die Familie hat ihm grünes Licht gegeben, allerdings wie man hört gegen den Widerstand des Grafen, der sich eigentlich um den Lichtenstein kümmert«, antwortete Karin, die diese Information von Sailer persönlich erfahren hatte. »Charlotte jedenfalls war alles andere als begeistert, als sie davon erfahren hat, und wollte die Information einem hiesigen Kommunalpolitiker verraten, damit der eventuell eine Bürgerinitiative gründen könnte.«

»Meinst du damit, dass Sailer auch einen Grund gehabt hat, sie den Turm hinunterzustoßen?«

»Hm, deswegen bestimmt nicht, aber Charlotte hat mir einmal im Vertrauen gesagt, dass sie über Sailer irgendetwas Schlimmes erfahren hat, was die Karriere des sauberen Herrn abrupt beendet habe. Ich habe sie mehrfach gedrängt, mir davon zu erzählen, doch dieses Geheimnis hat sie leider mit ins Grab genommen. So, jetzt muss ich aber los, also tschüss bis morgen.«

Miriam blickte ihr nachdenklich hinterher und stieg dann ebenfalls in ihren Wagen, nachdem Karin davongefahren war.

Unerlaubterweise rief sie mit ihrem Smartphone während der Fahrt bei ihrer Mutter an und bat sie darum, die Mädchen am nächsten Morgen zur Schule zu bringen.

Auf der Suche nach einem geeigneten Parkplatz für die Nacht irrte sie durch die Reutlinger Innenstadt, bevor sie fündig wurde, und machte sich dann mit müden Schritten auf den Weg zu Saschas Wohnung.

»Hallo Liebling«, empfing der Kommissar seine Freundin, als er hörte, wie ein Schlüssel im Schloss gedreht wurde.

Er umarmte sie stürmisch, was Miriam teilnahmslos mit sich geschehen ließ.

»Ist irgendetwas vorgefallen?«, wollte er wissen und blickte besorgt auf die junge Frau. »Jetzt komm erst mal rein. Darf ich dir einen Prosecco einschenken?«

Die junge Frau nickte und ging hinaus auf die Dachterrasse.

Sascha hatte den leisen Verdacht, dass Miriam mit dem ungewöhnlichen Auftrag nicht ganz klarkam. Er kehrte mit zwei gefüllten Sektflöten zurück und sah, wie sie versonnen in den Nachthimmel blickte.

»Ich bin nicht gerade prädestiniert für diesen Job, das habe ich heute deutlich gemerkt. Dafür bin ich wohl zu emotional und lasse die Dinge zu nah an mich heran. Es hat nicht sehr viel gefehlt und ich hätte mich Karin offenbart.« Miriam hielt kurz inne und sah Sascha tief in die Augen. »Na ja, ich tue es dir zuliebe und deshalb möchte ich auch nicht groß klagen. Außerdem habe ich bereits am ersten Tag sehr viele Informationen gesammelt, die für dich nützlich sein könnten.«

Sie stießen mit ihren Gläsern an, nach einem weiteren Moment des Innehaltens sprudelte es nur so aus Miriam heraus und sie berichtete von dem Gespräch mit Karin.

»Das ist ja hochinteressant«, meinte Sascha anerkennend, als sie von dem skandalösen Auftritt Karl Friedrichs berichtete. »Wenn du in diesem Tempo weitermachst, können wir die Sache in ein paar Tagen beenden.«

Das lag auch in seinem Interesse, denn es wurde ihm zunehmend unangenehmer, seine Freundin zu diesem Undercover-Job mehr oder weniger gedrängt zu haben. Er bemerkte durchaus eine gewisse Veränderung in Miriams Verhalten.

»Wann musst du wieder arbeiten?«

Behutsam schlang er seinen Arm um ihre Schulter und zog die junge Frau sanft zu sich heran.

»Morgen habe ich frei, dann kommt das Wochenende, an dem ich eigentlich in meinem Weinladen viel zu tun hätte oder etwas mit meinen Kindern unternehmen könnte. Und ausgerechnet für Samstagnachmittag und Sonntagmorgen hat mich Sailer zusammen mit diesem jungen Studenten eingeteilt.«

Die Unzufriedenheit war nun offensichtlich und Sascha reagierte auch prompt.

»Miriam, wir lassen es gut sein und du kündigst telefonisch. Was du bisher von Frau Haarmann erfahren hast, reicht mir vollauf, mit diesem Wissen kann ich dem unbotmäßigen Ehemann der Getöteten auf die Pelle rücken.«

»Nein, kommt überhaupt nicht in Frage, vielleicht erfahre ich von Kai weitere Interna, außerdem fängt die Sache langsam an, mir Spaß zu machen.«

Miriam grinste und Sascha war trotz aller Bedenken insgeheim froh, dass sie weitermachte.

Nach einem ausgedehnten Brunch, den sie in einem benachbarten Café in der Altstadt einnahmen, machte sich Miriam mit ihrem Porsche auf den Weg zum Lichtenstein. Dank Sascha, der sie ermahnt hatte, rechtzeitig loszufahren, war sie entgegen ihrer sonstigen Gewohnheiten eine halbe Stunde zu früh an ihrem Zielort.

Sie durchquerte den Schlosshof und blieb an der Brüstungsmauer stehen. Der Ausblick war wirklich phänomenal, aber gleichzeitig stellte sich das Grauen ein, als sie an ihre

183

Vorgängerin dachte, die diesen Abgrund hinuntergestürzt war.

Kopfschüttelnd drehte sich Miriam um und sah, wie Kai lässig auf die Zugbrücke zu schlenderte. Wie immer top gestylt und teure Markenkleidung tragend stellte er sich hin und wartete auf seine Gruppe.

Wie sie von Karin erfahren hatte, war Kai ein Archäologiestudent, dessen reiche Eltern ihn zwar aushielten, trotzdem jedoch darauf bestanden, dass er nebenher einen Job ausübte. Was lag für einen angehenden Archäologen da näher, als in irgendeinem alten Schloss den zahlreichen Touristen dessen wechselvolle Geschichte zu erzählen.

»Hallo, ich soll bei Ihnen in der Führung mitlaufen, um von Ihnen zu lernen.«

Ein fragender Ausdruck legte sich auf Kais Gesicht, das sich aber im nächsten Moment aufhellte, als er die sich nähernde Miriam erkannte.

»Hallo … Miriam, wenn ich mich richtig entsinne. Aber als Allererstes legen wir das steife Siezen ab. Ich bin Kai.«

»Miriam«, antwortete die junge Frau automatisch, obwohl er ihren Vornamen ja kannte, und gab ihrem Kollegen die Hand.

»Du willst dir also auch in diesem historischen Gemäuer ein kleines Zubrot verdienen, das freut mich. Nach diesem schrecklichen Unfall hätte ich nicht gedacht, dass Sailer so schnell Ersatz für die unglückliche Charlotte findet.«

Kai schien immerzu zu lächeln und war Miriam von Anfang an sympathisch. Das ist ja ein richtiger Sonnyboy, dachte sie belustigt.

Die beiden mussten kaum zehn Minuten warten, bis sich eine bunt zusammengewürfelte Gruppe bei ihnen einfand.

Charmant und witzig schaffte es Kai, dass sowohl junge

und ältere Erwachsene als auch Kinder ihm aufmerksam zuhörten. Es waren aber besonders die Frauen, die ihm nicht nur ihre ungeteilte Aufmerksamkeit schenkten, sondern, wie Miriam heimlich feststellte, ihm auch manchen schmachtenden Blick zuwarfen.

Er machte zwar dieselbe Führung mit denselben Räumen wie Karin, doch Miriam war überrascht über den offensichtlichen Unterschied. Hatte Karin ihr Programm einfach abgespult, so wirkte es bei Kai, als ob er seine Zuhörer in die Zeit des Mittelalters entführen könnte. Das Schloss war zwar erst im neunzehnten Jahrhundert in der sogenannten Romantik erbaut worden, doch der Architekt hatte es gemeinsam mit dem fürstlichen Bauherrn geschafft, den Eindruck zu vermitteln, als befinde man sich auf einer mittelalterlichen Burg.

Fasziniert betrachtete Miriam am Schluss, wie beinahe alle Touristen Kai ein Trinkgeld in die Hand drückten.

»Wollen wir noch einen Kaffee trinken? Die nächste Veranstaltung beginnt erst in einer Stunde«, schlug der junge Mann vor und Miriam nahm die Einladung dankend an.

»Vorgestern warst du mit Karin unterwegs?«, fragte Kai, als sie sich auf eine Steintreppe setzten und ihren Kaffee schlürften.

»Ja, richtig, wir waren nach der Führung noch in Honau und haben uns dort prächtig amüsiert, bis der Mann von Charlotte aufgetaucht ist. Diesen Auftritt werde ich so schnell nicht vergessen und stell dir vor, er hat Karin die Schuld am Tod seiner Frau gegeben.«

Aufmerksam beobachtete sie Kais Mienenspiel und tatsächlich wurden seine Züge für einen kurzen Moment ernst.

»Dieses arrogante Schwein hat sie doch erst so weit gebracht, dass sie sich von da oben hinuntergestürzt hat«, sagte er und deutete zum Turm hinauf. »Und jetzt will er die Schuld auf Karin abwälzen, aber damit kommt er nicht durch. Ich muss mich wohl mal mit dem Kerl unterhalten.«

Sieh an, dachte Miriam, der edle Ritter will die Ehre seiner Angebeteten verteidigen.

Ihr war nicht entgangen, dass Kai jedes Mal, wenn Karins Name fiel, einen beinahe entrückten Blick bekam. Ob zwischen den beiden etwas lief? Karin war eine sehr attraktive Frau, wenngleich einige Jahre älter als Kai. Miriam schüttelte unmerklich den Kopf, es ging sie überhaupt nichts an und außerdem würde sie recht bald wieder aus deren Leben verschwinden.

Da an diesem Sonntag außerordentlich schönes Wetter herrschte, strömten die Leute wie schon lange nicht mehr zu dem beliebten Ausflugsort und die Schlossführer hatten alle Hände voll zu tun.

Wie schon am Vortag war Miriam bei Kai eingeteilt und trotz des enormen Besucherandrangs verlor der seine gute Laune nicht. Nicht einmal bei lärmenden Kindern wirkte er genervt, obwohl die an diesem Tag sicherlich lieber ins Freibad gegangen wären. Um diese Fähigkeit beneidete Miriam ihren neuen Kollegen.

Die Schicht endete um vierzehn Uhr und sie machte sich auf den Weg zum Büro des Verwalters. Der Schlosshof mit seinen vielen umherlaufenden Menschen erinnerte Miriam an einen geschäftigen Ameisenhaufen.

»Ah, Frau Neuburg, wie läuft es?«, meinte ihr neuer Chef und deutete auf einen Besucherstuhl vor seinem wuchtigen Schreibtisch.

Sie wusste gar nicht, was sowohl Sascha als auch ihre neuen Kollegen gegen Sailer hatten, zu ihr war er bisher stets freundlich gewesen.

»Ich denke, dass ich ab nächster Woche alleine losziehen kann. Zu Hause werde ich die Unterlagen noch so gut es geht auswendig lernen und dann will ich es versuchen.«

»Das ist gut und freut nicht nur mich, sondern auch die gestressten Kollegen, ha, ha. Also dann bis…« Er drehte sich um und blickte auf den riesigen Kalender an der Wand. »…Samstag wäre nicht schlecht.«

Miriam verabschiedete sich und verließ das Büro.

Mit eiligen Schritten umkurvte Miriam die Touristen und wandte sich zum Ausgang.

Wenn das Schloss immer so gut besucht wäre, könnte sich Sailer die zusätzlichen Maßnahmen sparen, dachte sie und wurde im nächsten Moment von zwei Mädchen stürmisch umarmt.

»Hallo Mutti«, riefen die Kinder freudig.

»Aber… ich dachte…«

»Hallo Miriam, ich hoffe, die Überraschung ist uns geglückt.«

Sascha war ebenfalls herangetreten und gab der verdutzten Frau einen Kuss.

»Das ist allerdings eine Überraschung«, meinte sie jetzt lächelnd und drückte ihre Töchter fest an sich.

»Kriegen wir jetzt das versprochene Eis?«, drängelte Sylvie mit einem Seitenblick auf Sascha.

»Selbstverständlich«, entgegnete der Kommissar und zwinkerte Miriam listig zu.

Er ging zurück zu dem Imbiss, der direkt an den Parkplatz grenzte, während Miriam sich mit ihren Mädchen auf die Wiese vor dem Wassergraben setzte.

»Stimmt es, was Sascha gesagt hat, dass in dem Schloss eine wunderschöne Prinzessin wohnt?«

Anne schaute ihre Mutter mit großen Augen an und schleckte gleichzeitig von dem leckeren Schokoladeneis, das Sascha ihr und ihrer Schwester gebracht hatte.

»Aber natürlich, mein Schatz, und ihr Vater, der König, erfüllt ihr jeden Wunsch.«

Miriam befeuchtete mit Spucke ein Taschentuch und wischte damit über Annes schokoladenverschmierte Wange.

Wenig später entfernten die Mädchen sich und begannen ein Rollenspiel, in dem Anne den furchtlosen Prinzen und Sylvie die anmutige Prinzessin darstellten.

»Meinst du nicht, dass dein Erscheinen hier die ganze Undercover-Aktion gefährdet? Schließlich kennen sowohl Karin als auch Sailer dich von deinen Ermittlungen her«, sagte Miriam vorwurfsvoll.

»Na ja, du hast ja recht, ich wollte dir halt eine Freude machen. Aber wie heißt es so schön, ›no risk no fun‹, außerdem ist heute so viel los und wir müssen ja nicht hineingehen«, entgegnete Sascha schuldbewusst und umfasste mit seinen Pranken Miriams zarte Hand.

»Das ist dir gelungen, das mit der Freude meine ich, trotzdem würde ich jetzt gerne woanders hingehen. Wenn Sailer hier auftaucht, kann ich einpacken.«

Eigentlich ist es ja nicht meine Aufgabe, an so etwas zu denken, dachte Miriam kopfschüttelnd, sprach es jedoch nicht aus. Offenbar war Sascha manchmal einfach zu impulsiv und dachte zu wenig an die Folgen.

»Okay, du hast vollkommen recht. Sollen wir noch woandershin einen Familienausflug machen?«

Mit Absicht hatte er das Wort Familienausflug betont, denn er betrachtete Miriam und ihre Kinder bereits als seine Familie.

»Lass uns zu mir nach Hause fahren, vielleicht könnten

wir auf meiner Terrasse grillen und etwas trinken. Bestimmt habe ich noch ein paar Würstchen im Gefrierschrank. Nimm es mir nicht übel, aber ich brauche nach dem Trubel da drin erst mal eine Pause.«

Die beiden Mädchen wehrten sich mit Händen und Füßen. Erst als Sascha und Miriam sich bereit erklärten, mit ihnen in die nahe gelegene Nebelhöhle zu gehen und dort anschließend ein weiteres Eis zu essen, ließen sie sich schließlich besänftigen.

Anne fuhr im Porsche ihrer Mutter mit und Sylvie machte es sich auf dem Beifahrersitz von Saschas Alfa Romeo bequem.

Trotz der zahlreichen Sonntagsfahrer waren sie nach einer knappen Stunde an ihrem Bestimmungsort angekommen. Mit dem wenigen, was sie zu Hause hatte, bereitete Miriam einen bunten Salat, zudem stellte sich heraus, dass sie neben den Würstchen auch noch zwei Steaks eingefroren hatte.

Während Miriam alles für den Grillabend zubereitete, setzte Sascha sein ganzes schauspielerisches Können ein und mimte den Prinzen für die Mädchen, die immer noch ganz fasziniert von dem Märchenschloss waren.

Solche harmonische Stunden habe ich mit meinem verstorbenen Mann eigentlich selten gehabt, dachte Miriam zufrieden lächelnd und war deshalb durchaus froh darüber, dass sie sich bei Sascha durch die Stelle am Schloss revanchieren konnte.

Als es Schlafenszeit war, ging er mit den Mädchen in ihr Zimmer und las ihnen noch eine Gutenachtgeschichte vor. Miriam hatte es sich derweil vor dem Fernseher gemütlich gemacht und schaute den neuesten »Tatort«.

»Ich wollte schon immer mal gemeinsam mit einem echten Kommissar einen Krimi anschauen«, meinte Miriam, als

Sascha zurückkam, und reichte ihm ein Glas Rotwein. »Entspricht es wirklich den Tatsachen, was die einem so zeigen?«

»Na ja, vielleicht nicht immer«, entgegnete er lakonisch.

»Hast du eigentlich noch Urlaub? Dann könntest du ja morgen mit in den Laden kommen. Bestimmt ist neue Ware geliefert worden und ich bräuchte einen starken Mann zum Schleppen.«

»Hm, das ließe sich eventuell einrichten, ich müsste morgen früh nur kurz meinem Chef Bescheid sagen, ob es in Ordnung geht. Meine Kollegin Mertens, die ja gleichfalls Urlaub hat, treffe ich eh erst am Ende der Woche, um die neuesten Entwicklungen in unserem Fall, der ja offiziell keiner ist, auszutauschen.«

Miriam beugte sich zu ihm hin und gab ihm einen verheißungsvollen Kuss.

Sascha ging nach einem reichhaltigen Frühstück am Freitagmorgen um neun aus dem Haus, denn er wollte sich um zehn mit Magdalena Mertens im »Vis à vis« in Reutlingen treffen.

Um diese Zeit war die B 27 in Richtung Reutlingen gut befahrbar, und obwohl sich der Kommissar an die vorgeschriebene Höchstgeschwindigkeit hielt, saß er pünktlich zum verabredeten Zeitpunkt an einem kleinen Tisch und wartete auf seine Vorgesetzte.

»Ah, das ist aber nett, dass Sie es einrichten konnten.«

Magdalena Mertens legte ihre leichte Jacke ab und Sascha sah zu seinem Erstaunen, dass sie ein modisches T-Shirt trug.

»Hier war ich schon lange nicht mehr und ich freue mich zu sehen, dass die Kultkneipe, in der ich früher öfters verkehrte, sich so gut wie nicht verändert hat«, stellte sie nach einem Rundumblick fest.

Der helle Eingangsbereich mit den kleinen Bistrotischen mündete hinter der langen Theke in einen rustikalen Raum, dessen alte wurmstichige Balken ein ganz besonderes Ambiente erzeugten.

»Und, wie ist es Ihnen in der letzten Zeit ergangen? Es ist ja wirklich ein Skandal, dass wir uns konspirativ in einer Kneipe treffen müssen und nicht in unserem Büro. Wobei es in diesen Räumlichkeiten zugegebenermaßen angenehmer ist.«

Genüsslich schlürfte Mertens von ihrem Cappuccino.

»Nun ja, ich, äh…«, druckste Sascha herum und wusste nicht, wo er anfangen sollte. »Ich habe etwas getan, was ich unter normalen Umständen mit Ihnen abgesprochen hätte, aber da wir beide quasi beurlaubt sind, bin ich einfach mal drauflosgeprescht.«

Mertens blickte ihren Kollegen jetzt ausgesprochen neugierig an.

»Sie haben doch nicht etwa was Ungesetzliches getan?«

»Hm, nicht direkt, genau genommen, haben Sie mich sogar darauf gebracht, denn im Prinzip waren Sie immer mein Vorbild in puncto unkonventionelle Methoden. Kurz gesagt geht es um meine neue Freundin, Miriam Neuburg, sie arbeitet seit letzter Woche auf mein Betreiben hin als Schlossführerin auf dem Lichtenstein.«

Zuerst schaute Mertens verdutzt, doch als sie die ganze Tragweite des Gehörten erfasst hatte, prustete sie laut los.

»Ha, ha, Sie haben wohl zu viel Agatha Christie gelesen und tatsächlich jemanden inkognito in die Höhle des Löwen eingeschleust. Das ist ja hochinteressant, so etwas hätte ich Ihnen gar nicht zugetraut. Wenn Köttmann allerdings davon erfährt, sind Sie vollends geliefert, dann werden Sie nicht einmal mehr einem Falschparker den Strafzettel an die Autoscheibe heften dürfen.«

Nachdenklich rieb die Hauptkommissarin mit dem Zeigefinger an ihrer Nase und sagte dann:

»Aber mal im Ernst, so schlecht ist die Methode nicht, es kann nur sein, dass Sie Frau Neuburg in ernsthafte Gefahr bringen, denn wir beide sind uns ja einig, dass wir es mit Mord und nicht mit Selbstmord zu tun haben und der Mörder oder die Mörderin vermutlich im Umfeld des Märchenschlosses zu finden ist.«

»Daran habe ich natürlich auch schon gedacht und Miriam eindringlich vorgewarnt. Ich habe sie sogar nach ihrem ersten Tag gebeten, wieder damit aufzuhören, nachdem sie mit dieser Karin Haarmann noch etwas essen gegangen und Zeugin eines regelrechten Eklats geworden ist.«

Mit ausführlichen Worten schilderte er den Auftritt Karls in dem Restaurant und Karins Interna über den Witwer.

»Ich kann mich nur wiederholen, interessant, interessant. Frau Neuburg scheint die geborene Spionin zu sein. Hat sie über unseren speziellen Freund Sailer auch etwas herausgefunden?«

Mertens war jetzt richtig neugierig.

»Es gab wohl ein dunkles Geheimnis, über das Charlotte Bescheid wusste. Was genau der Verwalter für eine Leiche im Keller hat, konnte Karin nicht in Erfahrung bringen, dieses Wissen nahm die unglückliche Charlotte mit ins Grab.«

»Hm, vielleicht finden wir es noch raus, aber dass ihr Ehemann sie wenige Tage vor ihrem Tod bedroht hat und Charlotte daraufhin ihr Testament ändern wollte, wirft doch ein völlig neues Licht auf den Fall. Zudem untermauert das unsere Theorie von einem Mordfall. Neulich habe ich lange mit Paul Hanser darüber gesprochen und er rät uns, die Fundstelle der Leiche nochmals auf eigene Faust gründlich zu untersuchen. Die Idee finde ich nicht schlecht, allemal besser als aufzugeben. Paul hat mir sogar angeboten, uns zu begleiten.«

Sascha wusste, dass seine Kollegin große Stücke auf diesen Älbler hielt, und freute sich insgeheim darüber, dass die beiden wohl so etwas wie eine Liaison hatten. Seiner Kollegin tat dieser Mann, der mit beiden Beinen auf der Erde stand, gut, das war ihr deutlich anzusehen.

Er selber war in Erpfingen, dem Dorf, aus dem Hanser stammte, aufgewachsen und kannte den knorrigen Bauern aus dieser Zeit. Sein Vater, der Dorfschullehrer, hatte viel mit Paul zu tun gehabt, und wenn er sich recht erinnerte, waren die beiden sogar Freunde gewesen.

»Den Vorschlag finde ich nicht schlecht, von mir aus können wir den Ausflug bald machen.«

»Wie wäre es mit heute Nachmittag? Es ist relativ trocken und der Wanderweg, den wir emporsteigen müssen, wäre gut begehbar.«

Sascha fühlte sich zwar ein wenig überrumpelt, stimmte jedoch zu.

»Äh, da fällt mir ein, was haben Sie eigentlich so getrieben in Ihrem ›Urlaub‹?«, wollte Sascha wissen, wobei er das Wort Urlaub besonders betonte.

»Oh je, das ist eine längere Geschichte, da müssen wir noch ein Getränk bestellen.«

Während sie auf ihre Apfelschorle warteten, begann Mertens, von ihrem Ausflug ins Allgäu zu berichten.

»Das ist jetzt aber nicht wahr.«

Nun war es an Sascha erstaunt zu sein und er glotzte seine Kollegin mit großen Augen an.

193

»Sie haben sich unter Vorspiegelung falscher Tatsachen Zutritt zu dem Hof einer Sekte verschafft? So viel zum Thema unkonventionelle Methoden. Wenn Köttmann davon Wind bekommt, können wir gemeinsam Parksünder aufspüren.«

»Da Charlotte tot ist, musste ich einfach nach ihrer Tochter und der ominösen religiösen Gemeinschaft, in die sie geraten ist, schauen. Ich habe Ihnen ja von dem Hilferuf erzählt, den Yvonne ihrer Mutter gegenüber heimlich ausgestoßen hat, als sie sie auf dem Bauernhof besucht hat. Insofern war ich es meiner früheren Freundin Charlotte einfach schuldig, dort aufzutauchen.«

Mertens ließ in ihrem Bericht auch nicht aus, dass sie der verzweifelten Yvonne ein Handy hinterlegt hatte.

»Und was das Ganze so richtig mysteriös macht, ist die Beobachtung, die ich gemacht habe, als wir das Gelände verlassen haben.«

Sie machte eine kurze Pause, um die Spannung zu erhöhen. Ungeduldig hing Sascha an ihren Lippen.

»Stellen Sie sich vor, wen ich auf dem Bauernhof gesehen habe«, meinte Magdalena verschwörerisch und hielt erneut inne.

»Den Mann, dessen Sohn während der letzten Schlossführung, die Charlotte in ihrem Leben gemacht hat, ausgebüxt ist und dessen Verfolgung für sie zum Verhängnis wurde. So viel Zufall gibt es einfach nicht.«

»So wie sich das für mich anhört, haben wir neben dem Querulanten von Ehemann und dem Ekel von Chef einen weiteren Verdächtigen für unseren Mord, den wir allerdings noch beweisen müssen.«

Wie auf ein Stichwort rief Mertens nach der jungen Kellnerin und verlangte die Rechnung.

»Ich lade Sie ein und keine Widerrede«, meinte die Hauptkommissarin bestimmt.

Sie gab der freundlichen Frau ein schönes Trinkgeld und erhob sich.

»Paul erwartet uns um vierzehn Uhr am Parkplatz vom ›Rössle‹.«

Mit einem leichten Grinsen beobachtete Sascha Gross, wie sich die Miene seiner Vorgesetzten aufhellte, als sie den grauhaarigen Mann mit dem Rucksack entdeckte, der neben einem älteren BMW-Motorrad stand und gerade dabei war, seinen Helm am Rahmen festzumachen.

»Hallo Paul, ich habe uns Verstärkung mitgebracht«, meinte Magdalena, nachdem sie und Hanser sich kurz umarmt hatten. »Meinen Assistenten, Herrn Gross, du kennst ihn ja noch von unserem Mordfall in der Bärenhöhle her.«

»Den kenne ich nicht erst seit dieser Geschichte, nicht wahr, Sascha?«

»Allerdings, Paul«, entgegnete der Polizist und legte seine Hand in Hansers Pranke.

»Hm, ist mir da etwas entgangen?« Mertens überlegte kurz. »Aber natürlich, Sie sind ja in Erpfingen aufgewachsen, Herr Gross. In so einem kleinen Dorf lernt man sich dann ja automatisch kennen.«

»Wir haben uns sogar sehr gut gekannt, nicht wahr, mein Junge? Dein Vater und ich waren ziemlich gute Freunde und eine Zeitlang bin ich bei euch ein und aus gegangen.« Eine leichte Melancholie nahm von Hansers kantigen Zügen Besitz. »Tja, das ist lange her, aber jetzt sollten wir uns beeilen, ich fürchte, nach den für unsere Breiten höchst ungewöhnlichen acht Sonnentagen hintereinander bekommen wir heute noch ein kräftiges Gewitter.«

Mertens und Gross blickten wie auf ein Zeichen hin zum blauen Himmel empor, konnten aber lediglich ein paar wenige Schleierwölkchen ausmachen. Keiner von beiden stellte jedoch die Aussage des langjährig erfahrenen Landwirts in Frage.

Der drahtige Mittsechziger übernahm die Führung und besonders Mertens hatte Mühe, ihm zu folgen. Nur ungern erinnerte sie sich an den Tag des Leichenfundes, als sie diesen Berg schon einmal hochlaufen musste. Auch damals war es ausgesprochen heiß gewesen.

»Wonach suchen wir eigentlich?«, wollte Paul nach einer halben Stunde wissen.

Sein Atem ging regelmäßig und er zeigte keinerlei Anzeichen von Anstrengung.

»Wenn ich das wüsste«, japste Mertens und blieb schwer atmend stehen. »Nenn es einen siebten Sinn oder vielleicht eher unseren letzten Strohhalm. Die Spurensicherer arbeiten in der Regel mehr als gründlich, trotzdem habe ich die Hoffnung, dass sie in diesem unübersichtlichen Gelände eine Kleinigkeit übersehen haben. Wenn ich mich recht erinnere, ist die Fundstelle in einer weiteren halben Stunde erreicht. Vielleicht ist sie ja noch durch rotweißes Absperrband zu erkennen.«

Die beiden Männer blieben ebenfalls stehen und warteten, bis Magdalena sich ein wenig erholt hatte. Paul legte seinen kleinen Rucksack ab und holte eine Flasche Mineralwasser hervor.

»Hier trink erst mal und genieß die schöne Aussicht.«

Dankbar nahm Mertens die Flasche und trank gierig davon.

Das herrliche Panorama mit dem kleinen Dorf und dem sich öffnenden Echaztal konnte Magdalena jedoch erst nach einigen weiteren Minuten der Ruhe genießen.

Sie gab den Männern ein Zeichen, als sie wieder halbwegs bei Atem war, und die Gruppe setzte sich wieder in Bewegung. Sascha ging hinter Paul und überlegte sich die ganze Zeit, ob er ein Gespräch mit ihm beginnen sollte. Schließlich fasste sich der junge Polizist ein Herz.

»Ich wollte dich bereits während unseres letzten Falls einmal fragen, wie es meinem Vater vor seinem plötzlichen Tod so ergangen ist, Paul. Wie du ja weißt, hat es meine Mutter nicht mehr in der, wie sie es empfunden hat, dörflichen Enge ausgehalten und ist mit uns Jungs weggezogen. Von der Beerdigung unseres Vaters hat sie rechtzeitig erfahren, doch sie wollte nie wieder einen Fuß in das Dorf setzen.«

»Warum auch immer und ohne deiner Mutter zu nahe treten zu wollen, ich verstehe bis heute nicht, wie sie sich da so hineinsteigern konnte.«

Kopfschüttelnd ging Paul weiter in seinem gleichmäßigen Tempo und Sascha dachte über seine Mutter nach.

Sie war nach dem Wegzug regelrecht wieder aufgeblüht und hatte später immer wieder betont, dass man eine Stadtpflanze eben nicht aufs Land verbannen könne. Mit ihrem neuen Mann genoss sie das Rentnerleben in vollen Zügen, nicht zuletzt dank der üppigen Summe aus der Lebensversicherung, die sie als Haupterbin nach dem Tod Erichs bekommen hatte, denn der hatte sich bis zuletzt strikt geweigert, einer Scheidung zuzustimmen.

»Tja, wie ist es dem Erich ergangen«, fuhr Paul fort. »Das ist wirklich eine knifflige Frage und ich will sie dir so gut ich kann beantworten. Kurz nachdem deine Mutter mit euch zusammen das Haus verlassen hat, ging ich zu Erich, um ihm in dieser schweren Stunde beizustehen. Wie ich vorhin schon sagte, waren wir gute Freunde und standen uns sehr nahe. Deshalb weiß ich auch, dass es ihm beinahe das

Herz zerrissen hat, ansehen zu müssen, wie seine Familie zerbricht.«

»Wenn ich mich richtig erinnere, hat meine Mutter immer gesagt, dass er gefühlskalt sei, da er keinen Versuch unternommen hat, uns zurückzuhalten, und in meinen Kindheitserinnerungen war er eh immer der unnahbare Vater.«

»Ja, das kann ich mir vorstellen, dass du so empfunden hast. Das Oberlehrerhafte konnte er nicht ablegen. Und was deine Mutter anbelangt, so hat er es einfach nicht geschafft, über seinen Schatten zu springen und ihr nachzugeben. Erich hatte Angst, vor aller Welt sein Gesicht zu verlieren, wenn er mit seiner Familie Erpfingen verlassen und in eine Stadt ziehen würde.«

Paul hielt kurz inne, blieb stehen, drehte sich zu Sascha um und sagte dann mit trauriger Stimme:

»All die Jahre hindurch hat er es schlichtweg ignoriert, dass sich Hilde auf dem Land nicht wohlfühlte. Für sie war dieses Dorfleben das Schlimmste, was ihr überhaupt passieren konnte, und lediglich ihrem Mann und den Kindern zuliebe hat sie es so lange ausgehalten in der Hoffnung, dass er ihrem Drängen nachgibt und eine andere Stelle annimmt. Irgendwann hat sie es dann aufgegeben, Erich anzubetteln, und die logische Konsequenz gezogen. Ich glaube, dass er innerlich in all den Jahren sogar mit ihrem Weggang gerechnet hat. Danach hat er sich völlig vom gesellschaftlichen Leben zurückgezogen und nur noch seinen Schuldienst verrichtet. Lediglich unser wöchentliches Schachspiel wollte er nicht aufgegeben und somit war ich der einzige menschliche Halt in seinem Leben. Dauernd habe ich ihn gedrängt, wenigstens euch Kinder zu besuchen, doch er blieb hart und sagte immer, dass seine Jungs schon von selbst zu ihm kommen würden.«

Sascha musste schwer schlucken, auf die Idee, dass sein Vater auf ihn warten könnte, war er nie gekommen. Zu sehr war er damit beschäftigt gewesen, endlich erwachsen zu werden, und als er die nötige Reife hatte, war es zu spät gewesen.

»Der Hirnschlag, der ihn dahingerafft hat, kam zu einer Zeit, als es ihm wieder besser zu gehen schien. Wenige Tage vorher hat er mir im Vertrauen gesagt, dass er sich mit einer verwitweten Frau trifft, und zum ersten Mal seit eurem Weggang hat er wieder Zukunftspläne geschmiedet«, erzählte Paul, der inzwischen den Fußmarsch wieder aufgenommen hatte.

»Wer war die Frau?«, fragte Sascha interessiert.

»Das hat er mir nie gesagt, aber ich habe da so eine Vermutung …«

»Schau mal dort drüben, Paul, das sieht doch aus wie Absperrband«, rief Sascha plötzlich und deutete nach oben.

Paul blickte in die angegebene Richtung und verließ daraufhin den befestigten Wanderweg.

Am Steilhang unterhalb des Schlossfelsens standen die größeren Buchen und Eschen des Laubwaldes zwar nicht so dicht, aber die jüngeren Ableger sowie die meterhohen Sträucher, die dazwischen wuchsen, erschwerten das Weitergehen ungemein. Dieses unwegsame Terrain machte schließlich auch dem scheinbar unermüdlichen Paul zu schaffen.

»Puh, da merke ich doch, dass ich nicht mehr der Jüngste bin.«

Nachdem Paul unter dem Absperrband hindurchgeschlüpft war, setzte er sich auf den Waldboden und ließ seinen Blick umherschweifen.

»Ich bin aber jetzt auch fix und alle. Vielleicht sollte ich mal wieder mit dem Joggen anfangen«, meinte Sascha, als er sich bemühte, wieder gleichmäßig zu atmen.

Es dauerte weitere zehn Minuten, bevor Magdalena Mertens zu ihnen stieß und sich an Pauls Seite niederließ.

»Das ist ja beinahe hochalpin«, stieß sie schnaufend hervor.

»Und hier wurde die unglückliche Frau gefunden?«, wollte Sascha ungläubig wissen, während er dankend die Wasserflasche von Paul entgegennahm.

»Ja, ich kann nur hoffen, dass Charlotte sofort ohnmächtig geworden ist, nachdem sie den Boden unter den Füßen verloren hat. Man möchte sich nicht vorstellen, dass sie bei vollem Bewusstsein zuerst auf dem Felsen aufgeschlagen und dann in die Baumwipfel gekracht ist, bevor ihr geschundener Körper endlich den Waldboden erreicht hat«, antwortete Mertens traurig und sah dabei das kleine Nachbarskind von damals vor ihrem geistigen Auge. »So ein schreckliches Ende hat wirklich niemand verdient.«

Die beiden Männer pflichteten ihr nickend bei. Eine Zeitlang sprach keiner der drei ein Wort und jeder hing seinen Gedanken nach. Schließlich war es Paul, der die Initiative ergriff und sich erhob.

»Da vorne muss sie gelegen haben oder das, was von ihr übrig geblieben ist«, stellte er nüchtern fest, als er eine Stelle unweit ihres Sitzplatzes genauer in Augenschein nahm.

Mertens und ihr Kollege kamen näher und betrachteten die kleine Lichtung, wo sie bei genauerem Hinsehen getrocknetes Blut an Flechten und Grashalmen entdeckten.

»Was genau hoffst du zu finden, Magdalena?«

»Ich weiß nicht, vielleicht hat sich Charlotte in der Kleidung des Täters festgekrallt und ihm beim Sturz einen Fetzen Stoff abgerissen. So etwas in der Art habe ich mir gedacht. Aber eigentlich ist das, was wir hier machen, eher eine Verzweiflungstat, denn die Kollegen von der Spurensicherung arbeiten wie schon gesagt in der Regel sehr, sehr gründlich.«

Trotzdem schwärmten die drei aus und suchten das schwierige Gelände nach etwaigen Spuren oder Gegenständen ab. Besonders Paul drehte jedes Pflänzchen akribisch um, ohne allerdings irgendetwas zu finden.

Es mochte ungefähr eine Stunde vergangen sein, als es wiederum Paul war, der die anderen zum Aufbruch bewegte.

»Wir sollten uns langsam auf den Rückweg machen, wie ich vorhin schon sagte, kommt ein ziemliches Gewitter auf uns zu.«

»Bist du dir sicher, ich habe vorhin, als ich kurz Empfang hatte, auf meinem Smartphone geschaut und für diese Region konnte ich weit und breit kein schlechtes Wetter entdecken«, gab Sascha zu bedenken.

Paul lächelte leicht überheblich.

»Ich will ja die technischen Errungenschaften nicht in Frage stellen, aber für das Wetter in meiner Heimat habe ich in den mehr als sechs Jahrzehnten meines Lebens, die ich zu einem guten Teil in der freien Natur verbracht habe, einen siebten Sinn entwickelt.«

»Du meinst also, wir sollten die erfolglose Suche abbrechen, Paul«, sagte Mertens und sah resigniert auf den wettergegerbten Mann.

»Wir brauchen eine gute Stunde bis zum Parkplatz und ich denke, diese Zeit haben wir noch, bevor es losgeht. Es ist einfach zu gefährlich im Wald bei Blitz und Donner und zudem wird der steile Weg durch Regen nahezu unpassierbar. Schau mal da nach oben, Sascha, die Bewölkung nimmt dramatisch zu.«

Mit einem Seitenblick hatte er erkannt, dass der junge

Kommissar immer noch sehr skeptisch seiner Wetterprognose gegenüberstand.

»Na ja, wahrscheinlich hast du recht«, gestand Sascha kleinlaut ein, als er zum Himmel blickte. »Aber ... was blinkt denn da?«

Verständnislos folgten Mertens und Hanser seinem Blick.

»Da, seht ihr das nicht, in der Krone dieser großen ...«

»Esche, dieser Baum heißt Esche«, half ihm Paul, der sich neben seinem Bauernhof als Waldarbeiter bei seiner Heimatgemeinde verdingt hatte.

Der Ältere hielt als Schutz gegen die Sonne die flache Hand vor die Augen und erblickte nun ebenfalls einen Gegenstand, der im Baumwipfel hing.

»Ich sehe nichts, mir fällt bloß auf, dass dieser Baum fast keine Blätter mehr an seinen äußeren Ästen und Zweigen hat«, stellte Mertens fest.

»Tja, das ist das sogenannte Eschentriebsterben, das durch einen Pilz ausgelöst wird und bereits mehr als die Hälfte dieser für unseren heimischen Wald so wichtigen Baumart befallen hat.«

Sascha hatte unterdessen den Baum mehrfach umrundet und suchte nach einer Möglichkeit, den Gegenstand herunterzuholen.

»Wir müssen irgendwie hochklettern und das Teil sichern, wenn es tatsächlich zu einem schweren Gewitter kommt, ist das Ding, was auch immer es ist, für immer verloren.«

In diesem Moment hörte man aus der Ferne ein erstes Donnergrollen.

»Jetzt geht es bald los, wir sollten schauen, dass wir schnell ins Tal runterkommen«, stellte Paul mit ernster Miene fest.

Unschlüssig standen die beiden Kommissare unter dem mächtigen Baum und blickten hilflos nach oben.

»Das darf doch nicht wahr sein«, rief Sascha zornig aus. »Jetzt bietet sich uns eine Gelegenheit, in unserem Mordfall vielleicht ein Stück weiterzukommen, und dann macht uns das Wetter einen Strich durch die Rechnung. Haben wir denn überhaupt keine Möglichkeit, das Ding da runterzuholen?«

Bei diesen Worten schien ihm eine Idee zu kommen. Er bückte sich und grub den Waldboden um, dabei fand er schließlich, was er suchte.

»Geht mal zur Seite.«

Während Paul und Magdalena seinen Anweisungen folgten und zur Seite traten, visierte er das Ziel an und warf den ersten Stein in die Baumkrone.

Wieder und wieder hob er Steine auf und schleuderte sie in seiner hilflosen Wut nach oben. Schwer atmend hielt er inne und blickte auf Paul, der nur den Kopf schüttelte.

»Verzeih, wenn ich das sage, Sascha, aber das ist blinder Aktionismus, auf diese Weise bekommen wir den Gegenstand nicht vom Baum herunter.«

»Hast du eine bessere Idee?«, entgegnete der Polizist trotzig.

Statt einer Antwort legte der Ältere seinen Rucksack ab und kramte darin.

»Wusste ich es doch.«

Triumphierend hielt er einen Zurrgurt in die Höhe.

»Wozu hast du denn den in deinem Rucksack?«, fragte Magdalena amüsiert.

»Dieser Gurt hat mir schon öfters gute Dienste geleistet, wenn ich mit meiner alten BMW unterwegs bin.«

Er rollte den Zurrgurt auf dem Boden aus und nahm das Ende mit dem Metallgehäuse in die Hand.

»Wenn du noch ein wenig Kraft hast, kannst du versuchen, das nach oben zu werfen«, sagte er zu Sascha.

Die ersten dickeren Äste, die einen Menschen tragen konnten, befanden sich in ungefähr drei bis vier Meter Höhe. Sascha hatte sofort erkannt, worauf Paul hinauswollte.

»Wenn ich ihn über einen der Äste kriege, willst du ihn zusammenzurren und dann daran hochklettern?«

»Fast richtig, du wirst dich daran hochhangeln.«

Paul lächelte und drehte sich zu der Kommissarin um.

»Aber zuerst möchte ich, dass du dich auf den Weg zum Parkplatz machst, Magdalena.«

»Was, aber wieso, ich muss doch …«

»Keine Widerrede, wir schaffen das hier auch alleine, und wenn wir in sagen wir mal einer Stunde, nachdem du unten angekommen bist, nicht zu dir stoßen, holst du Hilfe.«

Mit seiner ruhigen, überlegten Art, hatte Paul die Führung übernommen. Unter leisem Protest fügte sich die Hauptkommissarin.

Wieder und wieder warf Sascha den Gurt nach oben und wollte schon aufgeben.

»Das bringt nichts, wir geben die Sache jetzt auf und kommen morgen wieder mit einem professionellen Baumkletterer zurück. Vielleicht haben wir Glück und das Unwetter wird nicht so schlimm.«

Sein Gesicht war verkniffen, als Paul den Gurt in die groben Hände nahm und wie ein Lasso kreisen ließ. Er stieß einen Schrei aus und schleuderte das Teil in die Höhe. Wie von Zauberhand legte sich der Gurt um einen armdicken Ast und glitt langsam wieder herunter.

»Nicht schlecht«, meinte Sascha anerkennend.

»Ich hoffe, du bist fit genug, daran hochzuklettern. Das ist nicht einfach.«

Leise Zweifel schwangen in Pauls Worten mit.

»Das lass mal meine Sorge sein, ich war früher in Erpfingen als Kind der beste Baumkletterer im Dorf..., na ja, auf jeden Fall der zweitbeste.«

Mit traurigem Gesicht sah Sascha an seiner neuen Designerjeans hinunter, bevor er in die Hände spuckte und begann, sich an dem als Kletterseil eigentlich völlig ungeeigneten Zurrgurt nach oben zu hangeln.

Schon nach kurzer Zeit schmerzten ihm die Hände wie selten zuvor in seinem Leben, doch Sascha gab nicht auf. Einerseits wollte er sich vor Paul keine Blöße geben und andererseits war es ihm ein wirkliches Anliegen, den Fall voranzubringen. An Armen und Beinen zitternd erreichte Sascha den Ast, um den der Gurt geschlungen war. Er fasste nach einem weiteren Ast in greifbarer Nähe und zog sich daran hoch. Völlig ausgepumpt saß er eine Zeitlang auf dem Baum und ruhte sich aus.

In diesem Augenblick schlug der Blitz ein.

Nach dem Abendessen hatten sie vom Meister die Erlaubnis bekommen, sich zu entfernen und an diesem lauen Frühlingsabend noch ein wenig spazieren zu gehen.

Das war ein seltenes Privileg und nur der herausragenden Stellung Michaels in der Gruppe sowie der besonderen Umstände im Zusammenhang mit dem Tod von Yvonnes Mutter zu verdanken.

Wie ein Schwamm sog die junge Frau die verschiedensten Gerüche der explodierenden Natur auf, die sie in der letzten Zeit so schmerzlich entbehren musste.

Zu der Strafe, die ihr der Meister aufgebrummte hatte, gehörte auch, dass sie ihren Arbeitsplatz, die Käsehalle, lediglich zum Essen und Schlafen verlassen durfte.

Doch jetzt hatte sie anscheinend genug gebüßt und durfte wieder raus, wenn auch nur in Begleitung. Sie war Bernhard fast dankbar für die neu gewonnene Freiheit, obgleich es eigentlich selbstverständlich wäre, in diesem Land hinzugehen, wohin man wollte.

Das Gelände, das zu dem Bauernhof gehörte, war sehr weitläufig und umfasste mehrere fruchtbare Äcker und saftige Wiesen. Selbst ein mehrere Hektar großes Waldstück war dabei, was der Kommune dazu verhalf, beinahe autark zu leben.

Die ausgedehnten Ländereien und der abgelegene Standort waren für den Meister der Grund gewesen, dieses Areal zu erwerben.

Langsam schlenderten Michael und Yvonne bis zum Waldrand und setzten sich unter eine mächtige Buche.

»Ist das Leben nicht herrlich, inmitten dieser schönen Natur, dazu eine sinnvolle Beschäftigung und die Gemeinschaft mit gleich gesinnten Menschen«, begann Michael zögerlich ein Gespräch. »Ich bin echt froh, dass wir diesen Schritt getan haben.«

Das war eigentlich nicht das, was Yvonne hören wollte.

Sagte ihr Freund das jetzt bloß, um sich nicht verdächtig zu machen, oder war das Michaels ehrliche Meinung? Yvonne war unschlüssig, fasste sich dann aber ein Herz, schließlich liebten sie sich und ihrer Meinung nach war das wichtiger als alles andere auf der Welt.

»Na ja, da hast du ja nicht ganz unrecht, trotzdem vermisse ich doch viele Dinge, die es in dieser eigenartigen Kommune nicht gibt und die mir wichtig sind. Wie etwa das Reisen in fremde Länder, um unseren Horizont zu erweitern.«

Sie sah ihm jetzt direkt in die Augen.

»Mensch Michael, das kann nicht alles sein, was du vom Leben erwartest, arbeiten bis zum Umfallen und dann zu jeder sich bietenden Gelegenheit eine Moralpredigt vom Meister. Wir sind doch jung und haben unser Leben noch vor uns. Vor allem sind wir mündige Bürger, die unter normalen Umständen tun und lassen können, was sie wollen. Ich bitte dich um unserer Liebe willen, lass uns von hier weggehen und woanders neu anfangen.«

Das Gespräch nahm einen anderen Verlauf als von Michael geplant, aber ein Gutes hatte es auf jeden Fall, er kannte jetzt genau Yvonnes Absichten und der Meister würde es ihm danken, wenn er sie wieder auf den rechten Weg bringen würde.

Vielleicht sollte er zum Schein auf ihren Vorschlag eingehen.

»Hm, du hast ja nicht ganz unrecht, mir fehlen auch einige Dinge, die ich früher gerne gemacht habe, das Motorradfahren, um nur ein Beispiel zu nennen. Aber deswegen gleich alles hier aufgeben, ich weiß nicht.«

Yvonne konnte ihr Glück kaum fassen, ihr Liebster war nicht weit davon entfernt, diese seltsame Sekte mit ihr zu verlassen, sie musste ihn nur noch ein wenig bearbeiten.

»Wir können ja wieder hierher zurückkehren, wenn es uns draußen nicht gefallen sollte oder wir nicht wieder Fuß fassen. Aber da habe ich eigentlich keine Angst und meine Eltern unterstützen uns bestimmt in der ersten Zeit.«

Diese Worte erinnerten Michael wieder an den eigentlichen Grund seiner Versöhnung mit Yvonne.

Sollte er jetzt mit der Wahrheit herausrücken?

Irgendwann musste er es ihr sagen und der Meister zählte in dieser Sache auf ihn. Das Geld aus der Erbschaft könnte die Gemeinschaft gut brauchen, aber die Nachricht vom Tod ihrer Mutter würde Yvonnes Wunsch, die Gemeinschaft zu verlassen, erheblich verstärken.

Er beschloss, es ihr noch eine Weile nicht zu erzählen.

»Lass uns das nicht übers Knie brechen, das ist schließlich eine weitreichende Entscheidung«, gab Michael zu bedenken und legte dabei seinen Arm um Yvonne.

Sie kuschelte sich an ihn und so lehnten sie eine Zeitlang in stummer Eintracht an dem Baumstamm.

Dass er mich nicht unterstützt hat neulich nach meinem Telefonat mit meiner Mutter, war bestimmt einem äußeren Umstand geschuldet, dachte die junge Frau und verzieh ihrem Freund.

Es brannte ihr auf den Nägeln, ihm von dem Handy zu erzählen. Jetzt war das Vertrauen wieder zurückgekehrt und sie musste sich ihm offenbaren. Michael würde wissen, was zu tun ist, sollte der Meister sie nicht freiwillig ziehen lassen, und mit diesem Telefon konnte man in diesem Fall ja auch die Polizei benachrichtigen.

»Kannst du dich an die Lebensmittelkontrolleure entsinnen, die uns vor Kurzem aufgesucht haben?«

Sanft hatte Yvonne sich aus der Umarmung gelöst und blickte Michael fragend an.

»Ja klar … und?«

»Die Ältere, die ich zum WC geleitet habe, hat mir in einem unbeobachteten Moment ein …«

In diesem Augenblick ertönte der mannshohe Bronzegong, mit dem der Meister seine Schäfchen an seine allabendlich stattfindenden Predigten erinnerte.

»Erzähl mir das ein anderes Mal, wir müssen los, sonst bekommen wir womöglich noch eine Strafe aufgebrummt«, meinte Michael lächelnd und erhob sich.

Bei dem Wort Strafe zuckte Yvonne zusammen.

Sie streckte ihre Arme aus und ließ sich von ihm hochziehen. Hand in Hand gingen sie zum Haupthaus, wo die anderen Mitglieder sich bereits eingefunden hatten.

An diesem Abend las Bernhard aus der Offenbarung des Johannes und warnte eindringlich vor der bevorstehenden Apokalypse.

»Die Anzeichen, dass das Ende naht, sind nicht mehr zu übersehen und wir müssen nun dazu beitragen, dass sich die Nemesis erfüllt.«

Eine weitere Stunde schwadronierte der Meister und schaffte es wieder einmal, alle Gemeindemitglieder so einzuschüchtern, dass sie ihm überallhin gefolgt wären.

Alle außer Yvonne, denn die junge Frau sah in Bernhard mehr und mehr einen Verführer. Außerdem würde sie dieser Sekte eh bald den Rücken kehren, gemeinsam mit ihrem geliebten Michael.

»Kommst du mal kurz mit, Michael?«

Diese Frage des Meisters nach seinem Vortrag war eher ein Befehl, dem Michael sofort Folge leistete.

Gemeinsam verließen sie das Wohnhaus und wandten sich in Richtung der sogenannten Halle der Erleuchtung, wie das geheime Gebäude vom Meister auch genannt wurde.

»Hast du es ihr gesagt, das mit dem Tod ihrer Mutter meine ich?«

»Äh..., also..., ich...«, druckste Michael herum. »Es war vorhin einfach nicht der richtige Moment, aber ich hole das so schnell wie möglich nach.«

»Ich möchte darum bitten, du weißt so gut wie ich, dass wir diese Gelder dringend benötigen.«

Bernhard fixierte den Vertrauten mit seinen stechenden Augen und ließ keinen Zweifel offen.

»Aber jetzt zum eigentlichen Grund, weswegen ich mich mit dir treffen wollte«, begann der Meister, als sie die Halle erreichten. »Du musst etwas für mich erledigen, aber dieser Auftrag erfordert höchste Sensibilität und muss absolut unter uns bleiben. Hast du mich verstanden?«

Michael nickte mehrmals und war dabei sehr stolz darauf, dass er das Vertrauen des Meisters in einer diffizilen Angelegenheit bekam.

»Wie ich schon mehrfach gesagt habe, geht es um nichts Geringeres als um die Rettung unserer abendländischen Kultur und dabei dürfen wir keine Zeit mehr verlieren. Außerdem wollen unsere Unterstützer auch endlich Taten sehen.«

Vage erinnerte sich Michael daran, dass Bernhard ihm gegenüber von einigen Geldgebern gesprochen hatte. Die Identität dieser Leute hatte er nicht erfahren, nur so viel, dass sie aus dem Bereich der fundamentalen Kirche sowie aus dem rechtskonservativen Lager stammten.

Weshalb diese Leute ihr Geld ausgerechnet Bernhard anvertrauten, hatte er sich nicht gefragt. Er vermutete, sie hätten erkannt, dass der Meister von Gott für diese Mission auserwählt worden war.

»Ich habe dich seit deinem Eintreten in unsere Gruppe genau beobachtet und sehe dich als loyalen und intelligenten Bruder, der sich in unserer Mitte wohlfühlt. Den Fehltritt deiner Frau möchte ich dir nicht anlasten, doch solltest du schauen, dass sie sich wieder bedingungslos in unsere Gemeinschaft einfügt. Nichtsdestotrotz möchte ich dich in den erweiterten Führungszirkel aufnehmen. Sollte also jemand aus dem ›Rat der Zwölf‹ ausscheiden, sei es aus Altersgründen oder weil er sich als unfähig erweist, wirst du der erste Nachrücker sein.«

Hinter vorgehaltener Hand hatte Michael bereits mehrfach von dieser ominösen Führungsriege gehört, doch niemand hatte ihm bisher Genaueres darüber berichten können.

»Ich werde dir jetzt ein paar Dinge erzählen, die du besser für dich behältst und ich möchte dich für den Fall eines Vertrauensbruchs eindringlich warnen. Es ist nahezu unmöglich, etwas vor mir geheim zu halten, und die Strafe für solch ein Vergehen wäre furchtbar für dich. Nicht dass ich jemals damit rechnen würde, dennoch muss ich dich darauf hinweisen.«

Verschwörerisch beugte sich Bernhard vor und flüsterte, obwohl sich niemand außer ihnen in der Halle befand.

Mit immer größer werdenden Augen lauschte Michael dem Meister, sein Glaube an die gemeinsame Sache war zwar beinahe unerschütterlich, trotzdem brachte ihn das Gehörte ziemlich aus der Fassung. Er bemühte sich angestrengt darum, seine Gesichtszüge nicht entgleisen zu lassen.

»Dir obliegt jetzt die wichtige Aufgabe, die Männer unerkannt hierherzuholen. Du wirst morgen nach dem Frühstück wie gewohnt die Sachen für den Markt packen, damit niemand in unserer Gruppe Verdacht schöpft. Es ist besser für unsere Gemeinschaft, wenn die Mitbrüder und Mitschwestern erst mal nichts von unserem Vorhaben wissen. Allerdings solltest du dich dann auf dem nächsten Parkplatz deiner auffälligen Kleidung entledigen, ich werde dir etwas Passendes ins Auto legen.«

Geflissentlich nickte Michael immer wieder, er konnte es immer noch nicht glauben, was ihm der Meister unter dem Siegel der Verschwiegenheit erzählt hatte.

Wie in Trance wankte er alleine zurück zum Schlafsaal, Bernhard wollte noch ein wenig alleine sein in der Halle.

Erst allmählich kehrte er in die Wirklichkeit zurück und

begann, die ganze Tragweite zu erfassen. Das war eindeutig gesetzeswidrig, was sie da vorhatten, und wenn die ganze Sache aufflog, würde auch er für mehrere Jahre im Gefängnis landen.

Doch Michael verscheuchte die nagenden Zweifel, schließlich waren sie Teil von etwas Größerem und Gott würde seine schützende Hand über ihre Unternehmung halten.

Und wenn alles vorbei war, würde die Menschheit ihnen für ihren Mut dankbar sein.

Mit bangen Blicken sah Magdalena Mertens zum Himmel, während sie vorsichtig einen Fuß vor den anderen setzte. Es blitzte jetzt im Minutentakt, das krachende Donnergrollen folgte in immer kürzeren Abständen.

Gerade als die ersten großen Regentropfen herunterplatschten, erreichte sie ihren Wagen. Schnell betätigte Mertens den elektronischen Türöffner und setzte sich hinein. Allerdings war sie nicht recht glücklich darüber, dass sie in Sicherheit war, während ihre Begleiter noch da oben und den Elementen schutzlos ausgeliefert waren.

Mit zittrigen Fingern kramte sie ihr Mobiltelefon heraus und wählte Saschas Nummer.

»Der Anschluss ist derzeit nicht erreichbar, bitte versuchen Sie es später noch einmal«, lautete die Ansage, offenbar hatte ihr Kollege in dem Steilhang unter den Felsen keine Verbindung.

Vielleicht hätte sie darauf bestehen sollen, oben zu bleiben, doch bei längerem Nachdenken kam ihr die Bitte Pauls, nach unten zu gehen, sehr vorausschauend vor.

In diesem Moment gab ihr Handy einen Ton von sich.

Als Mertens das Display betrachtete, sah sie, dass eine Nachricht eingegangen war. Mittlerweile hatte sie gelernt, SMS nicht nur zu lesen, sondern auch selbst welche zu schreiben.

Hallo Frau Mertens, es ist äußerst schwierig das Handy zu benutzen, da wir auf Schritt und Tritt überwacht werden. Ich habe es im Kartoffelkeller versteckt, wo ich wegen des unerlaubten Anrufs bei meiner Mutter eingesperrt war.

Zum Glück bekomme meistens ich den Auftrag, in den Keller zu gehen, um irgendwelches Gemüse zu holen.

Mir geht es jetzt wieder besser, da ich mich mit Michael, meinem Freund, wieder ausgesöhnt habe. Ich habe ihn so gut wie überzeugt, dass er mit mir diesen unwirtlichen Ort verlässt. Bitte sagen Sie es meiner Mutter und richten Sie ihr liebe Grüße aus. Yvonne.

PS: Sollte es auf diesem Weg nicht klappen, von hier zu verschwinden, melde ich mich wieder.

Traurig dachte Magdalena an die junge Frau, die quasi gefangen gehalten wurde und noch nicht einmal erfahren hatte, dass ihre Mutter auf tragische Weise ums Leben gekommen war.

Sie beschloss, so schnell wie möglich etwas in dieser Angelegenheit zu unternehmen, denn es durfte nicht sein, dass es in diesem Land solch eine Form der Freiheitsberaubung gab.

Für kurze Zeit hatte Mertens nicht mehr an ihre beiden Begleiter gedacht und musste zu ihrem Entsetzen feststellen, dass der Regen nun beinahe waagerecht daherkam. Die

Kommissarin bekam es richtig mit der Angst zu tun. Ihr Herz pochte wie wild und am liebsten hätte sie sofort einen Notruf getätigt.

Sascha wäre beinahe zu Tode erschrocken, als der Blitz etwa fünfzig Meter von dem Baum, auf dem er saß, einschlug. Zu seinem Glück hatte er sich vorher noch mit beiden Händen an einem Ast festgehalten.

Der Wind frischte jetzt auf und es war nur noch eine Frage von Minuten, bis das Unwetter richtig loslegte. Er unterdrückte die aufkommende Panik und mahnte sich zur Ruhe.

Gerade als er aufgeben und sich wieder hinunterhangeln wollte, sah er an einem kleineren Zweig eine schwarze Sonnenbrille, die sich da verhakt hatte. Kopfschüttelnd steckte er sie in seine Gesäßtasche und machte sich langsam daran, hinunterzuklettern.

Als er am Boden von Paul in Empfang genommen wurde, öffneten sich die Schleusen des Himmels. Die Baumkronen hielten zunächst einigen Regen ab, sodass Paul seinen Gurt abnehmen konnte.

Doch in rasend schneller Zeit verwandelte sich der Wanderweg in eine gefährlich schlüpfrige Rutschbahn. Mit seinen modischen Slippern war Sascha beinahe komplett hilflos.

»Zieh dir die Dinger aus und geh barfuß«, schrie der Ältere.

Die Hose und das teure T-Shirt waren bereits ruiniert, deshalb nahm er Pauls Rat gerne an. Bereits nach wenigen Schritten jedoch bereute er dies, denn seine Fußsohlen waren es nicht gewohnt, auf Steinen zu gehen. Vorsichtig versuchte er, so gut er es vermochte, wenigstens den scharfkantigen Felsen auszuweichen, die ab und zu wie natürliche Treppen den steilen Pfad auflockerten. Aber wie schon beim Klettern wollte er vor dem deutlich älteren Paul keine Schwäche zeigen.

Sascha war so erschöpft wie selten zuvor im Leben und der mittlerweile in Hagel übergegangene Regen traf auf seinen Kopf wie ein nicht enden wollender Trommelwirbel.

Am liebsten hätte der junge Polizist laut aufgeschrien, doch plötzlich hörte es von einem Moment zum anderen auf zu schütten und kurz darauf zeigte sich bereits wieder ein Fetzen vom blauen Himmel.

»Gott sei Dank«, rief Sascha befreit.

»Das sind die Vorboten des Klimawandels, Gewitter mit einer wahnsinnigen Intensität. Zu unserem Glück waren diese Hagelkörner nicht annähernd so riesig wie jene Exemplare, groß wie Kinderköpfe, die vor einiger Zeit in Reutlingen und in Undingen niedergegangen sind.« Paul wirkte in diesem Moment wie ein biblischer Prophet. »Durch unsere egoistische Lebensweise hinterlassen wir unseren Nachkommen eine Erde, die in vielen Gebieten nahezu unbewohnbar sein wird.«

Sehr gut konnte sich Sascha noch an jenen Sonntag im Juli 2013 erinnern, als am Nachmittag der Himmel eine unnatürlich gelbliche Färbung angenommen und im Reutlinger Freibad, wo er sich gerade von einer Nachtschicht erholte, plötzlich eine unheimliche Atmosphäre geherrscht hatte. Wie durch ein Wunder war niemand von den Körnern mit teilweise über zehn Zentimetern Durchmesser getroffen worden.

So muss es im Krieg sein, hatte Sascha damals gedacht,

als er zu seinem Auto gerannt und den Geschossen, die der Himmel herabschleuderte, ausgewichen war.

Anschließend hatte das Chaos geherrscht, da zahllose Dächer, Fenster und Autos zerstört worden waren und die Ordnungskräfte und Feuerwehren sich im Dauereinsatz befunden hatten.

Während er an diesen schrecklichen Tag zurückdachte, setzte Sascha vorsichtig einen Fuß vor den anderen. Schließlich erreichten sie unbeschadet den Parkplatz.

Sobald sie die beiden entdeckt hatte, sprang Magdalena aus ihrem Auto und eilte ihren Begleitern entgegen.

Zuerst wollte sie vor ihrem Kollegen keine übertriebene Geste machen, doch sie konnte nicht anders, als Paul zu umarmen, der gleichfalls seine Arme um sie schlang. Sofort war Mertens gleichfalls durchnässt, was ihr in diesem Moment jedoch nichts ausmachte. Langsam löste sie sich wieder von ihm und blickte auf Sascha.

»Ich habe mir große Sorgen gemacht, zum Glück ist euch nichts zugestoßen. Ich hätte mir mein Lebtag lang Vorwürfe gemacht, dass ich euch zu dieser Schnapsidee überredet habe. Habt ihr wenigstens etwas gefunden?«

»Na ja, wie man es nimmt«, antwortete ihr Kollege und zog etwas aus seiner Gesäßtasche.

»Für diese ordinäre Sonnenbrille habe ich meine teure Kleidung ruiniert.« Demonstrativ sah er an sich hinunter. »Wenn ich das vorher gewusst hätte, wäre ich niemals da hochgeklettert. Die Tote muss diese Brille beim Sturz verloren haben, was uns jetzt aber nicht wirklich weiterbringt.«

Er reichte die Brille seiner Vorgesetzten, die aber zuerst einen Gummihandschuh aus ihrer Handtasche herausnahm und ihn sich über die Hand stülpte. Nachdenklich betrachtete sie das Fundstück.

»Mhm, vielleicht war es auch ganz anders«, meinte sie nach einer längeren Bedenkzeit. »Charlotte steht ihrem Mörder gegenüber und weiß, dass sie in wenigen Augenblicken tot sein wird. Ihre Gedanken überschlagen sich, denn alle Welt wird von einem Selbstmord ausgehen, da sie in ihrer Verzweiflung keinen anderen Ausweg mehr gesehen hatte. Doch in ihrem letzten Moment der Aufmerksamkeit hat sie einen Geistesblitz und reißt dem Täter oder der Täterin die Sonnenbrille vom Kopf und nimmt sie mit in den Abgrund.«

Die zwei Männer konnten nicht anders, als Magdalena gebannt anzustarren.

»Doch bevor wir diese These vertiefen, würde ich euch gerne in das Gasthaus dort drüben einladen, das habt ihr euch redlich verdient.«

Mittlerweile war die Hitze wieder beinahe so groß wie vor dem Unwetter und das Personal des Restaurants beeilte sich damit, die Tische wiederherzurichten.

»Aber so können wir doch nirgends hingehen«, gab Sascha zu bedenken, der stets wie aus dem Ei gepellt in der Öffentlichkeit auftrat.

Wie zur Antwort entledigte sich Paul seines kurzärmeligen Hemdes und wrang es aus.

»So kann man es natürlich auch machen.«

Kopfschüttelnd zog der Kommissar sein T-Shirt aus und tat es dem Älteren nach.

Derweil war Magdalena Mertens bereits vorausgegangen und blieb vor einer Bedienung stehen.

»Entschuldigen Sie, meine Begleiter sind nass bis auf die Haut durch das Gewitter, trotzdem würden wir gerne in Ihrem schönen Biergarten sitzen und etwas trinken. Ich hoffe es stört die anderen Gäste nicht zu sehr«, meinte sie und sah die junge Frau fragend an.

»Aber ich bitte Sie, das macht doch nichts. Setzen Sie sich einfach hin. Ich bringe Ihnen sofort eine Karte und nehme dann die Bestellung auf.«

In diesem Moment kamen auch die Männer an den Tisch und setzten sich.

»Diese Klimageschichte hat aber auch etwas Gutes«, meinte Sascha schnippisch. »Früher hat es nach solch einem Gewitter immer sehr stark abgekühlt. Wenn das dann die Regel wird, dass es gleich wieder heiß wird, habe ich eigentlich nichts an der Erderwärmung auszusetzen.«

Strafend betrachtete Paul den jungen Polizisten wegen seiner ignoranten Äußerung und wollte bereits zu einer Moralpredigt ansetzen.

»Das war ein Witz, Paul.«

Bevor Paul etwas sagen konnte, kam die Bedienung und brachte für ihn und Sascha jeweils ein Weizenbier und für Mertens ein Glas Rosé. Nach dem ersten Schluck zog die Hauptkommissarin erneut einen der Gummihandschuhe über ihre Finger. Ganz spitz fasste sie die Brille an und betrachtete sie erneut eingehend.

»Ist das jetzt eine Männer- oder eine Frauenbrille? Herr Gross, Sie kennen sich doch mit derlei Dingen aus.«

»Also wenn Sie mich so fragen…«

Wie so oft, wenn er angestrengt überlegte, umfasste er mit Daumen und Mittelfinger der rechten Hand sein Kinn und tippte mit dem Zeigefinger auf die Nasenspitze.

»Ich bin kein absoluter Experte, aber meiner Meinung nach lässt sich das nicht eindeutig zuordnen. Es ist keine auffällige Ray-Ban-Brille mit Spiegelglas, aber auch keine dezente Frauenbrille. Dieses gute Stück kann von beiden Geschlechtern getragen werden, ohne dass man damit auffällt. Doch wozu wollen Sie das wissen? Ich dachte, wir sind uns einig, dass es sich um einen männlichen Täter handelt, Frau Mertens.«

»Das ist wohl wahr, jedoch möchte ich nichts ausschließen. Schon bei mancher Ermittlung haben wir uns zu früh festgelegt und es hat uns dann am Ende leidgetan. Wir müssen diese Brille kriminaltechnisch auf Fingerabdrücke untersuchen lassen, vorher ist eh alles reine Spekulation.«

Bei diesen Worten blickte sie ihren Assistenten direkt an und wusste, dass er in dem Moment dasselbe dachte wie sie.

»Wir sind nicht gerade vom Dienst suspendiert, aber quasi beurlaubt. Das heißt, dass wir derzeit nicht auf jemanden in unserer Behörde zurückgreifen können, der das für uns erledigt«, sagte Magdalena resigniert.

Mehrere Minuten herrschte eisernes Schweigen und jeder der drei schaute betreten zu Boden oder zum mittlerweile wieder wolkenlosen Himmel hinauf.

»Aber das ist doch überhaupt kein Problem«, rief Paul plötzlich aus und die anderen sahen ihn verwundert an. »Ihr wisst ja von eurem letzten Fall, dass ich ein passionierter Paläontologe bin.«

Tatsächlich hatten die beiden Kommissare bei der Aufklärung eines Mordfalls in der Bärenhöhle von Pauls Wissen profitiert.

»Wir haben an der Uni in Tübingen einen emeritierten Biologieprofessor an der Hand, der noch sehr gute Kontakte zu seinen früheren Kollegen und dadurch die Möglichkeit hat, für uns die alten Knochen zu untersuchen. Und ich bin mir ziemlich sicher, dass er mir den Wunsch, die Brille zu untersuchen, nicht abschlagen wird.«

»Das wäre ja fantastisch, Paul, darauf müssen wir anstoßen«, entgegnete Magdalena erleichtert.

Die beiden Männer nahmen einen herzhaften Schluck und

Mertens schlürfte genießerisch von dem fruchtigen Wein. Plötzlich stellte Paul abrupt sein Glas hin und hielt sich mit schmerzverzerrter Miene den Bauch.

So ein verdammter Mist«, rief Sailer und hieb mit seiner Faust auf den Schreibtisch. »Das wäre ein Traumtag mit einem Superumsatz geworden, wenn uns nicht dieses Gewitter einen Strich durch die Rechnung gemacht hätte.«

Der Verwalter des Schlosses saß in seinem Büro und war gerade dabei, die Tageseinnahmen aufzulisten.

Die drei Schlossführer waren vor geraumer Zeit gegangen, zuvor hatten sie, gleichfalls frustriert, in ihrem Aufenthaltsraum gesessen und sich unterhalten.

Ich muss mir etwas einfallen lassen, damit die Besucher auch bei schlechtem Wetter strömen, dachte Sailer, wobei sein Gesicht einen verbissenen Ausdruck annahm.

Außerdem machte ihm die lange Winterzeit zu schaffen, in der rein gar nichts lief. Es wurde immer schwerer, die kalten Monate mit der umsatzstarken Sommerzeit zu kompensieren. Es musste doch irgendeine Möglichkeit geben, die Leute hierher zu locken. Sailer hatte schon daran gedacht, die Komposition eines Musicals in Auftrag zu geben, doch daran war selbst das Schloss Neuschwanstein grandios gescheitert.

Plötzlich trat ein Lächeln auf seine Züge, als er an die Veränderungen dachte, die von den Schlossbesitzern genehmigt worden waren und die er im nächsten Jahr beginnen konnte. Mit dem Denkmalamt würde er sich einigen, da war er sich sicher. Schließlich war es auch im Interesse dieser manchmal nervigen Behörde, dass das Schloss ein Publikumsmagnet blieb.

Als er so in Gedanken war, klopfte es an der Tür.

»Hallo Herr Sailer, ich wollte Ihnen nur mitteilen, dass ich jetzt meine letzte Runde durchs Schloss mache, Sie werden ja nachher nicht mehr da sein«, sagte der zuverlässige Hausmeister.

»Ach, Herr Hartmann, ist es schon so spät?«, entgegnete Sailer und sah auf seine teure Schweizer Armbanduhr.

Der Hausmeister verabschiedete sich und wollte gerade das Büro verlassen.

»Warten Sie!«, sagte Sailer zu seinem Angestellten, der stoppte. »Heute Abend mache ich mal selber die Lichter aus, mir ist da so eine Idee gekommen, wie wir die Jagdstube noch ein wenig aufwerten könnten. Sie können dann Feierabend machen.«

Der Abend war noch sehr mild und Sailer verzichtete auf sein leichtes Jackett. Es versprach, eine laue Nacht zu werden. Mit energischen Schritten ging er über den Schlosshof und eilte über die Zugbrücke.

Aus diesem alten Kasten werde ich bedeutend mehr herausholen als meine Vorgänger, dachte er grimmig und betrat das Gebäude.

Achtlos durchquerte er die teilweise prunkvoll ausstaffierten Räume und gelangte schließlich in das Jagdzimmer. Jedes Mal, wenn er in diesen Raum kam, stellte er sich den Erbauer vor, wie er mit seinen Kumpanen hier die Jagdbeute verzehrt und gezecht hatte, während die Untertanen sich alles vom Munde absparen mussten.

Sailer hatte nicht etwa sein soziales Gewissen entdeckt, sondern sah sich, wenn nicht in der Rolle des Fürsten, so doch wenigstens als einer in der Reihe der einflussreichsten

Berater. Kurz betrachtete er den Ofen mit den kunstvoll gearbeiteten Kacheln und gelangte über die kurze Treppe auf die Empore.

Die mit allerlei Sprüchen, Bildern und Wappen bemalten Wände über der Holzvertäfelung zeugten von dem vergangenen Ruhm der Württemberger Fürsten. Dieser Raum strahlte in Sailers Augen eine ungeheure Intensität aus und versinnbildlichte das pralle Leben. Mit einem dreckigen Grinsen stellte er sich vor, wie der damalige Schlossherr sich hier bestimmt auch mit seinen Mätressen vergnügt hatte.

Man muss den reichen Säcken etwas Ähnliches bieten, um ihnen ihre Kohle aus der Tasche zu ziehen, dachte er. Nach einer aufregenden Jagd blutverschmiert in diesem geschichtsträchtigen Raum sitzen und sich danach sämtlichen fleischlichen Genüssen hingeben – ja, genauso würde er es in den Werbebotschaften für seine finanzkräftige Klientel verkaufen.

Und der Graf würde sich grün und blau ärgern, wenn er mit ansehen müsste, dass irgendwelche besoffenen Bonzen in diesem Raum ihre Orgien feierten. Dieser Gedanke erfreute Sailer am meisten. Aber seine Aufgabe war es schließlich, diesen alten Kasten, wie er das Schloss insgeheim nannte, gewinnbringend zu vermarkten, und außerdem war er von den anderen Mitgliedern der Familie dazu autorisiert worden.

In diesem Moment hörte Sailer ein schabendes Geräusch, als ob jemand einen Stuhl zur Seite rücken würde. Sailer hatte viele schlechte Eigenschaften, Feigheit gehörte jedoch nicht dazu. Die Legende von einem Schlossgespenst, die ihm der Graf erzählt hatte und die bei manchem eine Gänsehaut erzeugte, rief bei Sailer nur ein müdes Lächeln hervor.

Mit energischen Schritten strebte er in die Richtung, aus der der Laut kam.

»Hallo, ist da wer?«

Statt einer Antwort war das Rasseln einer Kette zu hören und im nächsten Augenblick traf ihn ein schwerer Gegenstand am Kopf.

Wie ein gefällter Baum stürzte Sailer zu Boden und blieb reglos liegen.

Die Gestalt, die sich über ihn beugte, sah er nicht mehr.

Hatschi«, prustete Sascha heraus. »Hast du mir mal ein Taschentuch, Miriam?«

Die junge Frau reichte ihm ein Päckchen mit Papiertaschentüchern.

»Was ist los, bist du krank?«

»Ich weiß auch nicht, ich muss mir gestern bei unserem Abenteuer einen Schnupfen eingefangen haben.«

Lauthals schnäuzte er und Miriam wandte sich schnell ab.

»Steck mich ja nicht an, ich muss die nächsten Tage funktionieren. Apropos Abenteuer, was ist eigentlich dabei herausgekommen, außer dass du dir bei dem Sauwetter den Tod geholt hast?«

»Einen Schatz haben wir nicht gefunden und meiner Ansicht nach auch keinen Beweis für ein Gewaltverbrechen an Charlotte Friedrich. Lediglich eine Sonnenbrille haben wir entdeckt und ich bin mir ziemlich sicher, dass die mit unserem Fall überhaupt nichts zu tun hat, wenngleich meine Chefin sich von einer Untersuchung der Brille etwas erhofft«, stieß Sascha näselnd hervor. »Manchmal glaube ich wirklich, dass die Fantasie mit Frau Mertens durchgeht.«

»Das mag ja sein, aber hast du nicht selbst gesagt, dass sie

schon manchen festgefahrenen Fall durch ihre unkonventionellen Methoden gelöst hat?«

Sascha brummte etwas vor sich hin, während sich Miriam
vor den Spiegel im Korridor stellte.

»Mach dir einen Ingwertee mit Zitrone und tu einen großen Löffel Honig hinein, das hilft vielleicht, ich muss mich
wie immer beeilen. Heute habe ich die erste Führung alleine
und du kennst ja meinen Chef, diesen Sailer, er wird ziemlich ungehalten, wenn seine Untergebenen zu spät kommen.«

Mit diesen Worten rauschte sie hinaus und ließ ihren nie-
senden Freund in seiner Wohnung zurück.

Als sie in die Straße einbog, in der ihr Wagen stand, sah
Miriam von Weitem, wie jemand um ihren Porsche herum-
schlich.

»Halt, warten Sie!«

Sie rannte die letzten Meter und erreichte ihr Gefährt völlig außer Atem.

»Bitte haben Sie ein Einsehen«, keuchte Miriam. »Ich
wollte gerade die Parkgebühren bezahlen.«

Wortlos drückte ihr die Politesse den Strafzettel in die
Hand und wandte sich dem nächsten Auto zu.

»Mist, der Tag fängt ja gut an.«

In der Honauer Steige fuhren mehrere Lkw vor ihr her,
die sie wegen des dichten Gegenverkehrs nicht überholen
konnte, und so war es kein Wunder, dass Miriam mit zehn-
minütiger Verspätung am Parkplatz vor dem Schloss ankam.

Das gibt eine Rüge von Sailer, dachte sie mit einem flauen
Gefühl im Magen, doch im nächsten Augenblick kam ihr
ihre Situation wieder in den Sinn.

»Schließlich kann ich jederzeit kündigen«, sagte sie trotzig
zu sich selbst, während sie ihren Wagen abschloss.

Als sie den Schlosshof überquerte, sah sie bereits eine größere Gruppe von Besuchern auf der Zugbrücke warten.

Zuerst musste sie in den Aufenthaltsraum, um ihre Tasche dort abzulegen und sich ein wenig frisch zu machen, so lange mussten die Touristen halt warten.

Es war keine Überraschung, dass sie Berthold, den pensionierten Lehrer, dort antraf, wie jeden Tag war er als Erster da, obwohl er noch keinen Dienst hatte.

»Guten Morgen, Miriam, hast du gut geschlafen?«, fragte er mit einem Grinsen.

»Hallo Berthold, leider wohl ein wenig zu lange. Hat Sailer schon nach mir gesucht?«

»Bis jetzt habe ich ihn noch nicht gesehen, vielleicht hat er auch eine lange Nacht gehabt, schließlich war ja gestern Freitag.«

Schnell zog sie ihre Lippen nach und strich über ihren Sommerrock.

»Viel Glück«, rief Bernhard ihr hinterher.

Vielleicht hat das Aas ja tatsächlich auch mal verschlafen, dachte Miriam mit Genugtuung, denn sie konnte ihren Vorgesetzten nirgends entdecken.

»Guten Morgen«, begrüßte sie die Gruppe mit einem strahlenden Lächeln. »Ich muss mich entschuldigen für die kleine Verspätung, aber mein altes Auto ist mal wieder nicht angesprungen.«

Diese Ausrede zog immer und besonders die Männer schienen sehr großes Verständnis für die hübsche junge Frau zu haben.

Miriam erzählte eindrucksvoll von der Erbauung des Schlosses sowie von der Geschichte der mittelalterlichen Burg, die hier einmal den zahlreichen Feinden getrotzt hatte, ganz so, wie Karin und Kai es ihr beigebracht hatten.

Dabei dachte sie erneut, dass ihr dieser Job ziemlich Spaß machte. Hätte sie nicht den Weinladen ihres Vaters übernommen, so wäre dies hier eine gute Alternative gewesen.

»Hier sehen Sie die Waffensammlung des Erbauers, der wohl sehr im Mittelalter verhaftet war, und ich kann Ihnen versichern, dass es sich ausnahmslos um originale Rüstungen und Schwerter handelt.«

Die Gruppe war mittlerweile in der Waffenhalle angekommen und Miriam deutete auf die verschiedenen Exponate an der Wand.

Plötzlich spürte die junge Frau, dass etwas nicht stimmte. Was genau es war, fiel ihr nicht sofort auf, erst als sie die etwas dunklere Stelle an der Wand wahrnahm, erkannte sie, was fehlte.

Bestimmt hat Sailer Inventur gemacht und das Ding muss in die Reparatur, dachte sie und ging weiter.

Neben der dunklen Holztür mit dem gotischen Bogen stand eine mannshohe Ritterrüstung, deren Visier hochgeklappt war.

Dieses Detail war Miriam noch nie aufgefallen und sie war gerade dabei, das Visier herunterzuklappen, als sie in zwei aufgerissene tote Augen blickte.

»Ahhhhhh!«

Noch während sie schrie, verlor Miriam das Bewusstsein und konnte im letzten Moment von einem älteren Herrn aufgefangen werden.

Immer wieder blickte Michael unauffällig in den Rückspiegel, er war beileibe kein ängstlicher Mensch, doch diese Kerle, die er da im Wagen hatte, waren so vertrauenswürdig wie eine Klapperschlange.

Die drei Männer waren vollkommen still und hatten ihn auch nicht begrüßt, als er sie vor dem abgelegenen Gehöft in der Nähe von Memmingen abgeholt hatte. Es war schon seltsam, dass niemand außer diesem ominösen »Rat der Zwölf« von der Existenz der jeweilig anderen Gruppen wusste.

Michael hielt kurz nach der Abzweigung unter einem Baum an, nahm eine Taschenlampe aus dem Handschuhfach und ließ das Auto stehen. Ohne Aufforderung stiegen die drei aus und folgten ihm.

Am Tor wurden sie bereits von Bruder Bernhard erwartet, der dem Wachhund in weiser Voraussicht ein Schlafmittel ins Futter gemischt hatte.

Michael registrierte mit Befriedigung, dass die hartgesichtigen Männer dem Meister unterwürfig ihre Aufwartung machten. Auf seinen Wink hin trotteten sie hinter ihm her und Bernhard bedeutete auch Michael, der zuerst unschlüssig herumstand, ihnen zu folgen.

Es herrschte eine beinahe gespenstische Ruhe auf dem Bauernhof, die lediglich durch die knirschenden Schritte der Männer auf dem geschotterten Weg gestört wurde.

Mit einer Chipkarte öffnete der Meister die schwere Türe der Halle der Erleuchtung und sie traten ein. Erst als alle drin waren und er wieder geschlossen hatte, richtete er das Wort an seine Untergebenen.

»Es freut mich, Brüder, dass ihr hier seid und unsere Mission endlich beginnen kann. Und bei dir, Bruder Michael, möchte ich mich besonders bedanken, du hast deine erste Bewährungsprobe mit Bravour bestanden.«

Der Meister fasste Michael bei den Schultern und blickte ihm tief in die Augen.

Zu den drei Neuankömmlingen gewandt fuhr er fort.

»Dort drüben sind eure Schlafstätten, samt WC, Bad und einer kleinen Küche. Ihr braucht keine Angst zu haben, außer mir hat niemand Zugang zu diesem Gebäude. Wir wollen keine Zeit verlieren und morgen sofort nach dem Gottesdienst mit den Trainingseinheiten für unsere Aktion beginnen. Wie gesagt ist es das Beste, wenn so wenig Leute wie möglich davon wissen, deshalb ist neben mir und dem ›Rat der Zwölf‹ unser Bruder Michael hier der einzige, der davon weiß.«

Mit diesen Worten verließ er gemeinsam mit Michael die Halle.

In dem gemeinsamen Schlafsaal waren die unterschiedlichsten Schnarchgeräusche zu hören und lediglich Yvonne hatte kein Auge zugemacht. Sie war in großer Sorge um ihren Mann, der am Morgen wie gewöhnlich zum Wochenmarkt gefahren, doch bisher nicht zurückgekehrt war.

Den ganzen Abend hatte sie ihren Blick auf die Haustüre geheftet, in der Hoffnung er werde eintreten. Den Meister zu fragen, hatte sie sich nicht getraut, da sie nicht wusste, ob er ihr bereits vollkommen vergeben hatte. Nach der abendlichen Predigt hatte er aber von sich aus dann die Sprache darauf gebracht.

»Unser Bruder Michael hat leider eine Autopanne, ich hoffe natürlich, dass er im Laufe des Abends noch eintrifft.«

Für einen kurzen Moment hatte Yvonne das Gefühl, dass der Meister sie anschaute.

Plötzlich hörte sie, wie sich der Schlüssel im Schloss der

Haustüre drehte und sie mit einem leisen Knarren geöffnet wurde. Zwei Personen betraten leise flüsternd den Raum.

»Gute Nacht, Bruder.«

Das war eindeutig die Stimme des Meisters, der sich in sein eigenes Zimmer zurückzog, das er seit einiger Zeit bewohnte.

Mit der Begründung, er müsse noch längere Zeit meditieren und dabei Gottes Anordnungen empfangen, hatte er sich dieses Privileg herausgenommen. Yvonne hatte damals nur leicht mit dem Kopf geschüttelt und gedacht, dass Bruder Bernhard halt gleicher als die anderen Brüder und Schwestern sei. Da sie seit ihrer Ankunft in der Sekte nicht mehr gut schlief, hatte sie auch des Öfteren bemerkt, wie eine Frau mitten in der Nacht aufgestanden war und sich in Richtung Bernhards Zimmer davongeschlichen hatte.

Ein Gefühl der Erleichterung durchfuhr die junge Frau, als sich Michael leise seufzend auf der Doppelmatratze neben ihr niederließ.

Eigentlich wollte sie sich schlafend stellen, doch als seine Hand an ihrem Körper entlangglitt, konnte sie sich nicht beherrschen und drehte sich zu ihm hin. Schnell entledigte sie sich ihres Nachthemdes und ohne langes Vorspiel drang Michael in sie ein. Mittlerweile spürte sie keinerlei Schamgefühle mehr wegen der anderen im Raum, da sie ja eh bald von hier verschwinden würden.

Wenig später war ihr Mann eingeschlafen und auch sie fiel in einen ruhigen Schlummer.

Wie jeden Sonntag fand nach einem kurzen Frühstück eine Art Gottesdienst statt. Dazu wurde der geräumige Speisesaal aufgeräumt und in einen Tempel verwandelt. Ein handwerklich begabtes Mitglied hatte eine Art fahrbare Kanzel geschreinert, die jetzt in die Mitte des Raumes geschoben wurde. Alle Menschen einschließlich der zuvor eingeschüchterten Kinder hielten sich an den Händen und bildeten einen Kreis um den Prediger.

Während der Meister sprach, blickten alle zu Boden und lauschten andächtig seinen dramatisch vorgetragenen Sätzen.

Das ist die reinste Gehirnwäsche, dachte Yvonne und erhob heimlich ihre Augen, um Michaels Reaktion auf die Hasspredigt zu sehen.

»Es genügt nicht mehr, dass wir mit Worten gegen das Böse antreten, nein wir müssen jetzt zur Tat schreiten und Gott ist auf unserer Seite. Wenn wir die Schergen des Islam jetzt nicht zurückdrängen, ist es zu spät.«

Der Meister war immer lauter geworden und jetzt überschlug sich seine Stimme.

Dieser Mann ist verrückt, dessen war Yvonne sich jetzt ziemlich sicher.

Seit ihrer Ankunft hatte sich auch die Stimmung unter den Mitgliedern verändert. Anfangs hatte sie das Gefühl, dass alle herzlich miteinander umgingen, doch zunehmend spürte sie, wie sich Feindseligkeit breitmachte.

Was ihr jedoch besonders zu denken gab, war Michaels Reaktion nach der Predigt. Wie die anderen auch ließ er seiner Zustimmung freien Lauf. Der Raum erbebte unter den hasserfüllten Schreien.

»Wir werden jetzt wie jeden Sonntag unseren Schwur erneuern, der die Grundlage unseres Zusammenlebens ist.«

Mit leiser Stimme brabbelte Yvonne die Sätze nach, die an ein Glaubensbekenntnis erinnerten.

»Wir sind die Auserwählten Gottes und werden nicht eher ruhen, bis jeder Mensch auf der Erde einer der unseren ist.«

»Amen.«

Bruder Bernhard hob die Hände und segnete seine Herde.

Nach dieser ekstatischen Veranstaltung gingen die Leute langsam auseinander. Yvonne wollte mit Michael eigentlich vor dem Essen noch ein wenig umhergehen.

Doch der Meister winkte ihren Mann heran und gemeinsam gingen die beiden zu der geheimnisvollen Halle der Erleuchtung. Yvonne blickte sich um, aber alle anderen mieden sie seit ihrem Fehltritt und so blieb ihr nichts anderes übrig, als den obligatorischen Spaziergang alleine zu machen.

Im Prinzip war der Sonntag heilig und der Meister hatte Ruhe verordnet, gleichwohl mussten die nötigen Arbeiten in der Landwirtschaft natürlich erledigt werden. Hierfür hatte Bernhard einen Dienstplan erarbeitet, der dafür sorgte, dass keines der Mitglieder an diesem besonderen Tag zu sehr eingespannt wurde.

Inzwischen hatten Michael und Bruder Bernhard die Halle betreten und sahen, dass die drei Männer bereits am Schießstand mit Waffenübungen begonnen hatten. Durch die extrem gute Schalldämmung drang überhaupt kein Geräusch nach draußen.

Zufrieden betrachtete Bernhard die Auserwählten und war überzeugt, dass diese Kerle ihn nicht enttäuschen würden.

»Na, Michael, was sagst du zu unseren Assassinen? Wer wenn nicht diese prachtvollen Burschen könnte überhaupt eine solch heikle Mission durchführen.«

Der Angesprochene nickte geflissentlich, doch insgeheim betrachtete er die ganze Entwicklung mit Sorge. Natürlich bewunderte und achtete Michael den Meister und würde ihn auch nie hintergehen, aber wenn er sich das ganze Ausmaß des Plans vor Augen führte, so grenzte diese Aktion an Wahnsinn.

»Habe ich dir eigentlich schon erzählt, was es mit dem

›Rat der Zwölf‹ auf sich hat?«, fragte Bruder Bernhard leutselig, während die anderen offenbar mit purer Freude auf die Pappkameraden ballerten.

»Bisher noch nicht, Meister.«

»Dann wird es aber Zeit, schließlich gehörst du in absehbarer Zeit ebenfalls dazu. Die Zwölf ist eine ganz besondere Zahl, schließlich hatte Christus zwölf Jünger, und da ich gleichfalls ein auserwählter Prophet bin, ist mir diese Zahl auch heilig. Du hast die drei Männer in der Nähe von Memmingen abgeholt und weißt deshalb, dass es noch mindestens eine weitere Zelle gibt. Aber ich sage dir jetzt unter dem Siegel der Verschwiegenheit, dass es insgesamt zwölf solcher Zirkel wie diesen hier gibt. Wir zahlen brav unsere Steuern und achten nach außen hin die Gesetze. Doch dieser Staat ist schwach und kann uns auf Dauer nicht schützen, deshalb werden wir expandieren und irgendwann unser Ziel eines Gottesstaats erreichen.«

Das überraschte Michael jetzt aber ziemlich, denn schließlich war er nur hierhergekommen, um im Kreise von sympathischen Leuten in einer Landkommune ein einfaches Leben zu führen. Gewiss, er glaubte an Gott und versuchte, sein Leben nach christlichen Wertvorstellungen auszurichten, aber das, was der Meister als Ziel ausgab, war in höchstem Maße beängstigend.

»Es gibt also elf Männer, die die verschiedenen Gruppen leiten und natürlich unseren Stammhof, den ich leite. Das heißt, der Rat besteht aus diesen elf Leitern sowie einem externen Mitglied, der unser Draht zur Außenwelt ist, wenn du so willst. Nun verhält es sich leider so, dass der Leiter der Außenstelle in der Nähe von Memmingen, wo du die Männer abgeholt hast, unheilbar krank ist. Augenfällig ist es Gottes Wille, ihn abzuberufen und durch dich zu ersetzen.«

Staunend glotzte Michael den Meister an.

»Ich soll eine der Außenstellen leiten? Aber Meister, dazu bin ich doch überhaupt nicht qualifiziert genug.«

»Doch, doch mein Freund, du bist genau der Richtige dafür«, entgegnete Bruder Bernhard bestimmt. »Aber einen kleinen Wermutstropfen hat die ganze Sache, du kannst deine Frau leider nicht mitnehmen, denn sie ist mir noch zu instabil. Wir werden dir dort eine neue Gefährtin suchen, die Auswahl ist groß und ich bin überzeugt, dass keiner der Männer dort sich sträuben wird, wenn du seine Frau zu der deinen nimmst, außerdem gibt es dort auch einige alleinstehende Damen. Du hast also die Qual der Wahl. So, und jetzt lass mich bitte mit den Assassinen alleine, es gibt noch viel zu besprechen, bevor es losgeht.«

Wie ihm befohlen verließ Michael das Gebäude, doch seine Gedanken waren so sehr in Aufruhr wie selten zuvor. Was er in der letzten halben Stunde alles erfahren hatte, war zu viel, um es schnell verarbeiten zu können. Obwohl ihm der Meister absolutes Stillschweigen verordnet hatte, verspürte Michael den Drang, sich irgendjemandem anzuvertrauen.

Zufällig kam, gerade als er die Tür schloss, Yvonne um die Ecke.

»Ist deine Besprechung schon zu Ende? Dann kannst du mich ja noch ein Stück begleiten.«

Geistesabwesend nickte er und schloss sich seiner Frau an. Keiner von beiden sprach ein Wort, bis sie schließlich an dem Baum angelangt waren, unter dem sie vor einiger Zeit schon einmal gesessen waren.

»Was ist los mit dir, Michael, du siehst aus, als ob dir der Leibhaftige erschienen wäre.«

Da hatte sie nicht ganz unrecht, wenn er an die drei Mördervisagen und ihren Auftrag dachte.

233

»Ach es ist nichts«, winkte er ab. »Wahrscheinlich ist es die Aufregung wegen der Autopanne und der Schlafmangel.«

Nachdenklich betrachtete Yvonne ihren Mann. Ihr konnte Michael nichts vormachen, dafür kannte sie ihn zu gut.

»Wenn du mir etwas erzählen willst, nur zu, du weißt ja, dass ein Geheimnis bei mir gut aufgehoben ist.«

Statt zu erzählen, wandte er sich ab und sein Blick ging in die Ferne.

Behutsam rückte Yvonne näher und lehnte sich an ihn. Wie bei einem kleinen Kind strich sie ihm zärtlich über den Kopf und wartete. Falls er sich ihr nicht offenbaren wollte, so konnte sie auch nichts machen, doch Yvonne wusste, dass eine ungeheure Last dabei war, ihn zu Boden zu drücken.

Einige der Gemeindeglieder promenierten vorbei und grüßten Michael freundlich, da wohl keinem entgangen war, dass er nun sehr hoch in der Gunst des Meisters stand.

Den einzelnen Mann, der unauffällig hinter einer prächtigen Linde stand und die beiden aufmerksam mit einem kleinen Feldstecher beobachtete, bemerkten sie nicht, dazu hingen beide zu sehr ihren Gedanken nach.

Während sie ihn streichelte, bemerkte Yvonne, wie Michael plötzlich zusammenzuckte und sich krampfhaft schüttelte. Danach hielt er seine großen Hände vor das Gesicht und begann zu weinen.

»Ich kann das nicht«, schluchzte er. »Das kann doch nicht Gottes Wille sein, dass wir solch ein Verbrechen begehen.«

Und dann begann er zu reden wie ein Wasserfall.

Yvonne dachte zuerst, sie hätte sich verhört, so unglaublich kam ihr die Geschichte vor. Und als er ihr vom Tod ihrer Mutter berichtete, hätte sie am liebsten vor Schmerz geschrien. Stattdessen tröstete sie Michael und machte ihn verstohlen auf die vorbeispazierenden Leute aufmerksam.

»Du musst dich zusammenreißen, die anderen werden sonst misstrauisch«, meinte sie behutsam und gab ihm ein Taschentuch, um die Tränen abzuwischen. »Wir müssen schleunigst von hier verschwinden und die Polizei verständigen. Dieses menschenverachtende Verbrechen, das sich unser wahnsinniger Meister ausgedacht hat, müssen wir unbedingt verhindern.«

Vehement schüttelte Michael den Kopf.

»Meinst du tatsächlich, er lässt uns einfach so durch die Tür marschieren, damit wir die Behörden informieren können? Nach dem was ich jetzt über das Unternehmen weiß, wird er mir zuerst die Zunge herausreißen und mich danach an die Schweine verfüttern. Nein, nein, ich muss mitmachen bis zum bitteren Ende, auch wenn das für mich eine langjährige Gefängnisstrafe bedeuten kann. Mitgegangen, mitgehangen, so einfach ist das.«

Die Resignation stand ihm ins Gesicht geschrieben.

»Aber vielleicht ist es ja ganz anders und es ist tatsächlich Gottes Wille, was der Meister vorhat«, sagte er dann so, als sei dies der letzte Strohhalm, an den er sich klammern könnte.

»Das kann nicht dein Ernst sein. Nein, Michael, wir müssen hier weg und ich habe eine andere Möglichkeit, die Außenwelt zu informieren, von der niemand etwas ahnt. Auch unser allwissender Meister nicht.«

Sie flüsterte ihm etwas ins Ohr und Michael fuhr auf, wie von der Tarantel gestochen.

»Du hast was?«

»Pst, bitte beruhige dich, wir dürfen nicht auffallen, das könnte unseren Tod bedeuten. Ich bin mir ziemlich sicher, dass unser Meister über Leichen geht, um seine Ziele zu erreichen.«

Michael setzte sich wieder hin.

»Du musst dich im Griff haben und so tun, als ob du mich verlassen und die Leitung der Zelle freudig übernehmen willst«, sagte Yvonne beschwörend. »Derweil werde ich versuchen, den Kontakt zu dieser Frau Mertens herzustellen. Bis dahin tun wir so, als ob du mir den Laufpass gegeben hast, und ich werde Bruder Bernhard im Glauben lassen, dass ich das Vermögen meiner Mutter unserer Gemeinschaft übereignen werde.«

Sie war jetzt diejenige, die das Heft in die Hand genommen hatte, und ihr Mann saß apathisch daneben.

»Michael, du musst jetzt ganz stark sein und so tun, als ob du dich über die Beförderung freuen würdest, bitte tu es um unserer Liebe willen und für unser Kind.«

»Bist du …«

»Ja, ich glaube, ich bin schwanger, meine Monatsblutung ist seit einiger Zeit überfällig.«

Es waren zwar erst fünf Tage, dass sie überfällig war, es würde jedoch nicht schaden, ihren Mann zusätzlich zu motivieren.

»Ich werde jetzt aufstehen und versuchen, einen sehr traurigen Eindruck zu erwecken, wie es sich für eine verlassene Frau gehört. Wir werden danach nicht mehr miteinander reden, deshalb sollten wir einen geheimen Briefkasten einrichten.«

Bewundernd betrachtete Michael seine Frau und war sich in diesem Moment so sicher wie noch nie in seinem Leben, dass er alles, was in seiner Macht stand, für Yvonne und das gemeinsame Kind tun würde.

»Das ist eine sehr gute Idee. Wie wäre es, wenn ich hinter diesem Baum eine leere Hülse eingrabe, in die wir unsere Nachrichten geben?«

»Natürlich, so machen wir es. Doch bevor wir jetzt auseinandergehen, musst du mir eine Frage beantworten. Wie ist meine Mutter gestorben?«

Er druckste herum und suchte nach einer passenden Ausrede.

»Wenn ich es recht verstanden habe, ist sie gestürzt und an den Folgen gestorben.«

»Hat unser Meister seine Hände im Spiel gehabt, bitte, ich muss es wissen.«

»Also… das weiß ich nicht, alles erzählt er mir auch nicht«, antwortete Michael ausweichend.

»Na gut, die Polizei wird es schon rausfinden.«

Yvonne erhob sich und drückte ein letztes Mal seine Hand.

»Gott wird uns nicht im Stich lassen, und wenn wir diesen furchtbaren Ort erst hinter uns gelassen haben, fangen wir irgendwo ganz von vorne an.«

Mit diesen aufmunternden Worten entfernte sich Yvonne und bemühte sich dabei, einen geknickten Eindruck zu machen.

Sie musste jetzt nur noch einen geeigneten Platz finden, an dem sie heimlich telefonieren konnte, und das, davon war sie überzeugt, würde sich als äußerst schwierig erweisen.

Allerdings durfte sie keine Zeit mehr verlieren, sonst wäre es womöglich zu spät und der Meister konnte seinen mörderischen Plan in die Tat umsetzen.

Während sie so dahinschritt, kam ihr eine vage Idee, wie es zu schaffen war, ohne große Aufmerksamkeit zu erwecken. Mit ihrer Trauermiene wirkte sie sehr abweisend auf die ihr entgegenkommenden Spaziergänger der Gruppe, sodass sie von niemandem angesprochen wurde. Als Yvonne endlich am Wohnhaus ankam, hatte es sich bestimmt schon

237

herumgesprochen, dass mit ihr und Michael etwas nicht in Ordnung war.

Es war eigentlich nicht gestattet, außerhalb der Essens- und Schlafzeiten das Gebäude zu betreten. Bernhard achtete strikt darauf, dass bei seinen Schäfchen keine Privatsphäre entstand. Alle menschlichen Bedürfnisse hatten sich der Gruppe unterzuordnen, nur so funktionierte es seiner Meinung nach, dass das Gemeinwesen nicht auseinanderbrach. Auch die Zeiten für die Körperhygiene waren streng reglementiert. Beim Umbau waren dafür riesige Gemeinschaftswaschräume in der Käserei entstanden, in denen sich während diesen Zeiten alle waschen oder duschen konnten.

»Was willst du im Haus, Schwester? Die Zeit für das Abendessen ist noch nicht gekommen.«

Der bullige Mann, den der Meister als Aufpasser abgestellt hatte, war von der Sitzbank, auf der er saß, aufgesprungen und stellte sich vor die junge Frau.

»Äh, ich habe ein kleines Problem, Bruder Gerhard. Du weißt doch, dass ich nach meiner Verfehlung eine Zeitlang als Büßerin im Keller zugebracht habe und dort muss ich meinen anderen Ohrring verloren haben.«

Sie zeigte auf ihr leeres Ohrloch.

»Jetzt ist es halt so, dass ich diesen Schmuck von meinem Mann bekommen habe, der ja mittlerweile so was die die rechte Hand vom Meister ist.«

Es konnte nicht schaden auf die gehobene Stellung Michaels hinzuweisen und dieser einfältige Kerl hatte hoffentlich noch nichts von der Trennung mitbekommen.

»Ich weiß, dass der Meister nichts von diesem irdischen Tand hält, aber Michael ist es wichtig, weil er mir die Ohrringe damals dafür geschenkt hat, dass ich ihn zu den ›Wahren Jüngern‹ begleite«, redete Yvonne auf den Mann ein.

Sie sah, wie es hinter dessen Stirn arbeitete. Einerseits hatte er seine klaren Befehle, andererseits aber an Michael einen Narren gefressen.

»Na gut, meinetwegen, aber beeil dich und erzähle niemand davon.«

Yvonne wäre ihm beinahe um den Hals gefallen.

»Hab vielen Dank, Michael wird es dir danken.«

Mit diesen Worten drückte sie sich an ihm vorbei und machte sich auf den Weg in den Keller, während er sich wieder auf die Bank an der Sonnenseite des Hauses setzte.

Durch sein Einverständnis hatte Yvonne zwei Fliegen mit einer Klappe geschlagen, denn der Aufpasser würde es umgekehrt auch nicht wagen, irgendjemandem davon zu erzählen.

Trotzdem drehte sie sich immer wieder um, als sie durch das Kellergewölbe ging, und kontrollierte, ob ihr nicht doch jemand folgte. Sie stellte sich mit ihrem Körper vor das Versteck und fischte das Telefon heraus. Danach ließ sie es in ihrem Rock verschwinden, holte den Ohrring heraus und hängte ihn wieder ein.

Yvonne hatte jetzt noch etwa zehn Minuten, bevor der Mann Verdacht schöpfen und herunterkommen würde. Äußerst vorsichtig erklomm sie eine Stufe um die andere und schreckte bei jedem noch so leisen Geräusch zusammen.

Endlich erreichte sie den Dachboden und sah zu ihrer Freude, dass das Handy vollen Empfang hatte. Hier oben lag noch sehr viel Gerümpel vom Vorbesitzer herum und der Meister hatte bereits angekündigt, dass im Winter hier ausgemistet werden würde. Yvonne hatte aber keinerlei Muße, um die teilweise antiken Möbel und Wertgegenstände zu bewundern. Sie stellte sich hinter einen bunt angemalten Bauernschrank, den die Jahreszahl 1789 zierte.

Mit klopfendem Herzen und zitternden Fingern wählte sie die eingespeicherte Nummer der Frau vom Gewerbeaufsichtsamt, die eine Freundin ihrer Mutter gewesen war.

Es dauerte quälend lange Sekunden bevor das Freizeichen zu hören war.

Sie wartete ungeduldig auf das befreiende »Hallo« am anderen Ende der Leitung und bemerkte dabei nicht die sich nähernde Gestalt.

»Gib mir das Telefon, Schwester.«

Magdalena Mertens trug gerade das Geschirr in den Garten ihrer Jugendstilvilla, als es an der Tür klingelte. Das musste Paul sein.

»Komm durch die Gartentüre, ich bin hier hinten!«, rief sie laut und wenig später stand Hanser vor ihr.

»Es ist für mich doch immer wieder erstaunlich zu sehen, wie schön du wohnst«, meinte er anerkennend und küsste sie auf die Wange.

»Dieser alte Baumbestand ist mit ein Grund dafür, dass ich das Haus noch nicht verkauft habe.«

Von ihren Eltern hatte sie erfahren, dass der Garten zu Beginn des zwanzigsten Jahrhunderts von einem damals sehr angesagten Architekten geplant worden war. So alt waren auch die hohen Kiefern und Buchen, die vereinzelt auf dem großen Grundstück standen, doch von dieser Planung war nichts mehr zu erkennen, da im Lauf von über hundert Jahren so manche Änderung vorgenommen worden war. Lediglich der mächtige, weit ausladende Walnussbaum, der in der Mitte thronte, war noch ein Überbleibsel des Planers.

»Diesen urwüchsigen Baum umgibt ein starkes Kraftfeld, hat mein Vater, der ein wenig esoterisch angehaucht war, immer behauptet«, erzählte Magdalena lächelnd, als die beiden kurz auf der verwitterten Sitzbank Platz nahmen, die um den Stamm herumgebaut war.

»Weiß man's?«, entgegnete Paul achselzuckend. »Unsere Vorfahren haben alte Bäume noch angebetet, bevor das Christentum ihren Glauben hinweggefegt hat.«

Paul ließ seinen Blick umherschweifen und betrachtete wohlwollend die drei verschiedenen Plätze, an denen schmiedeeiserne Tischchen und Stühle so aufgestellt waren, dass man der Sonne oder dem Schatten den ganzen Tag folgen konnte. An der Grenze zum südlichen Nachbarn befand sich ein kleiner Pavillon, der ebenfalls aus der Zeit des Jugendstils stammte.

»Zahllose Bauträger haben mir schon die Bude eingerannt und mich mit mehr oder weniger seriösen Angeboten zum Kauf ermuntert, doch solange mein bescheidenes Beamtengehalt und die Rücklagen, die mir meine Eltern hinterlassen haben, noch für den Unterhalt reichen, gebe ich dieses Schmuckstück nicht her. Die Nebenkosten sind immens und ab und zu muss ich meinen Sparstrumpf erleichtern, wenn am Dach etwas geflickt oder ein neues Fenster eingebaut werden muss. Aber eigentlich ist es viel zu groß für eine Person, deswegen habe ich mir überlegt, eine Flüchtlingsfamilie aufzunehmen. Ich habe mich bereits mit der Stadtverwaltung in Verbindung gesetzt und warte darauf, dass sie meinen Palast in Augenschein nehmen.«

»Das ist eine ausgezeichnete Idee, irgendjemand muss sich ja um die vom Krieg gezeichneten Leute kümmern. Wir können nicht alle wegschauen und darauf vertrauen, dass es die anderen schon richten werden.«

Hanser engagierte sich in seiner Heimatgemeinde im dortigen Asylkreis und begleitete die Menschen bei Behördengängen oder machte mit ihnen Ausflüge zu den nahen Sehenswürdigkeiten.

»Der Kaffee müsste durchgelaufen sein, wenn du noch die restlichen Dinge rausträgst, können wir mit unserem Brunch beginnen«, sagte Magdalena und erinnerte damit an den eigentlichen Grund ihres Treffens.

Wenig später saßen sie auf der noch schattigen Terrasse am westlichen Zipfel des Gartens.

»Daran könnte ich mich gewöhnen«, meinte Paul mit einem zufriedenen Lächeln, als er von seiner knusprigen Butterbrezel abbiss.

»Ja, das könnten wir eigentlich an jedem Samstagvormittag machen, wenn ich nicht gerade zum Dienst muss.« Ein säuerlicher Ausdruck trat bei diesen Worten in ihr Gesicht. »Aber so wie es aussieht, stellen sie mich eh aufs Abstellgleis. All die Fahndungserfolge der letzten Jahre zählen offenbar nichts mehr, angesichts der desolaten Vorstellung in unserem neuen Fall. Was soll's, Paul, dann genießen wir einfach unseren Ruhestand und bereisen die Welt, das kam bei mir die letzten Jahre sowieso zu kurz.«

Die Zukunft als Rentnerpaar mit Paul an ihrer Seite sah Magdalena schon in leuchtenden Farben vor sich, als ihr jäh etwas Unangenehmes in den Sinn kam.

»Was ist eigentlich mit deinem Bauchgrimmen, hat das nachgelassen?«, fragte sie besorgt.

»Ach das, da habe ich wohl etwas Falsches gegessen«, tat Paul die Sache mit einer lässigen Armbewegung ab.

Dabei war es keineswegs bei dem einen Mal geblieben, ständig hatte er seither Schmerzen, doch er wollte Magdalena nicht beunruhigen.

»Dann ist es ja gut, ich habe mir schon Sorgen gemacht, dass es eine ernste Erkrankung sein könnte.«

Sie war jedoch nicht so beruhigt, wie sie den Anschein gab, denn das Gespür, jemanden beim Lügen zu ertappen, war bei Mertens bedingt durch ihren Beruf sehr ausgeprägt. Nächste Woche würde sie ihn nochmals fragen und dabei darauf bestehen, dass Paul sich untersuchen ließ.

»Das glaube ich jetzt nicht, immer in den schönsten Momenten stört jemand«, rief Magdalena verärgert, als das Festnetztelefon läutete.

Mit eiligen Schritten ging sie ins Haus.

»Mertens?«

»Guten Morgen, ich rufe Sie nur ungern am Wochenende an, aber es ist äußerst dringend. Man hat eine Leiche gefunden und die Kollegen vor Ort gehen von einem Gewaltdelikt aus«, sagte die unverwechselbare Stimme ihres Vorgesetzten am anderen Ende der Leitung.

»Hallo Herr Köttmann, das erstaunt mich jetzt ein wenig, dass Sie ausgerechnet mich konsultieren, Sie haben mir doch auf unbestimmte Zeit Urlaub verordnet.«

Mertens konnte sich einen sarkastischen Unterton nicht verkneifen. Sie hörte, wie sich ihr Chef ausgiebig räusperte.

»Das ist richtig, doch in diesem Fall brauche ich Sie, weil Sie und Ihr Kollege an demselben Ort bereits ermittelt haben.«

Fragend blickte sie in den Garten hinaus und ihre Augen fingen Pauls Blick ein.

»Welchen Ort meinen Sie? Wir haben schon an den verschiedensten Plätzen Ermittlungen durchgeführt.«

»Dreimal dürfen Sie raten«, lautete die müde Antwort. »Es handelt sich um das Märchenschloss.«

Plötzlich war Mertens Interesse geweckt.

»Warum sagen Sie das nicht gleich. Es ist dort also wieder etwas passiert«, meinte sie mit einem anklagenden Unterton.

Köttmann sollte ruhig ein schlechtes Gewissen bekommen, aber die Genugtuung wich sehr schnell einem Gefühl des eigenen Versagens. Sie hätte sich von ihrem Vorgesetzten nicht so schnell abwimmeln lassen sollen.

»Lassen Sie mich raten, es handelt sich bei dem Toten um einen der anderen Schlossführer.«

Schon als sie den Satz aussprach, kam ihr in den Sinn, dass Miriam Neuburg ja ebenfalls auf dem Lichtenstein Dienst tat, auf Drängen ihres Assistenten.

Es lief ihr eiskalt den Rücken hinunter.

»Um wen es sich handelt, kann ich nicht mit Bestimmtheit sagen. Der zuständige Polizeiposten erhielt einen Notruf und hat den Tatort sofort großräumig abgesperrt. Ich möchte Sie bitten, sich auf dem schnellsten Weg zum Tatort zu begeben.«

Entgegen Köttmanns sonstigen schneidigen Anweisungen trug er das Anliegen dieses Mal beinahe demütig vor und Mertens musste deswegen nicht lange überlegen.

»Na gut, außer dass ich gerade beim Brunch mit einem wunderbaren Menschen in meinem schönen Garten sitze, habe ich heute eh nichts vor.« Dass es sich dabei um einen Mann handelte, ging Köttmann nichts an. »In einer guten Stunde kann ich vor Ort sein, davor würde ich gerne Herrn Gross benachrichtigen.«

Das undeutliche Brummeln fasste Mertens als Zustimmung dazu auf, den gleichfalls in Ungnade gefallenen Sascha mitzunehmen.

»Ich danke Ihnen für Ihre Kooperation«, meinte Köttmann abschließend und legte auf.

Der entspannte Ausdruck in Magdalenas Gesicht war

einem energischen gewichen und Paul hatte so viel Feingefühl, um zu spüren, dass etwas Schlimmes vorgefallen sein musste, als die Kommissarin wieder zu ihm kam.

»Es tut mir leid, Paul, aber ich muss sofort gehen. Beim Schloss Lichtenstein ist wieder ein Toter entdeckt worden und wahrscheinlich handelt es sich um ein Gewaltverbrechen. Du kannst gerne noch hier bleiben und auf mich warten. Ich kann dir allerdings nicht genau sagen, wann ich zurückkomme. Fühl dich wie zu Hause.«

Sie zog sich ein leichtes Sommerkleid an, das sie sich ebenfalls im Zuge ihrer Stilveränderung gekauft hatte, und wählte auf ihrem Handy Saschas Nummer.

»Frau Mertens, was verschafft mir die Ehre eines Anrufs am Samstagmorgen?«, meldete sich Sascha vergnügt, als er auf seinem Display die Nummer seiner Vorgesetzten sah.

»Es ist leider kein lustiger Anlass, Köttmann hat mir soeben mitgeteilt, dass wir zu einem Tatort fahren sollen.«

»Trotz unseres Zwangsurlaubes?«

»Ja«, antwortete sie knapp. »Sind Sie zu Hause?«

»Ja, aber ich wollte mich gerade zusammen mit Miriams Kindern auf den Weg ins Freibad machen. Sie wissen schon, die Mutter ist im Schloss heute.«

Eine schreckliche Vorahnung nahm von ihr Besitz und eine eiskalte Hand legte sich auf ihr Herz. Miriam hatte heute also Dienst auf dem Lichtenstein, wenn Sascha sich um ihre Töchter kümmern musste.

»Tja, ich wollte Sie eigentlich schon gerne dabeihaben«, meinte Magdalena nachdenklich. »Bleiben Sie mal einen Moment dran.«

Sie ging in den Garten hinaus, wo Paul gerade damit beschäftigt war, sein Frühstücksei abzupellen.

»Paul, eine Frage, bist du ein guter Babysitter?«

245

Verwundert sah Hanser zu seiner Gastgeberin auf.

»Na ja, meine Enkel fühlen sich jedenfalls meistens bei mir wohl, weshalb fragst du?«

»Herr Gross muss auf die Kinder seiner Freundin aufpassen und ich bräuchte ihn bei der Tatortbegehung.«

Paul lächelte gutmütig.

»Soll er die kleinen Monster halt herbringen, mir wird schon was einfallen, um sie bei Laune zu halten.«

»Und du hast auch sonst nichts vor?«

»Nein, nein, ich habe mir heute extra freigenommen und meine zahlreichen Verpflichtungen verschoben.«

»Du bist ein Schatz«, meinte Mertens grinsend und gab ihm einen Kuss.

Ich verhalte mich ja beinahe wie ein verliebter Teenager, dachte sie dabei.

Eine halbe Stunde später stand Sascha Gross mit den beiden Mädchen, die jede eine kleine Tasche mit ihren Sachen trugen, vor dem Eingangsportal der Stadtvilla.

Mit versteinerten Mienen blickten Anna und Sylvie auf die beiden fremden Leute, die die Tür öffneten.

»Ah, hallo Frau Mertens, grüß dich Paul.«

Sascha drängte die widerspenstigen Kinder in das Haus und hatte ein ziemlich schlechtes Gewissen dabei, dass er Miriams Töchter einfach abschob.

»Nun, also, das ist Paul, ein alter Freund meines Vaters, er wird eine Zeitlang auf euch aufpassen.«

Paul verneigte sich theatralisch vor den Mädchen.

»Das Beste wird sein, wenn wir uns erst mal in ein schönes Eiscafé setzen, damit wir uns besser kennenlernen.«

Ehe sich Anne und Sylvie versahen, hatte Paul sie überrumpelt und an den Händen gepackt. Die offene Art des ehemaligen Bauern verfing sofort bei den Mädchen. Ohne sich noch einmal nach Sascha umzudrehen, gingen sie mit Paul in die nahe Altstadt.

»Die zwei haben Sie aber schnell vergessen«, stellte Mertens fest, als sie mit Gross stadtauswärts fuhr.

»Paul ist halt ein Charmeur alter Schule, da werden nicht nur ältere Damen schwach«, sagte Sascha spöttisch, der sich diesen Seitenhieb nicht verkneifen konnte.

»Wo müssen wir eigentlich hin, Frau Mertens, und woher kommt der plötzliche Sinneswandel unseres Chefs?«, fragte er dann, nun konzentriert und mit dienstlichem Eifer.

»Ich denke, eines hat mit dem anderen zu tun«, entgegnete die Hauptkommissarin geschäftig und überlegte angestrengt, wie sie Sascha die Wahrheit möglichst schonend beibringen konnte. »Es tut mir leid, Ihnen das sagen zu müssen, aber im Schloss hat sich ein neuer Mord ereignet und Köttmann konnte mir nicht sagen, um wen es sich handelt.«

»Was?«, schrie Sascha wie von Sinnen. »Das…, das heißt ja, es könnte auch Miriam betroffen sein?«, fragte er und konnte sich kaum beruhigen.

Statt einer Antwort zuckte Mertens lediglich mit den Achseln.

»Wenn ihr etwas passiert ist, bringe ich mich um, mit dieser Schuld könnte ich nicht bis ans Ende meiner Tage weiterleben.«

Sascha war den Tränen nahe und Mertens schwieg betroffen, bis sie den Parkplatz am Lichtenstein erreicht hatten.

Wie bereits beim ersten Todesfall wimmelte es von Polizisten, die den Zugang zum Schlosshof hermetisch abgeriegelt hatten.

Davor bildete sich eine riesige Menschentraube von Besuchern, die entweder schon drin gewesen und von den Beamten freundlich, aber bestimmt hinausgeleitet worden waren oder von Neuankömmlingen, die sich auf einen Besuch des Kleinods gefreut hatten.

Die beiden Kommissare zückten ihre Ausweise und wurden von den Schaulustigen mehr oder weniger freiwillig durchgelassen, denn Sascha scheute sich nicht, seine breiten Schultern rücksichtslos einzusetzen.

Er musste jetzt einfach Gewissheit über Miriams Schicksal bekommen.

Mertens hatte Mühe, ihrem Kollegen zu folgen, als sie den Hof in Richtung Schloss durchquerten.

»Wo befindet sich die Leiche?«, fragte sie einen uniformierten Beamten.

»In der Waffenhalle«, antwortete der hagere Polizist. »Dort sind auch die Kollegen von der Spurensicherung.«

Als sie auf die Zugbrücke kamen, sah er sie. Wie ein Häufchen Elend hockte Miriam auf dem gepflasterten Boden und wurde von ihren Kollegen Karin, Kai und Berthold getröstet.

»M…!«

Mit einem energischen Ellbogenschlag in die Magengegend brachte Mertens ihren Kollegen geistesgegenwärtig zum Schweigen.

»Sie kennen die Dame nicht«, zischte sie und dann laut: »Herr Gross, wenn Sie bereits vorgehen würden? Ich unterhalte mich derweil mit den Fremdenführern.«

Sascha gehorchte diesem Befehl widerwillig, nicht ohne sich jedoch mit einem Seitenblick zu vergewissern, dass Miriam unverletzt war.

»Hat Frau Neuburg den Toten gefunden?«, wollte Magdalena von dem uniformierten Beamten wissen, der bei der kleinen Gruppe stand.

»Niemals werde ich diese toten Augen vergessen, die mich

aus der Rüstung heraus angestarrt haben«, schrie die junge Frau mit gequältem Gesichtsausdruck, sie hatte offensichtlich einen Schock fürs Leben erlitten.

»Ich habe um einen Notfallpsychologen gebeten«, meinte der Uniformierte, den Magdalena sofort als den dienstbeflissenen Kollegen vom Tatort am Schlossberg wiedererkannte.

»Das haben Sie gut gemacht, Ganter«, lobte Mertens den Mann, der daraufhin selig lächelte, weil sie sich an seinen Namen erinnert hatte.

Sie wandte sich an den älteren Schlossführer und bat ihn, ihr von dem Vorfall zu erzählen.

»Miriam hatte die erste eigene Führung«, sagte Berthold mit versteinerter Miene.

Er schnappte die Kommissarin behutsam am Ärmel und zog sie weg.

»Es begann wie jedes Mal damit, dass sie ihre Gruppe hier in Empfang nahm und dann hineinführte. Als sie den Besuchern die Waffen in der Waffenhalle erklären wollte, fiel ihr Blick auf die Rüstung, die links neben der Holztür drapiert ist. Das Visier war hochgeklappt und sie sah die toten Augen, die sie anstierten.«

»Was?«, rief die Kommissarin ungläubig aus und hielt sich am Geländer der Brücke fest. »Aber wie ist die da reingekommen und vor allem, um wen handelt es sich?«

Berthold machte eine bedeutungsschwangere Pause.

»Wie und natürlich wer unseren allseits verehrten Herrn Sailer zuerst gekillt und dann dort hineingezwängt hat, weiß ich nicht. Das herauszufinden ist Ihre Aufgabe.«

»Der Verwalter … das wird ja immer mysteriöser.«

Mit diesen Worten wandte sich Mertens ab und ging über die Zugbrücke zum Eingangstor.

In der Waffenhalle sah sie, wie Maier, der Kollege von der

Spurensicherung, sich über den am Boden liegenden Sailer beugte.

»Ah, unsere allseits geschätzte Frau Hauptkommissar. Es ist doch immer wieder eine Freude, Sie zu sehen«, rief Maier verschmitzt lächelnd aus.

»Die Freude ist ganz meinerseits«, erwiderte Mertens sarkastisch, trat neben ihn und betrachtete den Toten kopfschüttelnd. »Daran werde ich mich wohl nicht mehr gewöhnen.«

Schon seit Beginn ihrer Tätigkeit bei der Mordkommission hatte Magdalena große Probleme beim Anblick eines Getöteten. In den folgenden Nächten waren ihr die Opfer regelmäßig in furchtbaren Albträumen erschienen und bei jedem Fall stellte sie ihren Beruf in Frage. Andererseits war es für sie aber eine Art Berufung, dem vermeintlich Guten zum Sieg zu verhelfen und Gewaltverbrecher dingfest zu machen.

»Können Sie schon etwas über die Todesursache und den Todeszeitpunkt sagen?«

»Na, ja, ich würde sagen, derjenige oder diejenigen, die diesen Mann ins Jenseits befördert haben, konnten ihn auf jeden Fall nicht besonders gut leiden.«

Mertens rollte genervt mit den Augen, da Maier immer versuchte, die Sache ins Lächerliche zu ziehen, aber das war wahrscheinlich seine Art, um mit dem schrecklichen Beruf klarzukommen.

Er hielt plötzlich einen runden Holzstiel in der Hand, an dem eine etwa fünfzig Zentimeter lange Kette befestigt war. Am Ende der Kette hing ein furchtbar aussehender runder Korpus mit sehr spitzen Stacheln.

»Das hier ist ein sogenannter Streitflegel, fälschlicherweise auch oft Morgenstern genannt. Mit solchen Dingern haben sich die Menschen in früheren Zeiten die Köpfe eingeschlagen und dieses schöne Sammlerstück wurde auch unserem Mordopfer zum Verhängnis. Das ahnungslose Opfer wurde mit einem einzigen Schlag dieser außergewöhnlichen Waffe am Hinterkopf getroffen und war wohl auf der Stelle tot. Allerdings wundert es mich, dass das Ding hier hängt, denn es war eine Waffe der Bauern, weil es an einen Dreschflegel erinnert und somit als unritterlich galt.«

Er deutete auf die in den Stacheln hängenden Hautfetzen und das getrocknete Blut, das daran klebte.

Maier ließ den Flegel kurz kreisen, um dessen Wirkungsart zu demonstrieren. Doch das Mordinstrument entwickelte eine eigene Dynamik und Maier hatte äußerste Mühe, den Flegel, ohne Blessuren zu bekommen, wieder zu bremsen.

»Sind Sie wahnsinnig? Legen Sie sofort diese monströse Waffe nieder«, schrie Mertens einerseits entrüstet, andererseits aber auch aus großer Furcht.

Sämtliche anwesenden Kollegen waren bereits vor dem Totschläger in Deckung gegangen.

»Ich wollte Ihnen doch nur mal kurz zeigen, wie dieses Ding funktioniert, Frau Mertens«, meinte Maier beleidigt. »Aber Sie haben bei meinem Selbstversuch deutlich erkennen können, dass es einiger Übung bedarf, um diese Waffe einigermaßen zu beherrschen.«

»Da haben Sie durchaus recht. Was mich jedoch stutzig macht, ist die Tatsache, dass Sailer nicht nur auf diese grausame Weise zu Tode gekommen, sondern zusätzlich in diese Rüstung gezwängt worden ist.«

»Gezwängt ist der richtige Ausdruck, denn das stämmige Mordopfer mussten wir mit aller Gewalt aus seinem Eisengefängnis befreien. Das Bemerkenswerteste aber ist, dass der oder die Mörder den völlig zerschlagenen Kopf posthum noch ein wenig aufbereitet haben.«

Die Hauptkommissarin ging in dem Raum umher und suchte nach Antworten.

»Eine gewisse Symbolik muss dem Ganzen doch zugrunde liegen, wer macht sich schon die Mühe, erst jemanden umzubringen und dann noch in eine mittelalterliche Ritterrüstung zu stecken.«

»Habt ihr irgendwelche Spuren vom Täter entdeckt, Fingerabdrücke, Hautfetzen oder Ähnliches?«, fragte Sascha Gross geschäftig, der sich inzwischen wieder gefangen hatte.

»Leider nein, weder an unserem Prachtstück von Mordwaffe hier noch an seinen Klamotten konnten wir irgendeine Spur nachweisen.«

»Hm, das gibt es doch gar nicht«, raunte Mertens ihrem Assistenten zu. »Sailer war einer unserer Verdächtigen und jetzt wird er ebenfalls umgebracht. Wir müssen herausfinden, welcher Mensch ein so starkes Motiv hatte, um so weit zu gehen. Und vor allem müssen wir die Verbindung zu Charlotte herstellen.«

»Wenn es eine Verbindung gibt. Vielleicht sind es ja zwei Täter und der eine Mordfall hat mit dem anderen überhaupt nichts zu tun«, gab Sascha zu bedenken.

»Da haben Sie nicht ganz unrecht, das würde im Umkehrschluss aber heißen, dass wir ziemlich im Nebel stochern. Ich kümmere mich jetzt um Frau Neuburg, bis der Notfallpsychologe eintrifft. Wenn Sie so freundlich wären und die drei anderen Schlossführer befragen, vielleicht hat ja jemand irgendetwas Tatrelevantes gesehen. Hier drinnen können wir eh nichts mehr ausrichten.«

Gefolgt von Sascha wandte sich Mertens wieder dem Ausgang zu.

Trotz der warmen Temperaturen trug die fröstelnde

Miriam eine Jacke, die ihr Berthold geliehen hatte. Mit beiden Händen hielt sie eine Tasse mit heißem Tee umklammert und versuchte zitternd, davon zu trinken.

Magdalena stellte sich neben die junge Frau und legte ihr den Arm um die Schulter.

»Ich weiß, das ist momentan ein schwacher Trost für Sie, Frau Neuburg, aber ich verspreche Ihnen, das wir denjenigen, der das getan hat, schnappen und seiner gerechten Strafe zuführen werden.«

In diesem Moment trat eine hochgewachsene Frau mit feinen Gesichtszügen heran, die Mertens von einem anderen Fall her kannte.

»Guten Tag, mein Name ist Dr. Gerland«, meinte sie mit einer angenehmen Stimme. »Wir kennen uns ja.«

Sie nickte der Kommissarin zu, die ebenfalls kaum merklich den Kopf bewegte, um zu bestätigen, dass Miriam die Patientin war.

»Dann möchte ich mich fürs Erste verabschieden, Frau Neuburg, Sie sind ja jetzt in besten Händen.«

Beim Weglaufen hörte sie noch, wie Gerland einfühlsam auf Miriam einredete.

Mertens überquerte den Hof und betrat den Fremdenbau, wo sich sowohl Sailers Büro als auch der Aufenthaltsraum befanden, in dem ihr Kollege Gross die drei anderen Schlossführer befragte. Kurz musterte sie die zwei Männer und Karin Haarmann, bevor sie den Raum wieder verließ.

Die Tür von Sailers Büro war nicht abgeschlossen, jedoch stand ein uniformierter Beamter, den sie nicht kannte, davor. Wieder zückte sie ihren Ausweis und ging hinein.

Wonach suche ich eigentlich, dachte Mertens angestrengt und setzte sich in den fahrbaren Schreibtischstuhl.

Scheinbar ziellos sichtete sie die Schriftstücke, die auf dem wuchtigen Eichenschreibtisch lagen, und legte sie nach kurzer Prüfung wieder hin.

Wer hatte ein Interesse an Sailers Tod oder anders formuliert wer profitierte davon? Dabei kam ihr wieder die rituelle Zurschaustellung der Leiche in den Sinn. Offenbar hatte sich Sailer auf irgendeine Art und Weise einen Todfeind gemacht, im wahrsten Sinne des Wortes.

Sie öffnete die Schubladen und förderte Verwaltungsschreiben zutage, die aber mit dem Mord wohl nichts zu tun hatten. Pedantisch sah sie aber auch diese Unterlagen durch, denn die Erfahrung hatte Mertens gelehrt, dass sich in den unauffälligsten Dingen etwas Wichtiges verbergen konnte.

Gerade als sie die letzte Schublade wieder schloss, fiel etwas zu Boden. Es handelte sich um einen kleinen Merkzettel mit Klebestreifen daran, der sich wohl durch die Erschütterung gelöst hatte.

Schnell hob sie ihn auf und überflog ihn kurz. Die Kommissarin pfiff überrascht und steckte den Zettel ein.

»Darf ich fragen, was hier los ist?«

Ein hochgewachsener Mann hatte sich an dem Wachhabenden vorbeigedrängt.

Reflexartig hielt Mertens ihm ihren Ausweis unter die Nase.

»Jetzt möchte ich aber auch gerne wissen, mit wem ich es zu tun habe«, entgegnete sie, doch eigentlich war ihr klar, wer vor ihr stand, zu deutlich war das aristokratische Auftreten.

»Entschuldigen Sie, Frau Kommissarin, es ist sonst nicht meine Art, irgendwo ungefragt hereinzuplatzen, aber in diesem Fall erschien es mir nötig. Schließlich bin ich der Hausherr und das hier ist das Büro meines Verwalters.«

»Sie sind der Graf?«

Fragend blickte sie in die blauen Augen des Adeligen.

»So ist es und es wäre mir recht, wenn Sie mich darüber aufklären würden, weshalb die Polizei hier herumschnüffelt und zudem die Besucher ausgesperrt hat. An einem wunderschönen Samstag wohlgemerkt, das ist in höchstem Maße geschäftsschädigend.«

»Das kann ich Ihnen erklären, Herr … Graf? Oder wie ist die korrekte Anrede?«

»Äh …, Durchlaucht sagen zwar die meisten Angestellten zu mir, Fürst Urach oder Graf von Württemberg wäre aber korrekt.«

»Na schön, Fürst Urach, innerhalb kürzester Zeit gibt es den zweiten Todesfall in Ihrem Schloss, und wenn wir beim ersten Mal auch nur mutmaßen konnten, dass es sich um ein Gewaltverbrechen handelt, so ist es jetzt unstrittig. Ihr Verwalter, Herr Sailer, wurde mit einem mittelalterlichen Mordinstrument so heftig am Kopf getroffen, dass wir nur noch seinen Tod feststellen konnten.«

Mertens beobachtete ihr Gegenüber genau und stellte fest, dass sich ein dunkler Schatten auf die regelmäßigen Züge des Mannes legte. Sie vermied es, dem Grafen die genauen Umstände zu erzählen, schließlich war auch er ein potenzieller Verdächtiger.

»Wenn Sie schon mal da sind, könnten Sie mir gleich ein paar Fragen beantworten.«

Überrumpelt nickte der Fürst, denn er hatte sicher nicht damit gerechnet, der Polizei in seinem eigenen Schloss Rede und Antwort stehen zu müssen.

»Ganz wichtig erst mal wäre für mich zu erfahren, was für ein Verhältnis Sie zu dem Ermordeten gehabt haben.«

»Normalerweise müsste ich Sie jetzt an meinen Anwalt verweisen, denn das geht Sie eigentlich nichts an. Doch weil

255

ich gerne mit den Behörden kooperieren will, bekommen Sie die Auskunft. Herr Sailer und ich standen uns so nahe, wie es für eine Zusammenarbeit zwischen Chef und Angestelltem nötig ist. Wir waren sicherlich nicht die besten Freunde, aber haben uns auch nicht bis aufs Messer bekämpft. Ich würde sagen … wir sind uns mit gegenseitigem Respekt begegnet.«

»Aber verhält es sich nicht auch so, dass Sailer große Veränderungen mit Ihrem Schloss vorhatte, die Sie überhaupt nicht gebilligt haben, die jedoch Ihr Familienrat gegen Ihren Willen durchgesetzt hat?«

Jetzt zeigten die aristokratischen Züge eine deutliche Veränderung.

»Woher wissen Sie das?«, rief der Graf aufgebracht.

»Von Sailer selbst natürlich. Er hat es mir gegenüber bei unseren Ermittlungen im Fall Charlotte Friedrich erwähnt«, log Mertens, die natürlich verbergen wollte, dass diese Information von Miriam bzw. Karin Haarmann stammte.

»Worauf wollen Sie hinaus?« Der Graf sprach nun gefährlich leise. »Meinen Sie allen Ernstes, ich bringe meinen Verwalter um die Ecke, nur weil er ein paar Neuerungen an unserem Besitz durchführen will? Das ist ja lächerlich. Außerdem habe ich ein Alibi, denn gestern Abend war ich von neunzehn Uhr bis Mitternacht mit meiner Frau bei einer Soiree im Uracher Schloss. So, ich möchte Sie nun eindringlich bitten, mit Ihren Leuten das Schloss zu verlassen, damit ich in Bezug auf die Besucher retten kann, was noch zu retten ist.«

»Entschuldigen Sie, Fürst Urach, aber ich mache auch nur meine Arbeit«, versuchte es Magdalena auf dem für sie ungewohnten diplomatischen Weg, denn der Graf war ihr nicht unsympathisch.

Trotzdem hielt sie es für ratsam, sein Alibi zu überprüfen.

Denn bei einer gut besuchten Veranstaltung musste es nicht zwangsläufig auffallen, wenn jemand für zwei Stunden abwesend war.

»Hier haben wir es mit zwei Mordfällen zu tun, die meiner Meinung nach zusammenhängen, und wer weiß, vielleicht sind noch weitere Menschen in Gefahr.«

Bewusst spielte Mertens gegenüber dem Adeligen mit der Angst vor neuen Morden, was keineswegs ausgeschlossen war.

»Das wäre ja furchtbar und ein schwer wiedergutzumachender Imageschaden.«

Der Graf sah sein Märchenschloss schon belagert von Kamerateams und aufdringlichen Reportern. Das war beileibe nicht erstrebenswert. Mit großen Schritten durchmaß er nachdenklich das geräumige Büro.

»Lassen Sie mich einen Vorschlag machen, ich stelle Ihnen alles zur Verfügung, was Sie für Ihre Ermittlungen brauchen, und Sie versprechen mir, die Sache so gut es geht unter der Decke zu halten.«

Nach kurzer Überlegung nickte Mertens zustimmend.

»Na gut, aber ich würde dieses Zimmer trotzdem gerne versiegeln lassen, da sich vielleicht noch Spuren finden, die uns zum Täter führen könnten.«

Sie verabschiedete sich und verließ mit gemischten Gefühlen das Gebäude.

Dabei dachte sie die ganze Zeit an den Zettel in ihrer Tasche.

Inzwischen hatte Sascha die Befragung der anderen Fremdenführer gleichfalls beendet und traf im Schlosshof auf seine Vorgesetzte. In knappen Worten berichtete er von den wenig aufschlussreichen Ergebnissen.

Weder Berthold Wahl noch Kai Scholz hatten am gestrigen Freitagabend etwas Auffälliges beobachtet, als sie nach Dienstschluss den Lichtenstein verlassen hatten. Frau Haarmann hatte an diesem Tag bereits gegen vierzehn Uhr Feierabend gemacht, da ihre Tochter an einer Schulaufführung mitwirkte.

»Aber der Hausmeister hat mir etwas Interessantes mitgeteilt. Entgegen seiner sonstigen Gepflogenheit ist Sailer noch länger im Haus geblieben und hat seinem Angestellten mitgeteilt, dass er selbst die letzte Runde durch das Schloss machen wolle.«

»Dann muss er bei diesem Rundgang den Mörder entweder bei irgendeiner Tätigkeit gestört haben oder der Täter oder die Täterin hat ihm aufgelauert. Gegen diese Möglichkeit spricht, dass normalerweise der Hausmeister die letzte Runde macht«, wandte Mertens ein.

»Es wäre aber auch möglich, dass der Mörder seinem Opfer in die dunkle Burg gefolgt ist und ihn ansonsten an einem anderen Ort um die Ecke gebracht hätte«, spekulierte Sascha.

»Ein interessanter Gedanke, Herr Gross, das Ganze könnte sich aber auch folgendermaßen zugetragen haben: Sailer und sein Mörder teilen ein Geheimnis und treffen sich zu später Stunde im Schloss. Es kommt zum Streit und Sailer wird dabei getötet.«

Diese Theorie verfestigte sich bei der Hauptkommissarin. Ihrer Ansicht nach müssten sie nur noch herausfinden, welche Heimlichkeit so schwer wog, dass jemand bereit war, dafür zu töten.

»Aber genug der Mutmaßungen, wir machen weiter mit unserer Ermittlungsarbeit, jetzt müssen wir ja nicht mehr im Geheimen arbeiten. Lassen Sie uns zurückfahren zu Paul, ich werde Frau Neuburg suchen und ihr mitteilen, dass ihre Kinder bei mir zu Hause sind.«

»Das kann ich doch erledigen…«

»Bitte Herr Gross, das hatten wir doch schon, Sie wollen doch nicht, dass sie auffliegt. Dabei bin ich mir sicher, dass Frau Neuburg nach diesem furchtbaren Erlebnis sowieso aufhört.«

Mertens entfernte sich und ließ einen ratlosen Sascha zurück. Ihre Worte verstärkten seine Schuldgefühle noch.

Miriam saß auf einer steinernen Parkbank und redete auf die neben ihr sitzende Psychologin ein. Offensichtlich hatte sie sich wieder einigermaßen beruhigt.

Mertens wartete, bis die junge Frau aufsah.

»Hallo Frau Neuburg, ich hoffe es geht Ihnen besser. Kann ich Sie in einer dringenden Angelegenheit kurz sprechen?«

Mit fragender Miene blickte Miriam zu Dr. Gerland.

»Wir sind sowieso fertig, ich schreibe Ihnen noch ein Beruhigungsmittel auf.«

Die Notfallpsychologin holte einen Rezeptblock aus ihrer Tasche und kritzelte etwas auf einen der Vordrucke, den sie an Miriam weiterreichte.

»So, das müsste fürs Erste reichen. Hier habe ich noch die Visitenkarte eines Kollegen, der die Behandlung fortführen wird, natürlich nur, falls Sie das wünschen, Frau Neuburg.«

»Aber ich dachte, das machen Sie?«, reagierte Miriam beinahe panisch.

»Das würde ich sehr gerne tun, doch meine Zeit ist begrenzt, da ich quasi immer auf dem Sprung bin. Doch diesen Kollegen kann ich Ihnen wärmstens empfehlen, er ist sehr einfühlsam, glauben Sie mir.«

Sie umarmte ihre Patientin wie eine alte Bekannte und

Mertens beobachtete, dass Miriam sich an die Psychologin klammerte, die es in der kurzen Zeit geschafft hatte, ein Vertrauensverhältnis zu der vorhin noch völlig apathisch wirkenden Frau aufzubauen.

»Darf ich Sie zu Ihrem Wagen begleiten, Frau Neuburg? Das Beste wird sein, wenn Sascha Sie nach Hause fährt«, bot Mertens an, nachdem Gerland gegangen war.

In diesem Augenblick kam Karin Haarmann heran und umarmte Miriam ebenfalls, die es bereitwillig geschehen ließ.

»Es tut mir ja so leid, dass ausgerechnet du den Toten entdecken musstest. Wie wäre es, wollen wir noch eine Kleinigkeit irgendwo trinken gehen und quatschen? Danach kann ich dich zu deinem Freund fahren.«

Fieberhaft suchte Mertens nach eine Ausrede.

»Äh, das geht leider nicht, Frau Neuburg steht noch unter Schock und wird mit einem Krankentransport, den ich bereits angefordert habe, nach Hause befördert.«

Eindringlich heftete die Kommissarin ihre Augen auf Miriam, die trotz ihres desolaten Zustands den Wink mit dem Zaunpfahl verstand.

»Das ist nett von dir, Karin, sobald es mir wieder etwas besser geht, rufe ich dich an. Auf Wiedersehen.«

Mertens hakte sich vorsichtig bei Miriam unter und führte die junge Frau zum Ausgang. Verdattert blickte Karin den beiden Frauen nach.

»Herr Gross wartet auf dem Parkplatz«, raunte Mertens Miriam zu. »Und Ihre Kinder befinden sich in bester Obhut in meinem Haus.«

Magdalena sah noch, wie die Beamten das Eingangstor wieder freigaben und die Menschenmassen hineinströmten. Die meisten hatten den Blechsarg gesehen, der heraustransportiert worden war, und die Neugier der Leute hatte zum

Teil voyeuristische Züge angenommen. Der junge Mann am Kiosk im Schlosshof, der die Eintrittskarten verkaufte, musste immer wieder auf nervige Fragen bezüglich des Toten ausweichend antworten.

Sascha stand bereits neben Miriams altem Porsche, doch die junge Frau machte keinerlei Anstalten, zu ihm hinüberzugehen.

»Können Sie ihm den Autoschlüssel geben? Ich möchte jetzt gerade lieber bei Ihnen mitfahren.«

Überrascht nahm Mertens das kleine Täschchen entgegen und brachte es ihrem Kollegen.

»Was ist los, warum bringt sie mir den Schlüssel nicht selbst?«, fragte Sascha aufgebracht.

»Miriam hat etwas wirklich Schwerwiegendes mitgemacht, vielleicht ist es tatsächlich besser, wenn sie bei mir mitfährt.«

Kopfschüttelnd schloss Sascha das Auto auf und stieg ein. Umständlich verstellte er den Sitz nach hinten und rauschte davon.

Während der Fahrt schwiegen die beiden Frauen sich an. Erst kurz vor Reutlingen unterbrach Miriam die Stille.

»Wo sagten Sie, sind meine Kinder?«

»Nachdem ich diesen Anruf mit der dringenden Bitte, ins Schloss zu kommen, bekommen habe, rief ich Herrn Gross an und nötigte ihn mehr oder weniger mitzukommen. Er antwortete mir unmissverständlich, dass das nicht gehe, weil er auf Ihre beiden Mädchen aufpassen müsse, doch dann kam mir die rettende Idee mit Paul.«

Mertens erzählte ihr von ihrem Bekannten von der Alb, und als der Citroën in die Garageneinfahrt der Villa einbog, sah Miriam, wie Anne und Sylvie in dem weitläufigen Garten mit einem grauhaarigen Mann herumtollten. Offenbar hatten sie eine Menge Spaß, denn ihre Gesichter strahlten.

»Na, es sieht auf jeden Fall so aus, als würden sich meine Mädels bei Ihrem Paul wohlfühlen«, stellte Miriam fest und Mertens meinte fast so etwas wie ein leichtes Lächeln im Gesicht der leidgeprüften Frau zu erkennen.

»Ja, es scheint so, als sei Paul der ideale Babysitter.«

In diesem Moment ertönte ein dunkles Röhren und wenig später stand Miriams Porsche ebenfalls vor dem Haus. Sascha war einen Umweg gefahren, da er noch seine Gedanken hatte ordnen müssen.

Zeitgleich mit ihrem Assistenten öffnete die Kommissarin ihre Autotür und war im Begriff auszusteigen, als sie sah, dass Miriam keinerlei Anstalten machte, das Auto zu verlassen.

»Was ist?«

»Hm…«, druckste sie herum. »Könnten Sie mir einen Gefallen tun?«

Mertens zuckte mit den Achseln.

»Kommt darauf an, um was es sich handelt.«

»Ich würde gerne Ihren Wagen ausleihen, damit ich meine Kinder nach Hause fahren kann. Normalerweise nehme ich meinen Lieferwagen, wenn ich mit ihnen unterwegs bin. Und dann würde ich Sie noch bitten, Anne und Sylvie herzubringen. Bevor ich wieder mit Sascha rede, muss ich mir über einige Dinge im Klaren werden. Sagen Sie ihm das bitte. Ich werde ihn anrufen, wenn die Zeit reif ist.«

Verständnisvoll nickte Mertens und machte sich auf den Weg. Sie stieß dabei fast mit ihrem Kollegen zusammen, der sich um seine Freundin kümmern wollte.

»Warten Sie, Herr Gross, Frau Neuburg hat mich gebeten, Ihnen auszurichten, dass sie erst mal alleine sein muss. Sie nimmt mein Auto und bringt ihre Kinder nach Hause.«

»Aber in ihrem Zustand kann sie doch unmöglich alleine nach Stuttgart fahren«, rief Sascha aufgewühlt und wollte sich vorbeidrängen, doch seine Vorgesetzte stellte sich ihm in den Weg.

»Da haben Sie recht, deshalb habe ich mir gedacht, dass ich Paul bitten werde, Frau Neuburg und ihre Kinder zu chauffieren. Und bitte respektieren Sie ihren Wunsch, es geht ihr wirklich mies. Ich bin mir sicher, dass sich in Ihrer Beziehung alles einrenken und Miriam sich sehr bald mit Ihnen in Verbindung setzen wird. Doch momentan hat es den Anschein, als mache die junge Frau Sie dafür verantwortlich, dass sie diese grausige Szene ansehen musste, weil Sie sie zu diesem Job überredet haben.«

Mit hängenden Schultern drehte sich Sascha um und verließ traurig das Grundstück in Richtung Stadtmitte.

»Sie können aussteigen, Herr Gross ist soeben gegangen.«

Langsam öffnete sich die Autotür und Miriam kam heulend heraus.

»Ich weiß auch nicht, was mit mir los ist, aber ich kann ihm jetzt nicht unter die Augen treten«, schluchzte sie, »obwohl ich mir immer noch sicher bin, dass wir zusammengehören.«

»Jetzt kommen Sie erst mal rein und trinken etwas zur Beruhigung.«

Mertens legte ihren Arm um Miriam und zog sie sanft mit sich in den Garten.

»Hallo Mama!«

Strahlend kamen Anne und Sylvie ihr entgegen und stürzten sich in die Arme ihrer Mutter, die sich nun wieder besser im Griff hatte. Sie wollte nicht, dass ihre Kinder etwas von dem schrecklichen Erlebnis mitbekamen, und machte deshalb gute Miene zum bösen Spiel.

»Stell dir vor, wir waren vorhin Eis essen mit Paul und danach ist er mit uns in die Nachmittagsvorstellung ins Kino gegangen. Und nachher bekommen wir noch eine Pizza, das hat er uns versprochen.«

Aufgeregt riefen sie durcheinander und Paul kam lächelnd hinzu.

»Ich danke Ihnen, Herr Hanser, aber ich fürchte das mit der Pizza müssen wir verschieben, da ich einen anstrengenden Tag hatte und wirklich hundemüde bin.«

»Du bist gemein«, riefen die Mädchen empört.

»Na, na, aufgeschoben ist doch nicht aufgehoben«, meinte Paul beschwichtigend. »Bestimmt sehen wir uns in nächster Zeit noch öfters und dann holen wir das nach, einverstanden?«

Ihre Mienen verrieten, dass sie alles andere als einverstanden waren, doch letztlich beugten sich die beiden Mädchen dem Willen der Erwachsenen.

Zum Glück haben die Kinder ihre Sachen aus Saschas Wohnung mitgenommen, dachte Miriam, dorthin zurückzukehren, hätte sie jetzt nicht gepackt.

Nachdem sie durstig ein Glas Wasser getrunken hatte, drängte Miriam zum Aufbruch.

Paul hatte sofort zugestimmt, die drei nach Stuttgart zu fahren. Den Porsche wollte Miriam in der kommenden Woche mit ihrer Mutter abholen.

»Ich hätte euch ja gerne selbst dorthin gebracht, aber ich muss zugeben, dass Paul der bessere Fahrer ist, und außerdem muss ich noch kurz ins Präsidium, um einen Bericht über die heutigen Geschehnisse zu verfassen«, verabschiedete Mertens Miriam und ihre Kinder.

»Danke, dass Sie das alles für mich tun!«, rief Miriam ihr noch zu, bevor der Wagen in die Straße einbog.

»Aber ich bitte Sie, das ist doch selbstverständlich.«

Mertens winkte zum Abschied und ging zurück in ihren Garten. Sie setzte sich wieder hin und betrachtete nachdenklich die alten Bäume.

Heute Morgen hatte es noch so ausgesehen, als ob sie ihren Job bald los sein und aufs Abstellgleis gestellt werden würde. Und dann diese dramatische Wendung, die für alle und besonders für Mertens selbst so überraschend war.

Bedächtig nippte sie an ihrem Weinglas und warf einen Blick in die Samstagsausgabe des »Reutlinger General-Anzeigers«, die Paul wohl in den Garten mitgenommen hatte, als er die Kinder beaufsichtigte.

Sie blätterte die Zeitung durch und las mehrere Artikel, die die Stadt betrafen, sowie einige aus dem Weltspiegel.

Auf der letzten Seite sah sie eine große Voranzeige für eine Veranstaltung, zu der sie schon lange einmal hingehen wollte. Magdalena nahm sich vor, Paul zu fragen, ob er Lust hätte, am morgigen Sonntag mitzukommen.

Nachdem sie ihr Glas geleert hatte, beschloss Mertens, ihren Kollegen anzurufen.

»Hallo Herr Gross«, meldete sie sich. »Ich möchte Sie bitten, noch kurz im Büro vorbeizuschauen, es ist wohl besser, wenn wir den Bericht gemeinsam schreiben.«

»Hm, aber gerne doch, wie Sie wissen, bin ich ja eh allein zu Hause und würde mich wahrscheinlich angesichts des desolaten Zustands meiner Beziehung nur sinnlos betrinken«, entgegnete Sascha sarkastisch.

»Also dann, bis gleich.«

Mertens legte auf und schloss die Terrassentür, Paul würde wohl erst in zweieinhalb Stunden wiederkommen und bis dahin wollte sie längst wieder zurück sein.

Jedes Mal, wenn sie vor dem Polizeipräsidium stand,

dachte Mertens, dass dieses eindrucksvolle Backsteingebäude sehr gut in die Umgebung mit den alten Villen passte.

Sascha war bereits vor Ort und betätigte gerade die Kaffee-pad-Maschine, die sich die beiden Kommissare vor Kurzem geleistet hatten.

»Danke, Herr Gross, dass Sie gekommen sind und mir auch noch gleich einen Kaffee machen«, meinte sie und nahm die Tasse mit der dampfenden, duftenden Flüssigkeit entgegen. »Köttmann wird nicht da sein?«

»Bestimmt nicht, unser verehrter Vorgesetzter hatte schon immer eine Abneigung gegen Wochenenddienst«, antwortete Sascha, nicht ohne sich umzudrehen und zu vergewissern, dass Köttmann nicht doch überraschend um die Ecke kam.

Ansonsten konnte man aber nicht denken, dass es Samstagabend war, denn das Gebäude glich einem Bienenhaus. Uniformierte Beamte mit Kleinkriminellen im Schlepptau eilten genauso durch die Gänge wie Büroangestellte und aufgeregte Bürger, die eine Anzeige machen wollten.

Gemeinsam erarbeiteten die beiden eine Zusammenfassung der Tagesgeschehnisse und Sascha tippte sie nebenher in den PC ein.

»Am Montag müssen wir zu allererst das Umfeld von Sailer genau durchleuchten, ich bin mir sicher, dass er durch seine rücksichtslose Art einigen Leuten ein Motiv gegeben hat, ihn umzubringen«, betonte Mertens. »So, das wäre es für heute gewesen, ich muss nach Hause, Paul kann jeden Augenblick zurückkommen. Dann wünsche ich Ihnen noch einen schönen Abend.«

»Äh, Frau Mertens, eine Bitte hätte ich noch. Könnten Sie Paul fragen, ob Miriam noch irgendetwas gesagt hat… mich betreffend?«, fragte der sonst so selbstbewusste Sascha kleinlaut.

Es geht ihm wirklich sehr zu Herzen, stellte Magdalena fest.

»Natürlich, und sollte das der Fall sein, melde ich mich bei Ihnen«, versprach sie und rauschte hinaus.

Sie hatte den leisen Verdacht, dass Miriam nicht so schnell einlenken würde, aber man konnte ja nie wissen. Um das beurteilen zu können, kannte Mertens die junge Frau zu wenig.

Gerade als sie ihre Haustür öffnen wollte, kam der Citroën langsam herangefahren.

»Hallo Paul, na, hat alles geklappt mit meinem Wagen?«

»Ja, das schon, aber Frau Neuburg ist wirklich völlig von der Rolle. Mehrfach ist sie unvermittelt in Tränen ausgebrochen und ich bin überzeugt, wenn ihre Kinder nicht dabei gewesen wären, hätte sie die ganze Strecke geheult. Ich habe sie dann gebeten, mir eine Vertrauensperson zu nennen, wo sie und ihre Töchter heute Nacht unterkommen könnten. Doch nachdem wir bei einer Apotheke das Rezept für das Beruhigungsmittel eingelöst hatten und sie schnell eine Pille genommen hat, bestand Miriam darauf, nach Hause zu gehen.«

»Du bist ein Schatz, Paul, dafür hast du dir etwas Feines zu essen verdient. Mal sehen, was mein Kühlschrank so hergibt, ansonsten gehen wir einfach aus.«

Knarrend öffnete sich die Tür und Paul war wie jedes Mal, wenn er hierherkam, von dem herrschaftlichen Ambiente, das das Treppenhaus ausstrahlte, sehr angetan.

Dieser großzügig gestaltete Eingang mit den hohen, stuckverzierten Wänden und der breiten Eichentreppe würde in

einem normalen Einfamilienhaus bereits die halbe Wohn-
fläche einnehmen. Der schwarze Flügel, der dezent im Eck
stand, fügte sich nahtlos in dieses Gesamtkunstwerk.

»Ich glaube, ich habe dich schon einmal gefragt, ob du auf
diesem Klavier spielen kannst.«

»Und ich habe dir dann geantwortet, dass ich es einmal
in frühester Jugend gelernt habe, jedoch leider seit bestimmt
zwanzig Jahren nicht mehr getan habe.«

»Dann wünsche ich mir, dass du eines Tages für mich
etwas Schönes spielst«, bat Paul mit einem warmen Lächeln.

»Mal sehen, doch jetzt wollen wir erst mal in meinen Kühlschrank schauen, ob genug für ein nettes Abendessen vorhanden ist. Du bist doch bestimmt schon am Verhungern.«

Nach einer längeren Bestandsaufnahme kamen sie überein, dass es das Beste sei, in ein Restaurant zu gehen.

»Ich kenne da ein richtig gutes italienisches Restaurant,
das auch spanische Spezialitäten im Programm hat. Wir
müssten dazu allerdings ein gutes Stück zu Fuß zurücklegen,
wenn wir aufs Auto verzichten wollen.«

Paul zuckte mit den Schultern.

»Das macht mir überhaupt nichts aus, im Gegenteil, dann
haben wir nach dem Essen gleich einen Verdauungsspazier-
gang.«

Da Magdalena von der hohen Auslastung der Trattoria
wusste, griff sie zum Telefonhörer und bestellte ein Tischchen auf der Gartenterrasse.

Von Mertens Haus aus wandten sie sich der nahen Achalm
zu und wanderten am Fuße des Berges entlang. Immer wieder hielten sie unter ausladenden Obstbäumen an, um kurz
zu verschnaufen und der selbst am Abend beinahe unerträg-
lichen Hitze wenigstens für ein paar Augenblicke zu entkommen.

Nass geschwitzt erreichten die beiden schließlich das »Primafila«. Während Paul sich an den reservierten Tisch setzte, wollte Magdalena sich zuerst ein wenig frisch machen.

Nach einem längeren Studium der Speisekarte entschieden sie sich auf Empfehlung des italienischen Obers für eine Fisch- und Meeresfrüchteplatte sowie für eine Flasche apulischen Weißweins, den Magdalena ausgesucht hatte.

»Der schmeckt mir sehr gut, obwohl ich als notorischer Biertrinker was Wein angeht natürlich kein Experte bin«, lobte Paul das Gewächs.

»Ich bin natürlich auch keine ausgewiesene Spezialistin auf diesem Gebiet, doch dieser Tropfen mundet mir wegen der ausgesprochen fruchtigen Note und passt bestimmt zu unserer Fischplatte hervorragend.«

Mehrere Minuten verstrichen, in denen keiner etwas sagte, sowohl Magdalena als auch Paul beobachteten verstohlen die Gäste an den Nebentischen.

»Hast du morgen schon etwas vor?«, unterbrach die Kommissarin die Stille.

Paul musste nicht lange überlegen, bevor er antwortete.

»Hm, eigentlich nicht, mein Sohn hat mich zwar gebeten, ihm mit den Kühen ein wenig zur Hand zu gehen, aber das lässt sich regeln, schließlich bin ich Rentner und kann ihm noch oft genug aushelfen.«

Paul hatte neben seinem Beruf als Waldarbeiter beinahe sein ganzes Leben Landwirtschaft betrieben und war nach und nach dazu übergegangen, seine Tiere in einem natürlichen Herdenverbund weiden zu lassen. Seit sein Ältester den Betrieb übernommen hatte, war er nur noch sporadisch als Bauer tätig und genoss es, sich stattdessen mit seinen zahlreichen Hobbys zu beschäftigen.

»Nicht dass ich neugierig wäre, aber was genau hast du

geplant? Muss ich dir wieder bei irgendwelchen Ermittlungen helfen?«, fragte Paul verschmitzt.

»Nein, nein, das ist rein privater Natur und wird dir bestimmt gefallen. Schon seit längerer Zeit wollte ich mal einen Ausflug nach Horb zu den alljährlich stattfindenden Ritterspielen machen. Und heute Nachmittag habe ich zufällig in der hiesigen Zeitung gelesen, dass die Veranstaltung an diesem Wochenende stattfindet.«

»Das ist eine hervorragende Idee und ich bin überzeugt, dass wir uns sehr gut amüsieren werden«, meinte Paul und betrachtete mit großen Augen den Teller mit den gegrillten Meerestieren, den der Kellner gerade abstellte.

Zu dieser Spezialität des Hauses wurden Weißbrot und frisch zubereitetes, herrlich nach Knoblauch duftendes Alioli gereicht.

»Man kommt sich beinahe vor wie in einer südländischen Hafenstadt, es fehlen nur noch das azurblaue Mittelmeer und die Fischerboote im Hintergrund«, schwärmte Magdalena, während sie einem der leckeren Gambas mit den Fingern den Panzer aufbrach.

»Da kann ich leider nicht mitreden, mein südlichstes Reiseziel waren der Bodensee und die nahen Alpen. Wegen meiner Landwirtschaft konnte ich leider nie so richtig verreisen und jetzt bin ich ein alter Mann.«

Wehmut lag in Pauls Worten, sodass sich Magdalena eine passende Antwort nicht verkneifen konnte.

»Aber das stimmt doch nicht, du bist in den besten Jahren und kannst das Versäumte nachholen. Ich wüsste dir auch eine passende Reisebegleiterin.«

Verschmitzt blickte sie auf Paul, der den Wink verstanden hatte.

Danach erzählte sie ihm in den schönsten Farben von

Süditalien, wo sie jahrelang in einer vom Massentourismus verschont gebliebenen Region namens Cilento ihren Urlaub verbracht hatte. Ein früherer Kollege besaß ein kleines Ferienhaus unweit der Küste, das er nach wie vor vermietete, und Magdalena sah sich bereits gemeinsam mit Paul die schöne Gegend erkunden.

»Ich muss mal kurz aufs WC.«

Mit einem leicht gequälten Gesichtsausdruck erhob sich Hanser und eilte ins Innere des Restaurants.

Es dauerte beinahe eine Viertelstunde, bevor der sehnige Mann zurückkehrte. Fragend heftete Mertens den Blick auf ihren Begleiter.

»Irgendeines dieser leckeren Tierchen ist mir wohl auf den Magen geschlagen«, sagte er wie beiläufig.

»Komisch«, erwiderte Magdalena nachdenklich. »Seit vielen Jahren komme ich schon hierher und die Qualität und Frische der angebotenen Waren sind stets hervorragend und noch nie hatte ich oder meine Begleitung Grund zur Klage.«

»Das hat nichts mit dem köstlichen Essen zu tun, mein Magen rebelliert nur in letzter Zeit, das gibt sich schon wieder. Und wenn wir tatsächlich einmal im Süden sind, wovon ich stark ausgehe, mache ich die berühmte Mittelmeerdiät mit Wein, Knoblauch und Olivenöl.«

Magdalena lachte gezwungen, doch wie schon bei ihrem letzten gemeinsamen Restaurantbesuch und beim Brunch in ihrem Garten am heutigen Morgen machte sie sich Sorgen um Pauls Gesundheit.

»Hast du dich eigentlich mal untersuchen lassen?«, fragte sie so harmlos wie möglich.

»Na ja…, also…«, druckste Paul herum. »Gleich am Montag suche ich meinen Hausarzt auf, das verspreche ich dir. Und jetzt reden wir von anderen Dingen.«

Dass er seit über zwanzig Jahren keine Praxis, geschweige denn ein Krankenhaus von innen gesehen hatte, verschwieg Paul geflissentlich.

Aus einem Reflex heraus legte Mertens ihre kleine Hand auf Pauls Pranke.

»Bitte tu es für mich, ich habe mich bereits so an dich gewöhnt und es würde mir wirklich sehr wehtun, wenn dir etwas zustoßen würde.«

Paul legte seine andere Hand auf Magdalenas und streichelte sie zärtlich.

»Sei unbesorgt, ich bin kerngesund und jetzt wollen wir zum Abschluss noch einen schönen Grappa trinken.«

Tatsächlich schien es Paul wieder besser zu gehen und nach dem Grappa bestellten sie eine weitere Flasche Wein.

Gegen zehn bat Magdalena den Kellner, ihnen ein Taxi zu bestellen, und Paul erhob nur geringen Widerstand gegen das Angebot, in Magdalenas Gästezimmer zu schlafen.

»Aber vorher würde ich mir gerne noch die Spätausgabe der Nachrichten anschauen.«

Irritiert betrachtete Magdalena ihren Hausgast.

»Entschuldige, aber wenn ich keine Tagesschau oder Ähnliches gesehen habe, fehlt mir einfach etwas.«

»Na schön, dann schalten wir eben die Glotze ein«, entgegnete Mertens beiläufig.

Auf dem Bildschirm lief gerade ein Interview und Magdalena wollte genervt weiterzappen.

»Warte mal kurz, das ist doch dieser Fritz Kleinschmid.«

Gebannt verfolgte Paul den Schlagabtausch des Politikers mit der kritischen Moderatorin.

»Dieser Mann ist gefährlich. Er ist charismatisch und sehr redegewandt. Wenn du mich fragst, ist das ein richtiger Rattenfänger«, stellte Paul fest.

»Und er sieht aus wie der geborene Schwiegersohn, was bei vielen weiblichen Wählern durchaus ankommen kann«, ergänzte Magdalena und betrachtete die regelmäßigen Züge des dunkelblonden Mannes.

»Sie haben nach dem Parteiausschlussverfahren gegen Sie aufgrund Ihrer rechtskonservativen Äußerungen bezüglich der Flüchtlingsproblematik ja sehr schnell wieder Fuß gefasst und eine neue Partei gegründet. Rechnen Sie sich trotz Ihrer rechtslastigen Polemik Chancen bei den kommenden Landtagswahlen aus, Herr Kleinschmid?«, wollte die Journalistin hartnäckig wissen.

»Aber natürlich, und zwar gerade deshalb, weil ich die unliebsamen Wahrheiten so offen ausspreche. Ich bin überzeugt, dass die allermeisten meiner Landsleute dieselben Ansichten vertreten, es aber nicht wagen, wegen der zu erwartenden Diskriminierung die Dinge beim Namen zu nennen.«

Die Moderatorin versuchte immer wieder, ihn aufs Glatteis zu führen, damit er sich durch eine unbedachte Äußerung selbst ins Abseits manövrierte, doch Kleinschmid war aalglatt und sehr vorsichtig.

Bis vor einem Jahr war Fritz Kleinschmid ein typischer Hinterbänkler in den Reihen der konservativen Volkspartei gewesen. Seine Wortbeiträge im Bundestag während der letzten zwei Legislaturperioden konnte man an einer Hand abzählen. Parteikollegen beschieden ihm zwar ein hohes politisches Talent, doch hatte es bisher den Anschein gehabt, als verkümmere diese Gabe.

Umso überraschender war es dann gewesen, dass Kleinschmid sich zu Beginn der Flüchtlingskrise immer öfter zu Wort meldete und durch seine teilweise radikalen Ansichten auch in der Presse zu zweifelhaftem Ruhm gelangte. Dabei hatten Journalisten bei ihren akribischen Recherchen keinerlei Hinweise darauf gefunden, dass Kleinschmid schon während seiner früheren Tätigkeit als Professor für neuere Geschichte an der Uni Heidelberg durch rechte Sprüche auffällig wäre. Wie Phönix aus der Asche war er am politischen Firmament erschienen und drauf und dran, mit seiner Partei »Gerechte Volksdemokraten« die politische Landschaft der Republik zu verändern.

»Dieser Kerl bekommt viel zu viel Aufmerksamkeit. Hätten sie ihn einfach als Spinner abgetan und nicht jeden seiner abstrusen Sätze auf die Titelseiten gebracht, würde in kürzester Zeit niemand mehr über den vormaligen Hinterbänkler reden. Aber jetzt ist er dank der neu gewonnenen Berühmtheit hergegangen und hat einfach eine neue Partei gegründet, damit die unzufriedenen Bürger endlich eine politische Heimat am rechten Rand bekommen. Mich würde interessieren, woher das ganze Geld für den Wahlkampf und für die Organisation stammt.«

»Verzeih mir, Paul, aber ich bin müde, es war ein anstrengender Tag für mich. Falls du noch eine Kleinigkeit trinken möchtest, bediene dich ruhig, im Kühlschrank hat es alles, was das Herz begehrt.«

»Danke, ich schau mir das noch zu Ende an und gehe danach auch schlafen. Ich wünsche dir eine entspannte Nacht, Magdalena.«

Am nächsten Morgen machten sich die beiden nach einem ausgiebigen Frühstück auf der Gartenterrasse mit Magdalenas Wagen auf den Weg nach Horb.

»Es ist mir ja beinahe peinlich zu fragen, aber wie kommen wir da überhaupt hin?«, wollte sie kleinlaut wissen, da ihr Wagen über kein Navi verfügte.

»Du scheinst dich in Süditalien besser auszukennen als

in der Heimat«, erteilte Paul einen kleinen Seitenhieb. »Im Grunde ist es ganz einfach. Wie der Name schon sagt, liegt die Stadt am Neckar, und es gibt eine Landstraße, die von Tübingen über Rottenburg bis nach Horb an eben diesem Fluss entlangführt«, sagte Hanser und bemühte sich dabei, nicht belehrend zu wirken.

Es war zwar nicht der schnellste Weg, doch mit Sicherheit der idyllischste. Sie passierten mehrere verschlafene Dörfer und Magdalena genoss das langsame Dahingleiten an dem unbegradigten Gewässer.

Schon eine geraume Zeit hatte sie während der Fahrt nach einer passenden Stelle Ausschau gehalten und stoppte nun ihren Wagen an einer kleinen Ausbuchtung. Gemeinsam gingen sie zum nahen Flussufer und genossen die Ruhe und das regelmäßige Fließen des Wassers.

Kurz vor Horb war es dann vorbei mit der Beschaulichkeit und sie kamen in einen kilometerlangen Stau.

»Ich habe gehört, dass an manchen Tagen an die hunderttausend Leute dieses Spektakel besuchen, und ich glaube beinahe, dass heute einer dieser Tage ist«, stellte Magdalena resigniert fest.

Tatsächlich dauerte es eine knappe Stunde, bis sie eine zu einem riesigen Parkplatz umfunktionierte Wiese erreicht hatten. Wahre Heerscharen pilgerten in die pittoreske Altstadt und wollten ins Mittelalter eintauchen. Paul, der sich sehr für diese spannende Zeit interessierte, war immer wieder aufs Neue fasziniert davon, wie die Leute, die zu Hause und im Büro alle Annehmlichkeiten der modernen Technik genossen, sich für diese angeblich so finstere Zeit begeisterten.

In den gewundenen Gassen reihten sich die offenen Pavillons von Handwerkern, die eine aus heutiger Sicht kuriose Kunst ausübten, und schön dekorierte Stände mit dem kulinarischen Angebot der damaligen Zeit aneinander. Während Magdalena ausgiebig einem Schmuckhersteller zuguckte, sah Paul einem stämmigen Schmied über die Schulter, der in mühsamer Kleinarbeit ein Kettenhemd herstellte.

Allerdings wurden sie mehr durch die schmalen Gässchen geschoben, als dass sie sich bewusst bewegen konnten. Das Beste aber waren die bunten Gewänder, teilweise schienen sie authentisch, teilweise waren sie wohl der persönlichen Fantasie entsprungen. Grimmig dreinblickende Landsknechte mit geschlitzten Hemden und Schamkapseln an ihren Bundhosen gingen neben hübschen Frauen in eng anliegenden Kleidern mit gewagten Dekolletés und feinen Lederstiefelchen.

An einem Stand mit frisch gebackenem Fladenbrot, belegt mit köstlich duftendem Bratenfleisch, scherte Paul aus der Masse der Leute aus und Magdalena versuchte verzweifelt, es ihm gleichzutun. Mit stoischer Ruhe stellte sich Paul ans Ende der langen Schlange und wartete geduldig, bis er an die Reihe kam.

Nachdem sie die gut gewürzte Spezialität in Händen hielten, setzten sie sich an einen Brunnen. Paul organisierte noch zwei Becher eines als Ritterbier titulierten Gebräus, das den beiden sehr gut schmeckte.

»Wir müssen uns beeilen, die Kämpfe haben bestimmt schon angefangen«, rief ein Junge in Ritterrüstung seinen sichtlich überforderten Eltern zu.

»Wo finden denn diese Vorführungen statt?«, fragte Paul den Vater des Kindes neugierig.

»Sie müssen einfach diese Gasse, wo die ganzen Stände aufgebaut sind, hinuntergehen, bis Sie zum Neckarufer kommen, dort ist der Turnierplatz«, antwortete der Familienvater trotz des offensichtlichen Stresses, den er hatte, freundlich.

»Danke!«, rief Magdalena ihm hinterher.

Frisch gestärkt folgten sie der Beschreibung und hörten bereits von Weitem den Schlachtenlärm. Wie es sich für ein ordentliches Ritterturnier gehörte, war auch eine Tribüne aufgebaut, wo in einer abgetrennten Loge eine edel gekleidete Gestalt mit goldener Krone thronte.

»Sie da, der Kaiser Maximilian weilt auch unter uns«, stellte Paul fest und erklärte der in Geschichtsdingen wenig beschlagenen Magdalena die Zusammenhänge.

»Der Monarch regierte im sechzehnten Jahrhundert und wird gemeinhin als der letzte Ritter bezeichnet. Ihm zu Ehren wird dieses alljährlich stattfindende Fest gefeiert und die schöne Jungfer an seiner Seite ist wohl der Preis für den Gewinner.«

Es begann ein übles Hauen und Stechen und selbst Magdalena, der dieses Spektakel nicht unbedingt gefiel, musste einräumen, dass die Männer ihr Handwerk verstanden.

»Viele der Kämpfer verdienen ihre Brötchen als Stuntmen in Historienfilmen, habe ich auf einem Plakat gelesen, und die Kunst besteht wohl hauptsächlich darin, sich nicht gegenseitig zu verletzen«, erklärte Paul.

Die Königsdisziplin, in der die gepanzerten Reiter mit Lanzen aufeinander losgaloppierten, hatten sie leider schon verpasst, aber die Schwertkämpfe waren auch interessant. Ein Kämpferpärchen hatte es Magdalena besonders angetan, wobei ein Ritter mit einem Streitflegel auf einen Mann mit Langschwert traf. So sah es also aus, wenn jemand die Kunst beherrschte, mit dieser Kettenwaffe umzugehen. Er schwang sie über den Kopf und wechselte sogar während des Schwungs von einer Hand in die andere.

Sie hielt den Atem an, als die nagelbestickte Kugel dem Schwertkämpfer haarscharf am Helm vorbeisauste, und wandte sich entsetzt ab.

Erst als die zwei ihren Kampf beendet hatten und ihre Helme abnahmen, drehte sich Magdalena wieder um. Sie verneigten sich gerade mit einer eleganten Verbeugung vor ihrem Publikum, als sie einen der Männer erkannte.

»Aber…, das… das ist doch der Graf«, stammelte die Kommissarin und Paul schaute sie verständnislos an.

Mit schreckgeweiteten Augen sah Yvonne in das Gesicht des Meisters und übergab ihm wie in Trance das Handy. Er drückte auf die Beenden-Taste und bedeutete ihr mit einer unmissverständlichen Geste, ihm zu folgen. Das Telefon schaltete er sofort aus, damit es von niemandem geortet werden konnte.

Dieses wutverzerrte Gesicht werde ich mein Leben lang nicht vergessen, dachte Yvonne, als sie hinter Bruder Bernhard hertrottete, und sie wusste instinktiv, dass sie dieses Mal nicht mehr so glimpflich davonkommen würde. Wenigstens würde sie Michael aus der ganzen Sache heraushalten können, schließlich hatten viele Leute mitgekriegt, wie er sie verstoßen hatte.

»Du bringst ein ums andere Mal Schande über unsere Gemeinschaft«, sagte er bitter, als sie den Keller, der ihr wohl wieder als Gefängnis dienen würde, erreicht hatten.

»Nach unserer gemeinsamen Mahlzeit komme ich mit Michael zurück und du wirst uns erzählen, woher du dieses Telefon hast, haben wir uns verstanden?«

Die fanatischen Augen des Meisters zwangen ihren Blick nieder.

Yvonne setzte sich resigniert auf den kalten Lehmboden

und begann, hemmungslos zu weinen. Sie war sich ihrer aussichtslosen Situation bewusst und das Einzige, was in dieser verfahrenen Situation noch zu retten war, war Michaels Reputation. Unter keinen Umständen durfte sie ihn verraten, denn sollte der Meister erfahren, dass er Yvonne von der geplanten Unternehmung berichtet hatte, würde das mit Sicherheit auch sein Todesurteil bedeuten.

Es dauerte zwei quälend lange Stunden, in denen sich die junge Frau allerlei schlimme Dinge ausmalte, bis sie endlich Schritte hörte und die Tür aufgerissen wurde.

Als erstes trat der Aufpasser ein, der sie verbotenerweise am Nachmittag ins Haus eingelassen hatte. Seinem zornigen Gesicht nach hatte er ziemlichen Ärger mit dem Meister bekommen, und ehe sich Yvonne versah, lag sie von einem heftigen Schlag getroffen am Boden.

»Du Miststück hast mich angelogen, dafür wirst du büßen.«

Er zerrte sie an den Haaren wieder hoch und gab ihr eine weitere schallende Ohrfeige. Offenbar war er von Bernhard zu dieser Prügelstrafe instruiert worden, denn der Meister ließ ihn gewähren. Er blieb neben Michael stehen und beobachtete ihn unverhohlen.

Yvonnes Mann wäre am liebsten eingeschritten, musste jedoch, wenn er sich nicht verraten wollte, ohnmächtig ansehen, wie seine Frau bestraft wurde. In seinem Gesicht arbeitete es und er war kurz davor, die Augen zu schließen.

»Das reicht vorerst«, befahl der Meister, als die junge Frau aus mehreren Wunden im Gesicht blutete und sich aufgrund eines heftigen Schlages in den Magen erbrochen hatte.

Michael setzte an, sich um die Verletzte zu kümmern, wurde jedoch zurückgehalten.

279

»Warte.«

Offenbar wollte Bernhard Yvonne in ihrem Zustand völliger Hilflosigkeit befragen.

»Nun, Schwester, sage mir jetzt, wie du zu diesem Telefon kommst«, fragte er in vermeintlich versöhnlichem Ton.

Bevor sie etwas sagen konnte, bekam Yvonne einen heftigen Hustenanfall.

»Meine…, meine Mutter… sie… sie hat es mir gegeben.«

»Ist das auch die Wahrheit? Ich stand die ganze Zeit neben euch, als sie mit dir geredet hat.«

»Es war…, als… als sie mich umarmt hat, da warst du vielleicht kurze Zeit abgelenkt, Meister.«

»Also gut, ich will dir glauben, anders kann es ja auch nicht gewesen sein. Aber wen wolltest du anrufen, unser Bruder Michael hat dir doch längst erzählt, dass deine Mutter tot ist.«

Er blickte Michael scharf an und dieser nickte unmerklich.

Yvonne war zwar ziemlich durcheinander, doch so weit funktionierte ihr Gehirn noch, dass sie wusste, ihm eine einigermaßen glaubhafte Geschichte erzählen zu müssen. Denn es war sicherlich ein Leichtes, die Adresse zu der Telefonnummer herauszufinden.

»Es… es ist die Nummer einer alten Freundin und früheren Nachbarin meiner Mutter.«

Bernhard fixierte sie mit seinen stechenden Augen und war in dem Moment überzeugt, dass sie die Wahrheit sprach.

»Wir werden das selbstverständlich überprüfen, doch du bleibst bis auf Weiteres hier unten. Du hast das Recht, ein Teil der Gemeinschaft zu sein, verwirkt. Dein Mann wird ohnehin bald wegziehen, um sich neuen Aufgaben zu stellen. Die Strafe, die dich erwartet, wird ein Exempel statuieren und eventuellen Nachahmern eine Warnung sein, denn du wirst unsere Gemeinde verlassen, aber natürlich nicht so wie du es vorhattest«, meinte er mit beschwörender Stimme.

Das kann nur meinen Tod bedeuten, dachte Yvonne wehmütig, auch im Hinblick auf das ungeborene Leben, das in ihr heranwuchs, wenn es durch den heftigen Schlag in den Magen nicht schon tot war.

Zutiefst erschüttert von dem Gewaltausbruch seines Bruders folgte Michael dem Meister und seinem Vollstrecker, mit dem er bisher stets gut ausgekommen war, in gehörigem Abstand nach oben.

»Du musst diese falsche Schlange vergessen und dich innerlich auf deine neue Aufgabe vorbereiten«, rief er Michael über die Schulter zu und beugte sich dann zu seinem Nebenmann.

»Behalt ihn im Auge, ich will keine Überraschungen erleben«, flüsterte er dem bulligen Mann ins Ohr.

Welcher Graf?« wollte Paul wissen.

»Na, der vom Lichtenstein, wo die beiden Morde passiert sind, und das seltsame dabei ist, dass der Mörder im zweiten Fall mit genau solch einer Waffe getötet hat.«

Magdalena Mertens war jetzt ganz aufgeregt. Hatte nicht Maier gesagt, dass dieser Morgenstern, oder wie auch immer das Mordwerkzeug hieß, damals eine unritterliche Waffe war?

Der Graf als quasi Nachfolger dieses Standes beherrschte den Umgang damit jedenfalls sehr gut und wie der Zettel, den sie auf dem Schreibtisch Sailers gefunden hatte, bewies, hatte er zudem guten Grund, den unliebsamen Verwalter aus dem Weg zu räumen.

Vielleicht hatte er Sailer nicht nur auf diese Art und Weise hingerichtet, sondern auch noch in die Rüstung gezwängt, um ein zusätzliches Zeichen zu setzen, wie etwa eine posthume Demütigung oder etwas in dieser Richtung.

Das war allerdings nur eine gewagte Hypothese, das wusste sie selbst.

Zuerst musste sie sein Alibi für die mögliche Tatzeit überprüfen. Und vor allem, welchen Grund hätte er haben sollen, Charlotte Friedrich umzubringen? Oder waren es doch zwei verschiedene Täter, mit denen sie es hier zu tun hatten?

»Du bist gerade in Gedanken bei deinen Mordfällen, nicht wahr?«

Paul grinste, während Magdalena aus ihren Gedanken aufschreckte.

»Ja, entschuldige, dieser kämpfende Graf hat bei mir wieder neue Fragen aufgeworfen. Aber wenn du nichts dagegen hast, würde ich jetzt gerne woanders hingehen und diesem Gedränge entfliehen.«

Wie die meisten männlichen Zuschauer genoss Paul die gut einstudierten Kämpfe, doch aus Rücksicht auf Magdalena willigte er ein und sie kehrten dem Turnierplatz den Rücken. Stattdessen schlenderten die beiden noch einmal an den verschiedenen Ständen vorbei und erstanden ein paar Dinge, die sie zu Hause garantiert nicht unbedingt brauchten, wie etwa wohlriechende Seifen bei einem Seifensieder oder eine bunte Laterne bei einem Laternenmacher. Sie kauften aber auch allerhand Käse, Wurst und sogar ein frisch gebackenes Brot ein.

»Wir könnten uns auf dem Heimweg wieder eine schöne

Stelle am Fluss suchen und dort entlangspazieren«, schlug Paul vor.

»Das ist eine hervorragende Idee.«

Nach langem Suchen hatten sie schließlich Magdalenas Auto wiedergefunden und fuhren dann in Richtung Rottenburg.

Unweit der Stelle, an der sie bereits beim Hinweg geparkt hatten, hielt Magdalena an. Während sie wieder zum Fluss flanierten, legte sie ihre schmale Hand wie selbstverständlich in Pauls Pranke. Unten am steinigen Ufer blieben sie stehen und umarmten sich.

Es war Paul, der anfing zu sprechen.

»Das ist das erste Mal, seit meine Frau gestorben ist, dass ich wieder für jemanden zärtliche Gefühle empfinde.«

»Bei mir ist es deutlich länger her und ich bin überzeugt, dass meine Kollegen mich für eine vertrocknete alte Jungfer halten.«

Sehr deutlich erinnerte sich Paul in diesem Moment daran, dass Magdalena ihm während eines sehr guten Essens im »Hirsch« in Erpfingen von der Vergewaltigung durch einen Lehrer erzählt hatte, der sie vor Jahrzehnten zum Opfer gefallen war.

»Und ich bin überzeugt, dass du genau das nicht bist, sondern eine wunderbare Frau, mit der ich mich öfters treffen will.«

Wie zwei Ertrinkende klammerten sie sich aneinander und keiner wollte den anderen mehr loslassen.

Paul löste sich als Erster sanft aus der Umarmung.

»Bleibst du heute Nacht wieder bei mir? Wir könnten uns einen gemütlichen Abend mit einer schönen Flasche Wein machen und dazu die Köstlichkeiten, die wir auf dem Markt gekauft haben, essen.«

»Von mir aus gerne.«

Auf der Heimfahrt redeten beide nicht sehr viel, sondern genossen die frisch gewonnene Zweisamkeit, die keiner großen Worte mehr bedurfte.

Da es am Abend noch verhältnismäßig warm war, deckte Magdalena den Tisch auf der Terrasse. Paul schnitt derweil das Roggenbrot in dünne Scheiben.

»Mmh, das schmeckt ja hervorragend«, stieß er aus, nachdem er davon abgebissen hatte. »Tja, es geht halt nichts über ein handwerklich gefertigtes Brot.«

Magdalena nickte zustimmend und hatte dabei ein schlechtes Gewissen, denn sie hatte sich bisher eigentlich ihre Backwaren immer beim Discounter geholt. Das werde ich jetzt nicht mehr machen, schwor sie sich insgeheim.

»Mir fällt gerade etwas ein, das ich dir schon die ganze Zeit erzählen wollte.«

Mertens blickte Paul fragend an.

»Und zwar hat der befreundete ehemalige Biologieprofessor deine Sonnenbrille auf Fingerabdrücke untersucht. Tatsächlich befinden sich lediglich Abdrücke von einer Person drauf und zwar dieselben wie auf der Zahnbürste, die von der toten Schlossführerin stammt und die du mir aus eurer Reservatenkammer für den Abgleich beschafft hast.«

»Mist, dann handelt es sich doch um die Brille von Charlotte und wir haben keinerlei Beweis für ein Gewaltverbrechen. Dabei hätte ich schwören können …«

Für einen Moment schien es Paul, als ob plötzlich die ganze schöne Stimmung, die sie den Tag über begleitet hatte, verflogen wäre.

Mertens stand auf und entfernte sich, um sich irgendwie abzureagieren.

»Magdalena, so warte doch!«, rief Paul ihr hinterher.

Er erhob sich gleichfalls, holte sie ein und umfasste ihre Schulter.

»Tut mir leid, Paul, ich habe mich von Anfang an total verrannt und dabei deutet jetzt alles darauf hin, dass Charlotte doch Selbstmord begangen hat.«

»Manchmal ist es nicht verkehrt, wenn man den anderen ausreden lässt, denn ich war noch nicht fertig mit meinem Bericht. Das Seltsame an den Fingerabdrücken ist, dass sie sich nicht an den beiden Bügeln der Sonnenbrille befinden, wie es normal wäre, wenn der Besitzer sie aufzieht, sondern es tatsächlich so aussieht, als ob Charlotte in ihren letzten Sekunden nach der Brille geschnappt und sie dem Mörder heruntergerissen hat. Keine Fingerabdrücke vom Täter bedeuten dann lediglich, dass er oder sie Handschuhe getragen hat.«

Es dauerte einige Momente, bis die Kommissarin die Tragweite von Pauls Aussage verinnerlicht hatte.

»Aber das bedeutet ja…, dass ich recht hatte mit meiner Theorie und wir ein Beweisstück haben.«

Am nächsten Morgen hatte es die Kommissarin ziemlich eilig, ins Büro zu gehen. Sie nahm sich jedoch die Zeit, mit Paul noch gemeinsam zu frühstücken, bevor sie sich auf den Weg machte.

»Hallo Herr Gross«, begrüßte sie ihren Mitarbeiter, der bereits an seinem Schreibtisch Platz genommen hatte.

»Ich hoffe, Sie hatten trotz der Beziehungskrise kein so schlimmes Wochenende.«

Sascha druckste herum.

Eigentlich hatte er keine große Lust, mit seiner Vorgesetzten dieses heikle Thema zu erörtern, doch insgeheim musste er zugeben, dass sie sich bei diesem komplizierten

285

Fall menschlich nähergekommen waren und er Mertens als durchaus einfühlsame Frau kennengelernt hatte.

»Es gibt nichts zu beschönigen, es würde mir das Herz brechen, wenn ich durch diese Geschichte Miriam verliere. Um auf andere Gedanken zu kommen, war ich gestern den ganzen Tag hier im Büro und habe versucht zu arbeiten. Doch das ist gar nicht so einfach, das können Sie mir glauben«, meinte er geknickt.

Mertens erkannte, dass sein sonst durch nichts zu erschütterndes Selbstvertrauen erheblich gelitten hatte. Er schaute wie ein Häuflein Elend aus. Seit sie ihn kannte, waren die Damen ihm hinterhergelaufen und war Sascha derjenige gewesen, der jemand ins Unglück gestürzt hatte.

Bei seinem Anblick beschloss Mertens, alles was in ihrer Macht stand zu tun, damit die Beziehung zu Miriam wieder in geordnete Bahnen kam. Schließlich war es auch in ihrem eigenen Interesse, dass ihr Mitarbeiter nicht durch Liebeskummer aufgefressen wurde.

»Dafür hatte wenigstens ich ein harmonisches Wochenende mit Ihrem Bekannten Paul.«

Die Erwähnung des früheren Freundes seines Vaters zauberte ein leichtes Grinsen in das Gesicht des leidgeprüften Mannes.

»Und außerdem habe ich jetzt neue Erkenntnisse in unseren festgefahrenen Mordfällen.«

Mit wenigen Worten berichtete sie von der untersuchten Sonnenbrille sowie von der Begegnung mit dem kämpfenden Grafen.

»Aber das ist ja super«, freute sich Sascha aufrichtig. »Dann sind uns nicht mehr die Hände gebunden und wir können auch in dem ersten Mordfall offiziell ermitteln.«

»Moment, Moment, zuerst muss ich Köttmann davon in

Kenntnis setzen, wir dürfen uns keine Alleingänge mehr leisten, sonst sind wir schnell wieder weg vom Fenster. Am besten suche ich unseren Chef jetzt gleich auf, unterdessen möchte ich Sie bitten, den Ehemann von Charlotte Friedrich zu kontaktieren. Ich würde ihm gerne einen Besuch abstatten und mir von ihm ein hieb- und stichfestes Alibi geben lassen«, entgegnete Mertens mit einem süffisanten Grinsen. »Außerdem sollten Sie den Anwalt anrufen, bei dem Charlotte Friedrich die Rohfassung des geänderten Testaments hinterlegt hat.«

Sie muss wirklich ein sehr schönes Wochenende gehabt haben, dachte Sascha nicht ohne Neid, denn so überströmend vor Glück hatte er sie noch nie erlebt.

»Ach, Frau Mertens, guten Morgen«, wurde sie von Köttmann lahm begrüßt.

»Guten Morgen, ich möchte Sie nicht lange aufhalten und wie Sie sich sicher denken können, geht es um unsere beiden ungelösten Fälle im Märchenschloss.«

Bevor Köttmann etwas erwidern konnte, berichtete Mertens von der Exkursion zum Fundort der Leiche und von der Sonnenbrille, die sie dort geborgen hatten. Als sie die eigenmächtige Untersuchung nach Spuren durch Pauls Bekannten erwähnte, schüttelte Köttmann ungläubig den Kopf.

»Sie kommen mir vor wie ein Terrier, sobald Sie sich in etwas verbissen haben, lassen Sie nicht mehr los.«

»Nennen wir es lieber berufliche Erfahrung und Intuition, die mich in diesem Fall geleitet hat.«

Nicht ohne eine gewisse Bewunderung betrachtete Köttmann seine Untergebene, die er eigentlich am liebsten in den Ruhestand verabschiedet hätte.

»Wer ist diese ›Koryphäe‹, die das Beweisstück untersucht hat?«

»Es handelt sich hierbei um einen anerkannten Wissenschaftler der Uni Tübingen, Professor Rallinger«, antwortete Mertens, wobei sie allerdings verschwieg, dass der Mann emeritiert war.

»Den kenne ich, der hat für uns auch schon gearbeitet. Damit hat sich eine weitere Untersuchung erübrigt …«

»Und wir können auch den ersten Todesfall als Gewaltdelikt behandeln«, ergänzte sie eigenmächtig.

»Hm, ja, im Grunde spricht nichts mehr dagegen, in diese Richtung zu ermitteln.«

Bevor er es sich noch anders überlegte, verließ Mertens eilig Köttmanns Büro.

»Wir haben grünes Licht vom Chef, Herr Gross, nun können wir überlegen, in welcher Reihenfolge wir vorgehen«, rief sie ihrem Kollegen freudig zu.

»Da bin ich jetzt aber richtig froh. Endlich kommt Bewegung in den festgefahrenen Fall. Äh, Frau Mertens, haben Sie Ihr Handy zu Hause vergessen?«

»Weshalb?«

»Ach nur so, ich habe Sie gerade angerufen, um etwas wegen Karl Friedrich zu besprechen, und bin auf Ihrer Mailbox gelandet.«

Mit einer fahrigen Bewegung fasste Magdalena in ihre Handtasche und holte das Mobiltelefon heraus.

»Wie so oft habe ich einfach vergessen, es einzuschalten.«

Langsam tippte sie die Geheimzahl ein und wartete, bis das Display aufleuchtete.

Mehrere Augenblicke blickte sie nachdenklich auf eine weitere Nummer neben der eingespeicherten von Sascha, unter der ebenfalls jemand versucht hatte, sie zu erreichen.

Plötzlich entspannten sich ihre Züge und sie begann, in ihrer Handtasche herumzunesteln. Wenig später hielt die

Kommissarin triumphierend einen kleinen Zettel in der Hand.

»Ich habe Ihnen doch von meinem kleinen Abenteuer bei dieser Sekte erzählt und davon, dass ich Yvonne heimlich ein Handy zugesteckt habe. Und nun raten Sie mal, wer mich gestern versucht hat anzurufen? Offensichtlich wollte sie mich über irgendwas informieren, na ja, sie wird es sicher nochmals versuchen.«

»Etwas anderes, Frau Mertens, meinen Sie, wir schaffen das alleine oder sollen wir noch ein, zwei Kollegen anfordern? Immerhin läuft da draußen mindestens ein Mörder herum, der jederzeit wieder zuschlagen kann.«

Daran hatte die Hauptkommissarin ebenfalls schon gedacht, doch bisher hatte sie dafür keine Notwendigkeit gesehen.

»Lassen Sie es uns noch ein paar Tage so versuchen, bis wir die Alibis unserer verschiedenen Verdächtigen überprüft haben. Wenn es dann in die Endphase geht, holen wir uns Verstärkung.«

Nach einer kurzen Diskussion kamen sie überein, dass sie als Erstes den Ehemann von Charlotte aufsuchen wollten.

Laut Sascha hatte der ziemlich missmutig am Telefon geklungen, sich jedoch trotzdem bereit erklärt, die Kommissare zu empfangen.

»Wie wäre es, wenn wir heute mal meinen Wagen nehmen?«

»Wenn Sie mir versprechen, einigermaßen gesittet zu fahren, habe ich kein Problem damit«, erwiderte sie grinsend und dachte an die wenigen Male zurück, in denen sie Saschas Rennfahrermentalität ausgeliefert gewesen war.

»Ich werde mich redlich bemühen, Frau Mertens, und gelobe feierlich, Sie wieder heil hier abzuliefern.«

Als die erste Ampel von Grün auf Gelb umschaltete und das vor ihm fahrende Auto abrupt bremste, musste Sascha sich das erste Mal beherrschen.

»So ein Penner, das hätte ja noch zehnmal gereicht.« Mit einem schnellen Seitenblick registrierte er das entnervte Kopfschütteln seiner Kollegin. »Entschuldigung, ich reiß mich ja schon zusammen. Aber ich sage es Ihnen ehrlich, die Sache mit Miriam geht mir gehörig an die Substanz. Die letzten beiden Nächte habe ich so gut wie gar nicht geschlafen und mich gestern und heute nur mit viel Kaffee auf den Beinen halten können.«

»Das kann ich gut verstehen. Sie sagten, dass Sie gestern gearbeitet hätten. Darf ich erfahren, was genau Sie Wichtiges gemacht haben?«

»Ob es wichtig ist, wird sich noch herausstellen. Ich habe mir jedenfalls das Umfeld des getöteten Verwalters einmal genauer angeschaut. Dazu habe ich mehrere Telefonate, unter anderem mit seiner Ehegattin, geführt.«

»Das ist aber ziemlich pietätlos, so kurz nach seinem Tod und noch dazu an einem Sonntag«, unterbrach ihn seine Kollegin harsch.

»Na ja, ich war lange Zeit unentschlossen, habe mich dann aber doch entschlossen, es zu tun. Vielleicht auch, weil ich so schnell wie möglich das Schwein fassen möchte, das Miriam auf so infame Weise beinahe zu Tode erschreckt hat.«

Jetzt nickte Mertens verständig.

»Es war dann jedoch nicht so schlimm, wie ich es mir vorgestellt habe. Johanna Sailer klang ziemlich gefasst, als ich mich vorgestellt habe, und ich hatte den Eindruck, dass sie ohnehin so schnell wie möglich mit der Polizei reden wollte. Sie hat mich dann auf den Spätnachmittag zu sich eingeladen und ich bin tatsächlich hingefahren. Die freistehende Villa in dem kleinen Ort Traifelberg hat Sailer wohl gleich gekauft, nachdem er den Arbeitsvertrag auf dem Lichtenstein unterschrieben hatte. Sie wissen vielleicht, dass das Dorf direkt gegenüber dem Schloss liegt, und er konnte quasi jederzeit, wenn er zu Hause war, einen Blick auf seinen schön gelegenen Arbeitsplatz werfen. Trotz der nicht sehr heftigen Reaktion am Telefon war ich auf alles vorbereitet, schließlich geht keiner von uns gern zu den nächsten Angehörigen eines Mordopfers. Die Frau jedoch, die mir die Tür öffnete, wirkte keineswegs wie jemand, der gerade seinen Ehemann verloren hat. Im Gegenteil hatte ich beinahe den Eindruck, als sei sie froh, dass es vorbei ist. Frau Sailer bat mich herein in ihren Luxusschuppen, wo alles vom Feinsten ist. Sie kennen ja diese Designerbuden, hochwertiges Interieur, aber irgendwie wird man das Gefühl nicht los, dass sich niemand so recht darin wohlfühlt«, meinte er etwas abfällig. »Ihr stilvoll eingerichtetes Haus gefällt mir da bedeutend besser.«

Dieses Lob nahm Magdalena lächelnd zur Kenntnis.

Sascha berichtete, wie sie dann über die weißen Marmorfliesen geschritten und schließlich in den riesigen Wintergarten gelangt seien, der einen wirklich fantastischen Ausblick biete.

»Ohne Umschweife kam die Frau auf den desolaten Zustand ihrer Ehe zu sprechen. Es sprudelte nur so aus ihr heraus und ich habe mich beinahe gefühlt wie ein Psychiater, der seiner Patientin zuhört, die auf der sprichwörtlichen Couch liegt. Frau Sailer ist die Tochter eines sehr renommierten Stuttgarter Wirtschaftsprüfers und heute mehr denn je überzeugt davon, dass Sailer ihr nur deswegen den Hof gemacht hat, um die Kontakte des Schwiegervaters für das eigene Weiterkommen zu nutzen. Glauben Sie mir, Frau Mertens, diese Dame hat an ihrem verstorbenen Gatten kein gutes Haar gelassen, und dass sie jetzt in dieser, wie sie sich ausgedrückt hat, Einöde ihr Dasein fristen muss, hat ihr dann wohl den Rest gegeben. Sobald der Nachlass geregelt sei, werde sie dieses Haus verkaufen und mit dem Kind, das schon von ihren Eltern abgeholt worden ist, wieder nach Stuttgart ziehen, hat sie mit Nachdruck gesagt.«

Er nahm eine Hand vom Steuer, schraubte eine kleine Flasche Mineralwasser auf, die in der Mittelkonsole lag, und nahm einen Schluck, bevor er fortfuhr.

»Trotz allem Ehrgeiz und beruflichem Können hatte Sailer ein großes Problem. Wenn er eine attraktive Frau kennenlernte, konnte er seine Finger nicht bei sich lassen. Das ist ihm zum Verhängnis bei seinem früheren Arbeitgeber, einem Automobilkonzern, geworden. Denn obwohl er von höchster Stelle protegiert worden war, musste er seinen Hut nehmen, nachdem ihn eine Angestellte angezeigt hat. Dabei war es wohl nicht das erste Mal, dass er übergriffig geworden war, bis zu dieser Anzeige jedoch waren die Vorfälle immer irgendwie bereinigt worden, sei es mit Geld oder mit Einschüchterungen.«

»Und jetzt lassen Sie mich raten«, unterbrach ihn Mertens. »Auf dem Schloss ist wieder dasselbe passiert.«

»Das war jedenfalls die Vermutung von Johanna Sailer, konkrete Angaben konnte sie allerdings keine machen.«

»Da haben wir ja das Motiv«, rief die Kommissarin euphorisch aus. »Ich bin überzeugt davon, dass Sailer wieder eine Frau, die sich ihm nicht freiwillig hingeben wollte, zu sexuellen Handlungen gezwungen hat und deswegen sterben musste. Das würde auch das rituelle Einzwängen in die Rüstung erklären. Wir müssen vielleicht dieser Karin Haarmann nochmals auf den Zahn fühlen und dann alle Schlossführerinnen ausfindig machen, die unter Sailers Leitung gekündigt haben. Es könnte natürlich auch jemand aus einem völlig anderen Umfeld sein, aber ich bin mir jetzt doch ziemlich sicher, dass in dieser abartigen Neigung Sailers der Schlüssel zu seinem Mörder oder seiner Mörderin liegt.«

»Ja, dieser Meinung bin ich auch, Frau Mertens, und dann habe ich noch etwas sehr Interessantes erfahren.«

Er machte eine kurze Pause, um die Spannung zu erhöhen.

»Halten Sie sich fest, es gibt eine Querverbindung Sailers zu der ominösen Sekte, die Sie besucht haben.«

Der Tag begann mit ausgesprochen schönem Wetter, doch um die Mittagszeit hatten sich immer mehr Wolken aufgetürmt. Kurz bevor sie in Honau ankamen, fing es an, kräftig zu regnen.

Keiner der beiden Kommissare hatte an eine Regenjacke gedacht und so standen sie nun wie begossene Pudel vor dem Haus des streitbaren Karl Friedrich. Magdalena und Sascha mutmaßten, dass er heimlich hinter einer Gardine stand und sich diebisch freute, dass sie nass geworden waren, denn auch auf mehrfaches Klingeln hin wurde ihnen nicht geöffnet.

»Sind Sie sicher, Herr Gross, dass der Kerl Ihnen zugesichert hat, gegen dreizehn Uhr zu Hause zu sein?«, fragte Mertens verärgert.

»Absolut sicher, und wenn er nach dem nächsten Läuten nicht aufmacht, trete ich die Tür ein, wegen Gefahr in Verzug, das verspreche ich Ihnen«, erwiderte Sascha, der seinen Zorn gleichfalls nicht mehr unterdrücken konnte.

Er drückte die Klingel und pochte gleichzeitig kräftig mit der Faust gegen die Haustüre.

Als ob Friedrich die Drohung gehört hätte, öffnete sich die Türe.

»Entschuldigen Sie, ich habe gerade einen Mittagsschlaf gemacht.«

Breitbeinig stand er da und machte keinerlei Anstalten, die durchnässten Beamten hereinzubitten.

»Könnten wir uns vielleicht drinnen unterhalten, Sie sehen ja, dass es regnet.«

Ohne eine Antwort abzuwarten, drängte sich Sascha an dem verdutzten Mann vorbei.

»He, das geht so aber nicht, dann ziehen Sie wenigstens Ihre Schuhe aus.«

»Jetzt pass mal auf, Freundchen, wir können dich auch sofort mitnehmen und einbuchten, wenn du nicht kooperierst. Ein Grund dafür wird uns sicher einfallen.«

Die Drohgebärde war unübersehbar und Karl Friedrich schien sichtlich eingeschüchtert.

»Herr Gross, bitte.«

Widerwillig machte Sascha seiner Kollegin Platz, die einen anderen Ton anschlug.

»Gerne sind wir natürlich bereit, unsere Schuhe auszuziehen, Herr Friedrich. Sie haben doch bestimmt einen Raum in Ihrem großen Haus, wo wir uns mit unseren nassen Klamotten hinsetzen können, ohne dass wir etwas ruinieren.«

Mertens musste sich zwar auch zusammenreißen, diesem Widerling nicht ein paar passende Worte ins Gesicht zu schleudern, doch bevor sie keine Beweise hatten, mussten sie diesen Kerl mit Samthandschuhen anfassen.

Er führte sie schließlich in eine Art Hobbyraum, wo mehrere Stühle um einen runden Tisch gruppiert waren. Als Erster setzte sich der Hausherr hin und machte keinerlei Anstalten, seinen Gästen ein Handtuch oder eine Kleinigkeit zu trinken anzubieten.

Mertens wollte dieses Haus so schnell wie möglich wieder verlassen und kam umgehend zum Thema.

»Wir haben ein entscheidendes Puzzlestück gefunden und damit den sicheren Beweis erbracht, dass Ihre Frau einem Mord zum Opfer gefallen ist.«

Sie hatte sehr langsam gesprochen und ließ ihre Worte auf Friedrich wirken.

»Und da es sich, wie mein Kollege bei unserem letzten Besuch erwähnt hat, in vielen Fällen so verhält, dass der Ehemann der Täter ist, möchte ich Sie in Ihrem eigenen Interesse bitten, uns zu sagen, wo Sie sich zur Tatzeit aufgehalten haben.«

Mertens hatte nun jede Form der Diplomatie aufgegeben.

Aufmerksam betrachtete sie Karl Friedrich, in dessen Gesicht es unkontrolliert zuckte und der augenscheinlich nervös wurde. Deshalb beschloss die erfahrene Hauptkommissarin nachzulegen.

»Ihre verstorbene Frau wollte Sie enterben und mit einem lächerlichen Pflichtteil abspeisen, eine grobe Fassung des betreffenden Dokuments liegt uns vor. Ihre Anwaltskanzlei läuft nicht besonders gut und deswegen ist eine Enterbung natürlich ein sehr starkes Mordmotiv. Erschwerend kommt hinzu, dass Sie Ihre Frau laut einer Zeugin kurz vor ihrem Tod massiv bedroht haben.«

Jetzt hatte sie ihn soweit, denn Friedrich verlor die Beherrschung.

»Was erlauben Sie sich, verlassen Sie sofort mein Haus, ich habe mir jetzt genug Beleidigungen angehört. Suchen Sie lieber nach dem wahren Mörder, statt einen unbescholtenen Bürger zu beschuldigen.«

Friedrich sprang auf und sein Gesicht lief krebsrot an.

Mit einem schnellen Blick bedeutete Mertens ihrem Kollegen, noch nicht einzugreifen.

»Wie ist eigentlich das Verhältnis zu Ihrer Tochter? Wollen Sie als liebender Familienvater nicht wissen, wie es ihr geht oder wo sie sich befindet?«

»Das geht Sie gar nichts an und jetzt raus.«

»Herr Friedrich, ich möchte Sie ausdrücklich bitten, ruhig zu bleiben. Sollten Sie nicht in der Lage sein, uns ein Alibi zu geben, müssen wir Sie angesichts der Indizien, die eindeutig gegen Sie sprechen, vorläufig festnehmen.«

Sascha war bereits drauf und dran, sich auf den renitenten Mann zu werfen und ihm Handschellen anzulegen. Der spürte offenbar, dass es jetzt ernst wurde und beruhigte sich ein wenig.

»Also gut, weil Charlotte nicht mehr heimgekommen ist nach unserer kleinen Meinungsverschiedenheit, bin ich mit dem Bus nach Reutlingen gefahren und habe mir bei einem Autoverleih einen Wagen ausgeliehen. Unseren BMW hatte sie ja mitgenommen. Ich gebe zu, dass ich dann zum Parkplatz am Schloss gefahren bin, um Charlotte abzupassen und um mit ihr vernünftig zu reden.«

Mertens konnte sich gut vorstellen, was »vernünftig reden« bei diesem Menschen hieß.

Sascha hatte ihr ausführlich von dem Gespräch Miriams mit Karin berichtet und in diesem Bericht war der Ehemann der Getöteten sehr schlecht weggekommen. Charlotte hatte wahrscheinlich die Reißleine gezogen und einen Schlussstrich unter ihr Martyrium ziehen wollen.

»Verstehe ich Sie richtig, Sie waren zur Tatzeit am Lichtenstein und haben auf Ihre Frau gewartet?«

Das war der Durchbruch, dachte Mertens triumphierend.

»Ja«, gab Friedrich kleinlaut zu. »Aber es ist nicht so wie

Sie denken, ich war die ganze Zeit auf dem Parkplatz und bin dann wieder nach Hause gefahren, als es Nacht wurde.«

»Hat irgendjemand Sie gesehen oder mit Ihnen geredet?«

Er schüttelte den Kopf.

»Geben Sie mir recht, wenn ich sage, dass es für Sie ein Leichtes gewesen wäre, sich einer Besuchergruppe, die nicht von Ihrer Frau, sondern von einem Schlossführer, der Sie nicht kennt, geleitet wird, anzuschließen und unbemerkt in die Nähe des Turmes zu gelangen, um dort auf das Opfer zu warten?«

Da keine Antwort aus seinem Mund kam, fuhr die Hauptkommissarin fort.

»Herr Karl Friedrich, ich nehme Sie fest unter dem dringenden Tatverdacht, Ihre Ehefrau Charlotte Friedrich aus niederen Beweggründen ermordet zu haben. Ihre Rechte werden wir Ihnen auf der Fahrt nach Reutlingen verlesen, sofern Sie als Jurist diese noch nicht kennen sollten.«

Während Sascha dem plötzlich lammfrommen Mann die Handschellen anlegte, dachte Mertens an einige Ungereimtheiten, die sie noch beschäftigten, aber diese ließen sich mit Sicherheit ausräumen.

Miriam hatte versucht, das Geschehen zu verdrängen, doch die Nacht von Samstag auf Sonntag war ein einziges Desaster gewesen. Sobald sie auch nur in die Nähe des Einschlafens gekommen war, blickte sie wieder in die toten Augen ihres Vorgesetzten. Gegen drei Uhr morgens stand sie auf und schluckte eine weitere Beruhigungspille mit einem Glas Wasser hinunter.

Das Resultat war ein kurzer unruhiger Schlaf, in dem ihr immer wieder die Bilder des grauenvollen Morgens erschienen. Als ihr kleiner Wecker sechs Uhr anzeigte, stand sie entnervt auf und machte sich einen Kaffee. Vielleicht wäre es besser gewesen, Sascha mitzunehmen, doch sie war dazu einfach nicht in der Lage gewesen, da sie ihren Freund für das Stimmungstief, das sie nach diesem schrecklichen Erlebnis durchlitt, mitverantwortlich machte.

Sicher, er hatte ihr wegen des Jobs auf dem Schloss keine Pistole auf die Brust gesetzt, aber irgendwie hatte Miriam das Gefühl gehabt, Sascha hätte eine Absage persönlich genommen.

Sie nahm das Buch, das sie angefangen hatte zu lesen, zur Hand, legte den Krimi jedoch beim ersten Mord entsetzt wieder zur Seite.

Stattdessen holte sie sich die abonnierte Sonntagszeitung herein und blätterte darin. Doch auch bei der siebten Ausgabe ihrer Regionalzeitung fand sie keine Entspannung, da auch dieses Blatt durchsetzt war von Mord und Totschlag.

Morgen muss ich den Kollegen der Polizeipsychologin aufsuchen, nahm sich Miriam fest vor, allein würde sie nicht aus diesem tiefen Loch herausfinden.

Nachdem ihre beiden Mädchen aufgestanden und sie gemeinsam gefrühstückt hatten, beschloss die kleine Familie spontan, einen Badesee aufzusuchen. Dieser Vorschlag kam allerdings von den Kindern, Miriam selbst war zu keiner Entscheidung fähig.

Das idyllisch gelegene Gewässer direkt am Waldrand war genau das Richtige an diesem Tag, doch diese Idee hatten Hunderte andere Leute leider auch gehabt.

Trotzdem amüsierten sich die drei und Miriam konnte sogar das Grauen für einige Stunden vergessen. Als der Nachmittag in den Abend überging, rief sie ihre Mutter an und lud sich und die Mädels zum Grillen ein. Sie war noch nicht in der Stimmung, nach Hause zu gehen, und wollte bei ihrer verständigen Mutter etwas Zerstreuung finden.

Kaum hatte Miriams Lieferwagen vor dem einzeln stehenden Haus geparkt, rissen Anne und Sylvie die Türe auf und rannten zu ihrer Oma. Mit einer stürmischen Umarmung hieß Gerda Neuburg ihre Enkelinnen willkommen. Als ihr Blick auf Miriam fiel, die gerade heranschlappte, verdüsterte sich jedoch ihr gutmütiges Gesicht.

»Hallo Mama.«

»Hallo Miriam.«

Während die Kinder ums Haus herum in den Garten eilten, wo Gerdas Mitbewohner gerade dabei waren, ein Grillfeuer zu entzünden, trat sie zu ihrer Tochter und nahm sie ebenfalls in den Arm.

»Was ist los mit dir, Miri, ist etwas nicht in Ordnung?«

Müde winkte die junge Frau ab.

»Ach nichts, lass uns nachher darüber reden.«

Miriam versuchte, so gut es ging, sich so wenig wie möglich anmerken zu lassen.

Die zwei Pärchen, mit denen ihre Eltern vor mehr als fünfunddreißig Jahren dieses alte Haus gekauft und eine Wohngemeinschaft gebildet hatten, merkten ebenfalls, dass mit Miriam etwas nicht stimmte. Schließlich waren sie alle zu einer großen Familie verschmolzen, vor allem die beiden Frauen pflegten ein inniges Verhältnis zu Miriam.

Ihnen konnte sie so wenig vormachen wie ihrer Mutter. Sie war zwar damals mehr oder weniger mit ihrem verstorbenen Ehemann durchgebrannt und hatte sämtliche Brücken hinter sich abgebrochen, doch nach der Geburt ihrer ersten

Tochter Anne hatte sie die Nähe dieser liebenswerten Menschen wieder gesucht.

»Darf ich dir ein Rindersteak auflegen?«, fragte Kurt, der den Part des Grillmeisters innehatte, seit Miriam denken konnte.

»Nein danke, ich habe überhaupt keinen Appetit.«

Stattdessen schenkte sie sich ein Glas von dem gekühlten Pinot Grigio ein.

»Ich glaube nicht, dass dir der Alkohol in deinem Zustand guttut, lass uns lieber ein wenig in den Weingärten spazieren gehen«, schlug Gerda vor und hakte sich bei ihrer Tochter unter, die das Weinglas nach kurzem Überlegen wieder abstellte.

»Weißt du noch, Miri, hier zwischen den Reben hast du dich als Kind immer versteckt, wenn du etwas ausgefressen hattest, und wenn die Blätter dafür noch nicht dicht genug waren, bist du in das alte Weingärtnerhäuschen geschlüpft.«

Sie deutete den Hang hinauf, wo eine windschiefe Hütte stand, und Miriam lächelte gequält.

»Hinterher hast du mir oder deinem Vater immer alles gebeichtet und wir haben dir natürlich verziehen.« Gerda Neuburg tastete sich behutsam heran. »Deswegen möchte ich dich bitten, dass du dein Herz auch heute bei mir ausschüttest. Der abgedroschene Spruch, wonach geteiltes Leid halbes Leid ist, hat nichts von seiner Aktualität verloren.«

»Du hast recht, Mutti, aber vorher wollen wir hoch zum Häuschen gehen und uns auf die verwitterte Holzbank setzen.«

Seit Miriam den Weinladen ihres verstorbenen Vaters übernommen hatte, interessierte sie sich auch zunehmend für die Herstellung des Getränks und dazu gehörten selbstverständlich auch die Arbeit in den Weinbergen und die Lese.

Zu diesem Zweck war sie seit Beginn dieses Jahres an mehreren Wochenenden zu Gast bei einem Spitzenwinzer im Elsass gewesen. Dieser kompetente Weinbauer war nicht nur Lieferant, sondern auch ein Freund von Rudi Neuburg gewesen und sie hatte ihn bereits für eine Weinprobe im kommenden Herbst eingeladen. Die launige Art des charismatischen Mannes, die Verkostung zu zelebrieren, hatte ihr sehr gut gefallen und er war weit über die Grenzen seines Städtchens hinaus bekannt.

Während Miriam den Gang zwischen den knorrigen Rebstöcken emporging, verglich sie das in Frankreich Gelernte mit der Arbeit dieses Winzers. Dabei vergaß sie beim Betrachten der raffiniert angebundenen Triebe und der bereits ausgebildeten Traubenzotter für den Augenblick ihr traumatisches Erlebnis.

Oben angekommen saßen die zwei Frauen mehrere Minuten lang schweigend auf der Sitzbank und genossen die Aussicht.

»Mir ist etwas Schreckliches passiert«, platzte Miriam plötzlich heraus.

Mitfühlend legte Gerda ihrer Tochter die Hand aufs Knie und ermunterte sie zu erzählen.

Nachdem Miriam geendet hatte, war sie in Tränen aufgelöst, aber irgendwie auch von einer Last befreit. Sie hatte diese Geschichte jetzt bereits mehrfach erzählt und das Gefühl, dass es dadurch für sie erträglicher wurde.

»Du machst Sascha für das Erlebte verantwortlich, habe ich recht? Deswegen ist er heute nicht dabei.«

»Ja, eigentlich schon, er war es schließlich, der mich zu dieser hirnverbrannten Undercover-Aktion angestiftet hat. Ich brauche jetzt erst mal Zeit, um das alles zu verarbeiten. Wahrscheinlich suche ich morgen einen Psychologen auf, der mir hoffentlich dabei hilft, das Ganze zu verdrängen, denn vergessen werde ich den Anblick des toten Sailer bestimmt mein Leben lang nicht mehr.«

»Das ist eine gute Idee, trotzdem finde ich, dass du Sascha wieder treffen und dich mit ihm aussprechen solltest. Ich kenne dich wahrscheinlich so gut wie du dich selbst und deswegen spüre ich, dass dir dieser Mann guttut. Nach deiner verkorksten Ehe mit Kollinski ist er das Beste, was dir passieren konnte, und wie ich aus den Erzählungen deiner Mädels herausgehört habe, kommen die beiden mit ihm sehr gut klar.«

Gerda Neuburg hatte sehr ruhig gesprochen und ihre Tochter durch ihre mitfühlenden Worte zum Nachdenken angeregt.

»Du hast ja recht, ich sollte mich wirklich bei ihm melden«, meinte Miriam nach einer Weile, beschloss aber, damit noch zwei, drei Tage zu warten.

Vorher wollte sie Karin aufsuchen, die ihr eine sehr gute Freundin geworden war und die ihre Hilfe angeboten hatte. Vielleicht war das ja sowieso das Beste, und bevor sie zu einem wildfremden Seelenklempner ging, konnte sie sich genauso gut mit ihrer neuen Freundin aussprechen.

Morgen würde es nicht gehen, da Karin den ganzen Tag auf dem Schloss eingeteilt war und Miriam nach ihrer Weinhandlung schauen musste.

Also dann Dienstag oder Mittwoch.

»Lass uns zurückgehen, mir geht es jetzt deutlich besser, nachdem ich dir alles erzählt habe, und ich habe jetzt sogar ein wenig Appetit.«

Yvonne fühlte sich so elend wie noch nie in ihrem Leben. Die körperlichen Schmerzen waren auszuhalten, wenngleich ihr Gesicht und ihre Kleidung blutverschmiert waren. Die düstere Aussicht hingegen, dass sie und vor allem das ungeborene Kind bald getötet werden würden, brachte sie beinahe um den Verstand.

Insgeheim hatte sie gehofft, dass Michael ihr helfen würde, war im Nachhinein jedoch froh, dass er es nicht getan hatte, denn das hätte auch seinen sicheren Tod bedeutet.

Unter großen Mühen erhob sie sich und strich in ihrem Gefängnis umher. Sie suchte nach einer Waffe, einem Schaufelstiel oder etwas ähnlichem, um wenigstens nicht kampflos unterzugehen.

Yvonne fand lediglich ein halbmeterlanges Ofenscheit, das sie vom Boden aufklauben musste. Als sie sich jedoch nach dem Holzstück bückte, fuhr ihr ein rasender Schmerz in den Bauchraum und sie musste sich sofort wieder übergeben.

Da die junge Frau seit Längerem nichts mehr gegessen hatte, kam nur noch Galle hoch. Ihr Erbrochenes war überall im Raum verteilt, doch den Gestank nahm sie nicht mehr wahr.

Resigniert legte sie sich auf einen alten Kartoffelsack und wartete auf den Henker.

»Ich muss den Befehlen des Meisters gehorchen«, stammelte Michael immer wieder vor sich hin, als er den Assassinen das Frühstück brachte.

Doch die Zweifel wurden von Minute zu Minute stärker und allein der Gedanke an das ungeborene Leben in Yvonnes Leib war beinahe nicht auszuhalten.

»Stell es dort drüben auf den Tisch und dann verschwinde wieder.«

Es war das erste Mal, dass einer der drei Männer das Wort an ihn richtete und Michael wollte mit den Galgenvögeln, wie er sie insgeheim nannte, auch nicht mehr zu tun haben.

Später, als er sie zu ihrem Bestimmungsort brachte, merkte er ihnen an, dass sie zu allem entschlossen waren. Auf der Rückfahrt dachte Michael über die ganze Angelegenheit gründlich nach und ihm kam ein grausiger Verdacht. Er war der Einzige, den der Meister eingeweiht hatte und der die Gesichter der drei Kerle gesehen hatte. Was, wenn er gar nicht weg musste, um einen anderen Zirkel zu leiten, sondern einfach als Mitwisser um die Ecke gebracht werden würde?

Sofort verwarf er den Gedanken wieder, denn der Meister hatte Michael ja glaubhaft versichert, noch viel mit ihm vorzuhaben.

Gerade als er den Wagen geparkt hatte, öffnete sich das Eingangstor und drei Limousinen mit verdunkelten Scheiben rollten auf das Gelände der Gemeinschaft.

»Ah, Bruder Michael.«

Der Meister dirigierte die Fahrer der Autos zur Halle der Erleuchtung.

»Wie du siehst, haben wir Besuch bekommen. Begleite mich doch bitte und lass uns die Männer gemeinsam willkommen heißen.«

Verdutzt kam Michael dem unmissverständlichen Befehl des Meisters nach.

In der Zeit, seit er hier lebte, hatte außer Yvonnes Mutter und den Lebensmittelkontrolleuren noch niemand das Anwesen der Gemeinschaft der »Wahren Jünger« betreten.

Die anderen Mitglieder der Gemeinschaft glotzten ebenfalls neugierig den Autos hinterher, wurden von ihren Vorarbeitern jedoch schnell wieder dazu angehalten, die Arbeit fortzusetzen.

Ohne sich umzusehen, betraten die elf Männer die abgeschottete Halle, wo sie vom Meister begrüßt wurden.

Er geleitete sie zu dem üppig ausgestatteten Konferenzraum, in dessen Mitte ein riesiger Eichentisch stand. Der schwere Teppichboden dämpfte die Schritte der Männer und auch sonst war großer Wert auf einen guten Schallschutz gelegt worden. Mehrfach verglaste Fensterfronten mit getönten Scheiben und beinahe meterdicke Mauern verliehen dem Raum den Charme einer uneinnehmbaren Festung.

Wie ferngesteuert war Michael hinterhergetrottet und betrachtete nun von dem ihm zugewiesenen Platz an der verschlossenen Eingangstür das Geschehen.

»Werte Brüder, es ist schön, euch zu sehen.«

Der Meister erhob sich und eröffnete die Sitzung. Michael fühlte sich zunehmend sicherer, da er keinen Befehl erhalten hatte, den Raum zu verlassen.

Falls der Meister ihn um die Ecke bringen lassen wollte, so hätte er ihn wohl kaum an einer Sitzung des »Rats der Zwölf«, um den es sich hierbei zweifellos handelte, teilnehmen lassen, versuchte er sich zu beruhigen.

Einzeln begrüßte der Meister seine Führungskräfte und Michael ließ dabei unmerklich seinen Blick umherschweifen. Er kannte nur den Statthalter von Memmingen, bei dem er die drei Männer abgeholt hatte, doch der war ausgerechnet heute nicht dabei. Bis vor Kurzem hatte er nicht einmal gewusst, dass es außer der hiesigen Gruppe weitere Zellen gab, denn, wie er vom Meister mittlerweile erfahren hatte, war das ja nur den jeweiligen Vorstehern bekannt.

Bei einem Ratsmitglied verweilten seine Augen etwas länger und Michael zermarterte sich den Kopf, wo er dieses Gesicht schon mal gesehen hatte, er kam aber nicht darauf.

»Normalerweise treffen wir uns ja turnusmäßig einmal im Jahr jeweils in einer anderen Gemeinde, doch ein besonderer Anlass zwang mich dazu, euch außerplanmäßig in unser Hauptquartier einzuladen. Wir haben Großes vor und ich wollte nicht, dass ihr aus den Medien von unserer Aktion erfahrt. Außerdem würde ich dieses besondere Unternehmen gern von euch absegnen lassen.«

Bei genauerem Hinsehen konnte man die Verblüffung auf den Gesichtern der Männer erkennen, denn der Meister hatte über die Geschicke der »Wahren Jünger« stets alleine entschieden.

»Zuvor möchte ich euch ein aufstrebendes Mitglied vorstellen, unseren Bruder Michael.«

Mit ausgestrecktem Zeigefinger deutete er auf den abseits sitzenden Mann und alle Augen folgten ihm.

»Er wird in Bälde die Leitung unserer Gemeinde in der Nähe von Memmingen übernehmen. Wie ihr ja nicht erst seit heute wisst, ist der dortige Vorsteher sehr krank und dem Tod näher als dem Leben, deshalb habe ich mit Gottes Hilfe den sehr fähigen Bruder Michael auserwählt, ihn zu ersetzen und dessen Platz in unserem ›Rat der Zwölf‹ einzunehmen.«

Auf einen Wink des Meisters hin erhob sich Michael zitternd und setzte sich auf den vakanten Stuhl am Tisch.

In diesem Moment kam er sich sehr bedeutend vor und vergaß für einige Zeit das Drama um Yvonne. Mit eindringlichen Worten schilderte Bernhard das Vorhaben, in das bisher lediglich der Vorsteher von Memmingen, der die drei Assassinen rekrutiert hatte, eingeweiht war.

»Das…, das ist eine gewagte Unternehmung«, ließ sich als Erster der Mann vernehmen, der Michael bekannt vorgekommen war.

»Durchaus, Bruder, aber auch ein Unterfangen, das uns in unserem Bestreben, unseren christlichen Glauben wieder zu seiner alten Bedeutung zu führen, ein großes Stück näher bringen wird. Die Aufmerksamkeit der ganzen Welt wird uns gewiss sein und ich bin felsenfest davon überzeugt, dass wir danach mit unserer Bewegung an die Öffentlichkeit gehen können und sehr großen Zulauf bekommen werden.«

Keiner der elf versammelten Männer übte Kritik am Plan des Meisters und auch Michael vermied es geflissentlich, ein Widerwort zu wagen.

»Dann wollen wir zur Abstimmung schreiten. Wer also dafür ist, dass wir unser Vorhaben in die Tat umsetzen, der möge die rechte Hand heben.«

Erwartungsgemäß enthielt sich keiner der Anwesenden oder stimmte etwa dagegen.

»Ich habe lange gebetet und Gott um Unterstützung angefleht, dass ihr mich in dieser Angelegenheit einstimmig unterstützt, deshalb ist mir jetzt ein Stein vom Herzen gefallen.«

Alle Anwesenden beglückwünschten nun den Meister überschwänglich zu seinem genialen Plan, einzig Michael musste sich verstellen, denn ihm war dieses in seinen Augen furchtbare Vorhaben nicht geheuer.

Er wusste, dass der Meister es auch ohne die Zustimmung des »Rats der Zwölf« durchgezogen hätte, denn heute vor Mittag hatte Michael die Auserwählten mitsamt ihrer Ausrüstung an ihren Bestimmungsort fahren müssen, wo sie in einem sicheren Haus warteten, bis der vom Meister festgesetzte Zeitpunkt für den Beginn der Aktion gekommen war. Es war nichts dem Zufall überlassen worden und der technisch sehr versierte Michael hatte den Männern dabei helfen müssen, ihr Equipment für den Anschlag vorzubereiten.

Bruder Bernhard wollte keinerlei Risiko eingehen und hatte ihnen im Vorfeld klare Anweisungen gegeben, damit nicht etwa ein überwachtes Handy die gesamte Unternehmung gefährden könnte.

Die Planung war also schon so weit fortgeschritten, dass Bernhard niemals davon abrücken würde.

Er war unerschütterlich in seinem Glauben, dazu berufen zu sein, etwas zu bewegen. Ihn trieben dabei weder materielle noch sonst irgendwelche Gründe an, er sah sich einfach als einen unfehlbaren Propheten, der von Gott geleitet wurde, um die Weltordnung wieder zurechtzurücken.

Der Meister beendete die Sitzung und die Brüder begaben sich in den Nebenraum, wo ein Büffet aufgebaut war. Es herrschte jetzt eine lockere Atmosphäre und Michael hätte sich beinahe wohlgefühlt inmitten dieser wichtigen Führungskräfte, zu denen er jetzt offiziell auch gehörte. Doch er war nicht frei in seinen Gedanken, denn Yvonne war zu sehr darin präsent.

»Wo kommen eigentlich diese Assassinen her und wann beginnt die Aktion?«, wagte einer der Männer neugierig zu fragen.

»Sei mir nicht böse, Bruder, aber dazu möchte ich dir in deinem eigenen Interesse lieber nichts sagen. Falls unsere Unternehmung von Erfolg gekrönt ist und davon gehe ich aus, werden die Staatsorgane nicht locker lassen, einen Schuldigen zu finden. Ich habe zwar für die meisten Eventualitäten vorgesorgt, trotzdem kann man nicht alles ausschließen, und für den Fall, dass sie uns auf die Schliche kommen, ist es besser, wenn ihr so wenig wie möglich über die Hintergründe wisst.«

Michael war tatsächlich der Einzige außer dem Meister und Stefan Sühnen, dem todgeweihten Vorsteher aus Mem-

308

mingen, der die drei Auserwählten bisher zu Gesicht bekommen hatte.

Aus einem vertraulichen Gespräch mit dem Meister hatte Michael herausgehört, dass ihm von allen Mitgliedern des »Rats der Zwölf« Sühnen am nächsten stand, dessen Zelle nach der hiesigen als zweite entstanden war.

Bereits vor drei Jahren hatte der Meister eine Vision entwickelt, wie er damit beginnen konnte, die Welt, wie sie jetzt war, zu verändern und das Christentum zu alter Stärke zurückzuführen.

Danach hatte er in allen damals bestehenden Gemeinschaften nach geeigneten Männern gesucht, die in der Lage waren, seinen verwegenen Plan in die Tat umzusetzen. Fündig war er ausgerechnet in Sühnens Gemeinde geworden, worauf die Auserwählten sofort von den anderen Brüdern und Schwestern isoliert worden waren.

Der Meister hatte dann seine guten Kontakte in die Vereinigten Staaten zu einer radikalen Freikirche genutzt, um sie dorthin zu schicken und ausbilden zu lassen.

Von dem dortigen Prediger, einem ausgesprochenen Hardliner seiner Zunft, waren sie in der Zeit ihres Aufenthalts so sehr indoktriniert und mit Gehirnwäsche gefügig gemacht worden, dass sie alles für ihren Glauben getan hätten. Außerdem waren sie natürlich auch im Nahkampf und im Umgang mit diversen Schusswaffen und Sprengstoff geschult worden.

Die Mitglieder des Rats wussten von all dem nichts und tauschten noch eine Zeitlang Erfahrungen und Anekdoten aus, bevor der Meister das Wort wieder an sie richtete.

»Es freut mich natürlich immer wieder, mit euch zu

309

plaudern, doch jetzt ist es Zeit, Abschied zu nehmen. Eure Gemeinden warten bestimmt schon sehnsüchtig auf eure Rückkehr.«

Klaglos akzeptierten die Männer den Rauswurf durch ihren Meister und begaben sich gemeinsam zu ihren hinter der Halle vor neugierigen Blicken abgeschirmten Autos.

Auf dem Weg dorthin nahm der Meister den Mann, der Michael irgendwie bekannt vorgekommen war, zur Seite und redete minutenlang auf ihn ein, bevor er sich mit einem Handschlag von ihm verabschiedete.

Mit einem überlegenen Grinsen im Gesicht blickte der Meister den davonfahrenden Wagen noch kurz hinterher, bevor er sich Michael zuwandte.

»Bruder, bevor du uns verlässt, um in Memmingen als guter Hirte die dortige Herde zu beschützen und unserer Bewegung zu dienen, habe ich noch eine letzte Aufgabe für dich. Ich weiß, dass dir dieser Auftrag nicht leicht fallen wird, aber im Interesse von uns allen sehe ich keinen anderen Weg, den Dorn im Fleisch unserer Gemeinschaft zu entfernen.«

Fragend sah Michael auf seinen Meister.

Dieser bat ihn, ihm erneut zur Halle der Erleuchtung zu folgen. Hinter dem Raum, wo das Büffet aufgebaut war, befand sich eine Art Speisekammer, die der Meister betrat. Michael wollte ihm folgen, doch Bernhard stoppte ihn mit einer eindeutigen Handbewegung.

Wenig später kam er wieder heraus und reichte seinem Untergebenen ein Glas mit einer Flüssigkeit darin, die in ihrer Konsistenz an Kaffee erinnerte und auch so roch.

»Gib dieses Getränk deiner früheren Frau und überzeuge dich davon, dass sie es leer trinkt«, lautete der knappe, aber unmissverständliche Befehl.

Wie betäubt machte sich Michael auf den Weg zu dem Kartoffelkeller, in dem Yvonne als Gefangene auf ihr Schicksal wartete. Keines der Gemeindeglieder, die ihm begegneten, richtete das Wort an den finster dreinblickenden Bruder, es schien beinahe so, als ob sie ahnten, in welch schrecklicher Mission er unterwegs war.

Vorsichtig stieg er die steile Treppe hinunter, damit er nichts verschüttete, und betätigte den Lichtschalter an der Außenseite der Kellertür.

»Hallo Michael, bringst du mir etwas zu trinken?«

Nachdem sie erkannt hatte, um wen es sich bei dem Besuch handelt, kam Yvonne langsam aus der Ecke hervor, in die sie sich verkrochen hatte.

»Ja, aber es ist kein gewöhnlicher Kaffee, es ist eher eine Art Schierlingsbecher, den du zu trinken hast.«

»Dann hat dieses Scheusal also meinen eigenen Mann geschickt, um mir einen tödlichen Cocktail zu verabreichen. Ich hätte mir gewünscht um unserer Liebe willen, dass du entweder mit mir von diesem gottlosen Ort verschwindest oder wir gemeinsam aus dem Leben scheiden«, meinte die junge Frau betrübt. »Wir werden unser Kind nicht aufwachsen sehen, weil dein Meister es nicht will. Du wirst dir an deinem neuen Bestimmungsort eine andere Frau suchen und mit ihr dann eine Familie gründen.«

Sie suchte seinen Blick, doch Michael senkte den Kopf, er konnte seiner Frau nicht in die Augen sehen.

»Nun gib mir den Becher, es wird schon nicht so schlimm sein.«

Widerwillig reichte er ihr das Glas.

Völlig entnervt verließ Sascha Gross das Verhörzimmer, in dem er eine Stunde lang versucht hatte, dem renitenten Mann der getöteten Charlotte Friedrich ein Geständnis zu entlocken. Doch Karl Friedrich war einfach nicht zu knacken gewesen und hatte die Fragen sachlich beantwortet. Sascha beschloss deshalb, die Befragung abzubrechen und ihn noch ein paar Tage im Untersuchungsgefängnis weichzukochen.

Vielleicht hätten sie ihn bei seiner Verhaftung härter rannehmen sollen, da hatte Sascha das sichere Gefühl gehabt, als stünde der Angeklagte kurz davor, die Tat zuzugeben. Jetzt hatte es den Anschein, als hätte Friedrich seine kurzzeitig erschütterte Selbstsicherheit wiedergewonnen.

Seine Kollegin Mertens war zu Saschas Erstaunen an diesem Morgen nicht erschienen und hatte ihm lediglich eine SMS geschrieben, was ihn auch in höchstem Maße verwunderte, da sie bisher immer behauptet hatte, das nicht zu beherrschen. Sie sei gerade nicht abkömmlich, schrieb sie lapidar und bat ihn, den Grafen zu besuchen.

Wahrscheinlich verbringt sie einen schönen Tag mit Paul, dachte Sascha süffisant.

Bei diesem Gedanken kam ihm unweigerlich Miriam in den Sinn. Mehrfach seit dem unseligen Samstag hatte er erfolglos versucht, sie entweder auf ihrem Handy oder zu Hause zu erreichen.

Lediglich einmal hatte Sascha Glück gehabt, Anne hatte abgenommen.

Während er mit Miriams Tochter redete, wäre ihm beinahe das Herz zerbrochen und der Kommissar musste sich zusammenreißen, um nicht am Telefon zu weinen. Da Miriam nicht da war oder sich verleugnen ließ, blieb ihm nichts anderes übrig, als Anne eine Nachricht mit der Bitte um einen Rückruf zu übermitteln.

Als er auf die Alb fuhr, war der Himmel wolkenverhangen. Dass der Parkplatz vor dem Schloss nur etwa zur Hälfte belegt war, überraschte ihn daher nicht besonders.

Mit weit ausgreifenden Schritten ging Sascha über den Schlossinnenhof geradewegs zum Büro des verstorbenen Verwalters. Unterwegs begegnete ihm Berthold Wahl, der gerade auf dem Weg zu einer Führung war.

»Guten Morgen, Herr Gross.« Der ehemalige Lehrer war stehen geblieben und grüßte Sascha herzlich. »Haben Sie schon neue Erkenntnisse im Fall unseres allseits verehrten Herrn Sailer?«

»Hallo, Herr Wahl, leider haben wir den Täter, der diese abscheuliche Tat begangen hat, noch nicht gefasst, aber glauben Sie mir, wir arbeiten mit Hochdruck daran.«

»Davon gehe ich aus. Wie geht es eigentlich Frau Neuburg? Sie hat ja einen ziemlichen Schock erlitten und wie ich gehört habe, kommt sie wohl nicht mehr hierher zur Arbeit.«

Sascha spürte, wie er rot anlief.

»Sie ist auf dem Weg der Besserung«, nuschelte er. »Und jetzt entschuldigen Sie mich bitte, ich habe noch zu tun.«

Er ließ den verdutzten Schlossführer einfach stehen und ging weiter.

Im Vorzimmer saß dieselbe Sekretärin wie bei Sailer.

»Sie wünschen, Herr…?«

»Gute Frau, Sie kennen mich und wissen genau, weshalb ich hier bin«, antwortete Sascha unwirsch und fügte mit der ganzen Autorität, die ihm sein Amt verlieh, hinzu: »Würden Sie jetzt bitte den Herrn Graf von meiner Anwesenheit unterrichten?«

Beleidigt spitzte die Büroangestellte ihre Lippen und klopfte an der Zimmertür ihres Chefs an.

»Ja, was gibt's, Frau Bauer?«

»Äh, entschuldigen Sie die Störung, aber bei mir ist ein Herr von der Polizei, der sich nicht abwimmeln…«

»Herr Graf, ich müsste Sie dringend kurz sprechen.«

Entschlossen hatte sich Sascha an der älteren Frau vorbeigedrängt und stand jetzt im Büro.

»Für Sie, Fürst Urach, Graf von Württemberg, so viel Zeit muss sein«, entgegnete der Graf pikiert. »Frau Bauer, würden Sie uns bitte alleine lassen.«

»Also Herr…, ich meine, Fürst Urach. Zuerst würde ich gerne nachholen, was meine Kollegin Mertens das letzte Mal versäumt hat, und zwar Sie nach einem Alibi für die Tatzeit im Mordfall Sailer zu fragen.«

»Ich habe der Hauptkommissarin doch erzählt, dass ich den ganzen Abend bei einer Soiree im Uracher Schloss war und dass es dafür massenhaft Zeugen gibt.«

Jetzt klang der Schlossherr ziemlich verärgert, was Sascha nicht entging, ihn aber zusätzlich aufstachelte.

»Da kann man ja durchaus mal für ein Stündchen oder zwei verschwinden. Deshalb möchte ich Sie bitten, mir lückenlos für den ganzen Abend Personen zu benennen, die Ihre Anwesenheit bezeugen können. Es gibt einen gewichtigen Grund dafür, nämlich dieser Zettel, den wir bei Sailer gefunden haben.«

Sascha hielt dem Grafen das Schriftstück von Weitem entgegen, doch dieser zuckte nur mit den Schultern.

»Hier steht, ›der Graf will mich abschießen‹. Wie würden Sie das an meiner Stelle interpretieren?«

»Ich bitte Sie, Herr Gross, das ist doch umgangssprachlich für kündigen, wenn ich mich nicht irre.«

»Es kann aber auch bedeuten, ›der Graf will mich um die Ecke bringen‹, denn es gibt einen weiteren Grund, weshalb ich hier bin. Wie Sie wissen, ist Sailer mit einem sogenann-

314

ten Morgenstern um die Ecke gebracht worden und Sie sind jemand, der mit dieser unhandlichen Mordwaffe sehr gut umgehen kann.«

Sascha war jetzt ziemlich geladen, denn er war sich fast sicher, dass dieser Adelige ihn nicht so richtig ernst nahm.

»Erstens nennt man die Waffe, mit der mein Verwalter getötet wurde, nicht Morgenstern, sondern Streitflegel und zweitens kann man ja nicht jeden, der so eine Waffe handzuhaben weiß, in Generalverdacht nehmen.«

»Trotzdem möchte ich Sie bitten, mir bis morgen minutiös die Personen aufzulisten, die bezeugen können, dass Sie an dem fraglichen Abend auch die ganze Zeit bei dieser Veranstaltung anwesend waren. Haben Sie mich verstanden?«, beharrte Sascha mit scharfer Stimme.

»Aber Herr Gross, das ist schlichtweg unmöglich, ich kann Ihnen die Daten frühestens am Freitag geben, schließlich haben sowohl ich als auch meine Freunde noch anderes zu tun. Wenn Sie mich jetzt entschuldigen würden?«

Dieser Rauswurf gab Sascha den Rest.

»Was glauben Sie eigentlich, wer Sie sind? Hier geht es um zweifachen Mord und wenn ich die Liste bis morgen nicht habe, nehme ich Sie fest. Habe ich mich jetzt klar genug ausgedrückt?«, brüllte der Kommissar und stürmte hinaus an der entsetzten Sekretärin vorbei.

Der Graf saß mit zitternden Händen an seinem Schreibtisch. So hatte ihn seit seiner Schulzeit in einem strengen Internat keiner mehr angeblafft.

»Frau Bauer, könnten Sie umgehend einen Kontakt zu dieser Frau Mertens herstellen, die meines Wissens seine Vorgesetzte ist? Das wird für den ungestümen Polizisten ein Nachspiel habe, das verspreche ich Ihnen.«

315

Ohne nach rechts oder links zu blicken, überquerte Sascha den Burghof und begab sich zu seinem Wagen. Diesem hochwohlgeborenen Herrn würde er es zeigen, schwor er sich insgeheim.

Er brauste die schmale Zufahrt zum Schloss entlang, ohne sich um die entgegenkommenden Autos, die lautstark hupten, zu kümmern.

Als er die gefährlichen Kurven der Steige hinunterfuhr, überholte er mehrfach vor ihm fahrende Lkws und hatte dabei sehr viel Glück, dass die Gegenspur frei war oder er gerade noch rechtzeitig einscheren konnte.

Irgendwie muss ich meinen Frust ja abbauen, entschuldigte er seine mörderische Fahrweise vor sich selber. Nach einem äußerst knappen Überholmanöver kam er schließlich wieder zur Vernunft.

»Selbstmord ist auch keine Lösung«, schrie Sascha zum Fenster hinaus und beruhigte sich augenblicklich.

Er hielt jetzt alle Geschwindigkeitsbegrenzungen ein und stoppte sogar vor Ampeln, die noch gelb aufleuchteten.

Gerade als er in die Straße zu seiner Dienststelle einbiegen wollte, kam ihm ein Auto entgegen, das er zu kennen glaubte, aber trotz minutenlangem Kopfzerbrechen kam er nicht darauf, um wen es sich handelte.

Miriam konnte sich einfach nicht auf ihre Arbeit konzentrieren, die schreckliche Szene war dauernd präsent. Wird das besser, wenn der Mörder oder die Mörderin gefasst ist, fragte sie sich.

Dabei gab es so viel zu tun, denn in der Zeit, als sie im

Schloss Dienst geschoben hatte, war in der Weinhandlung sehr viel liegen geblieben.

Ihre Mutter, die treue Seele, hatte sie zwar nach besten Kräften unterstützt und kannte den Betrieb auch sehr gut, doch die Bestellungen bei den Winzern sowie die der zahlreichen Kunden hatten früher immer ihr Mann und seit seinem Tod Miriam bearbeitet. Gerda Neuburg hatte alles fein säuberlich auf einem Papierbogen notiert, sowohl die telefonisch geäußerten Wünsche als auch die Telefaxe und E-Mails.

Das gibt es doch nicht, dachte Miriam verblüfft, als sie sah, dass einige Leute von einem identischen Wein jeweils drei Kartons bestellt hatten. Aber plötzlich fiel es ihr wie Schuppen von den Augen und sie musste trotz der melancholischen Stimmung, in der sie sich befand, lachen.

Es handelte sich bei allen Bestellungen um den ominösen Barolo, den sie bei der letzten Weinprobe als Blindverkostung ausgeschenkt und den Müller-Hindelang als Fälschung bezeichnet hatte. Offenbar hatte ihre sachlich geschriebene E-Mail mit dem Link zu dem Weingut im Piemont, das diesen exzellenten Tropfen herstellte, die Teilnehmer, die den Wein bis zum Zeitpunkt von Müller-Hindelangs Ausraster ausnahmslos als außergewöhnlichen Tropfen bezeichnet hatten, vollends überzeugt.

Nachdem Miriam sich durchgebissen und alle Aufträge erledigt hatte, griff sie zum Telefonhörer.

Das Freizeichen ertönte ziemlich lange und sie wollte das Telefon gerade wieder beiseitelegen, als sich jemand meldete.

»Hallo Susi, hast du Zeit, ich habe ein ziemliches Problem und müsste dringend mit jemandem quatschen«, überfiel sie ihre beste Freundin.

»Ah, hallo Miri, schön dass ich auch mal wieder was von dir höre, aber im Moment passt es einfach gar nicht. Stell dir vor, unsere Haflingerstute ist hochschwanger und das Fohlen kann jeden Augenblick zur Welt kommen.«

Susi Schuster erzählte lang und breit von der bevorstehenden Geburt und vom Seelenleben ihrer anderen Pferde.

Kopfschüttelnd dachte Miriam für einen Moment, sie sei im falschen Film.

Es war jedes Mal dasselbe, wenn Susi Schwierigkeiten irgendwelcher Art hatte, lieh ihr Miriam das Ohr und nahm sich alle Zeit der Welt, obwohl sie eigentlich dringend andere Dinge erledigen musste. Sobald sie selbst aber einen Seelentröster nötig hatte, waren für Susi lapidare Gründe wichtiger, als der Freundin zuzuhören.

»Ist schon okay, Susi, melde dich einfach mal, wenn das Fohlen gesund und munter herumspringt«, meinte Miriam seufzend und legte auf.

Hatte sie gehofft, das Gespräch mit ihrer besten Freundin würde sie wieder aufmuntern, so war gerade das Gegenteil eingetroffen.

Miriam war am Boden zerstört und nur die Sorge um ihre beiden Kinder hielt sie noch einigermaßen aufrecht. Ich muss mich bei jemandem ausheulen, sonst gehe ich vor die Hunde, dachte sie und diese Erkenntnis half ihr, einen klaren Gedanken zu fassen. Spontan erhob sie sich aus dem Bürostuhl und schnappte sich ihre Wildlederhandtasche.

Der kleine Lieferwagen stand vor der Weinhandlung und Miriam setzte sich mit neuem Schwung hinein, da sie jetzt einen Plan hatte. Lieber wäre sie allerdings mit dem Porsche gefahren, doch der Sportwagen machte gerade Zicken und Miriam hatte ihn deshalb in die Werkstatt gebracht, nachdem sie ihn gemeinsam mit ihrer Mutter wieder abgeholt hatte. Sie drehte den Schlüssel im Zündschloss und wartete darauf, dass das Auto ansprang, doch es rührte sich absolut nichts.

Nach einigen weiteren Versuchen stieg sie wutentbrannt aus und verpasste dem vorderen Reifen einen kräftigen Tritt.

»Verdammte Scheiße, warum streikt die Dreckskarre ausgerechnet jetzt?«

Doch alles Fluchen half nichts und Miriam riss sich zusammen. Sie zog das Handy aus der Handtasche und wählte die Nummer ihrer Mutter.

»Hallo Mutti, wo bist du gerade? Ich bräuchte dringend dein Auto, der Lieferwagen macht keinen Mucks mehr und der Porsche ist bei diesem Schrauber, der sich zwar sehr gut mit dem Oldtimer auskennt, aber leider ein wenig unzuverlässig ist. Bitte, es ist wirklich äußerst dringend.«

Gerda Neuburg seufzte am anderen Ende der Leitung.

»Du weißt doch, dass ich mit deinen Mädels im Freibad bin und eigentlich nicht wegkann.«

Es entstand eine Pause, in der Gerda jemandem etwas zurief.

»Da hast du aber Glück gehabt, dass ich mit meinen Freundinnen hier bin, die sich bereit erklärt haben, in der Zwischenzeit auf Anne und Sylvie aufzupassen. Bist du in der Weinhandlung?«

»Ja, ich habe die liegen gebliebenen Bestellungen ein wenig aufgearbeitet.«

»Also bis gleich, Miri.«

Nachdem sie ihre Mutter danach wieder zum Freibad gebracht hatte, machte sich Miriam mit gemischten Gefühlen auf den Weg nach Reutlingen.

War es richtig, sich ausgerechnet bei Karin auszuheulen? Schließlich kannte sie ihre Kollegin noch nicht sehr lange.

Miriam hatte mehrfach versucht, Karin zu erreichen, während sie auf ihre Mutter gewartet hatte, aber es war nur die

Mailbox angesprungen. Bestimmt war sie wie meistens in ihrer Freizeit auf dem idyllischen Gartengrundstück an der Achalm und hatte dort einfach keinen Empfang.

Während der Fahrt kam ihr allerdings noch etwas ganz anderes in den Sinn: Was, wenn sie, statt zu Karin zu gehen, einfach Sascha aufsuchte und diese Sache entweder wieder in Ordnung oder zu Ende brachte? Diesen Gedanken verwarf sie jedoch so schnell wieder, wie er gekommen war. Erst mal musste sie mit den furchtbaren Bildern klarkommen, die noch immer in ihrem Kopf herumspukten, und da versprach sie sich mehr von einer Aussprache mit einer Freundin.

Sie hatte zwar eine detaillierte Wegbeschreibung von Karin bekommen, war selbst aber noch nie in der Gartenlaube gewesen.

Tatsächlich verfuhr sie sich mehrmals und landete immer wieder am Ausgangspunkt. Entnervt fing sie an, Passanten zu fragen, doch entweder wurde sie nicht verstanden oder derjenige, den sie fragte, kannte sich nicht aus.

Als Miriam bereits so weit war, umkehren zu wollen, fiel ihr Blick auf einen älteren Mann im Blaumann, der eine Sense geschultert hatte und mit energischen Schritten die Straße am Berg hinaufging. Langsam fuhr sie neben ihm her und öffnete mit einem Knopfdruck das Seitenfenster der Beifahrertür.

»Entschuldigen Sie bitte, ich suche einen Schrebergarten, der sich am Fuße der Achalm befindet und der einer gewissen Karin Haarmann gehört.«

Miriam kramte in ihren Erinnerungen und beschrieb das Grundstück so gut sie konnte.

»Ich glaube, ich weiß, wonach Sie suchen. Mein Garten befindet sich nicht weit davon entfernt.« Das faltige Gesicht des Mannes hellte sich auf. »Deshalb schlage ich Ihnen vor, dass Sie mich ein Stück mitnehmen und ich Ihnen dafür den Weg zu Karins Laube zeige.«

Ohne lange zu überlegen, hielt Miriam an und stieg aus.

Sie öffnete den Kofferraum des kleinen Corsa und gemeinsam verstauten sie die Sense. Der Griff schaute hinten raus und der Kofferraumdeckel konnte nicht geschlossen werden, aber das war Miriam in diesem Moment egal.

Auch dass sie einen wildfremden Menschen in ihrem Wagen mitnahm, machte ihr nichts aus. Dieser Mann wirkte nicht so, als ob er auf eine einsame Autofahrerin gelauert hätte, um über sie herzufallen.

Im Gegenteil war er bemüht, ein Gespräch in Gang zu bringen, um die ungewohnte Situation zu entspannen. Voller Enthusiasmus erzählte er von seinen Erfolgen als Kleingärtner, von reifen, duftenden Tomaten, riesigen Zucchini und anderen Gemüsesorten, die dank seiner eifrigen Bemühungen und ungewöhnlichen Düngemethoden herrlich gediehen. Miriam nickte beständig und gab ihm höflich recht, wenn er sie um ihre Meinung zu diesen Dingen befragte.

Sie ruckelten eine holprige Schotterpiste entlang und auf sein Zeichen hin hielt sie an einem verwitterten Holzzaun an.

»So, das ist mein Reich, wenn Sie meinen herrlichen Garten sehen wollen, sind Sie herzlich eingeladen. Sie können sich auch ein paar von meinen würzigen Radieschen aussuchen und mitnehmen.«

»Vielen Dank für das Angebot, aber ich muss weiter, Karin wartet bereits auf mich und da ich mich ein paarmal verfahren habe, bin ich spät dran. Wenn Sie mir jetzt noch den Weg zu ihrem Grundstück erklären würden?«

»Na ja, schauen Sie doch auf dem Rückweg bei mir vorbei.

Wissen Sie, seit meine Frau gestorben ist, bin ich sehr einsam und freue mich über jeden Besuch«, meinte er wehmütig.

Miriam nickte verständig und der alte Kerl tat ihr in diesem Moment leid.

»Mal sehen, vielleicht komme ich gemeinsam mit Karin nachher noch kurz bei Ihnen vorbei.«

»Das wäre nett, aber entschuldigen Sie, dass ich Sie mit meinem Geschwätz aufhalte. Also, um zu Ihrer Freundin zu kommen, folgen Sie diesem Weg, bis er endet, und parken Ihren Wagen am Straßenrand. Danach wenden Sie sich nach rechts, wo Sie auf einen Bachlauf stoßen. Sie müssen einfach die kleine Holzbrücke überqueren und dann sehen Sie die Hütte von Karin auch schon. Sagen Sie Ihr bitte einen schönen Gruß von Eberhard.«

»Das werde ich auf jeden Fall machen und erst mal vielen Dank und auf Wiedersehen.«

Langsam ließ sie den Wagen wieder anrollen und versuchte verzweifelt, den zahlreichen Schlaglöchern auszuweichen.

Jäh hörte der Weg auf und mündete in einen mit Gras überwucherten Pfad. Wie ihr Eberhard geraten hatte, steuerte Miriam den Corsa an den Straßenrand und schloss ihn ab. Es war wirklich sehr idyllisch hier und außer dem Gezwitscher und Geschnatter der verschiedenen Vögel war nichts zu hören. Sie genoss die überschäumende Natur und folgte dem Trampelpfad, der sie an dem leise murmelnden Bach entlang bis zu der kleinen Holzbrücke führte.

Die stattliche Hütte, die vor ihr auftauchte, sah aus, als ob sie vor nicht allzu langer Zeit ein neues Kleid in Form einer rustikalen Holzschalung und neuen roten Dachziegeln bekommen hätte.

Kurz bevor sie das Haus erreichte, hörte Miriam, wie sich zwei Menschen lautstark zankten.

Schade, dachte die junge Frau, Karin hat offenbar Besuch. Sie wollte sich gerade wieder abwenden, als sie plötzlich auch die Stimme des Mannes erkannte.

Es ging sie ja eigentlich nichts an, aber was, wenn Karin Hilfe brauchte? Miriam duckte sich an die Längsseite der Hütte und lauschte.

»Warum hast du das getan? Es hätte doch gereicht, ihm einen kleinen Denkzettel zu verpassen!«

»Das Schwein hat nichts anderes verdient und außer uns beiden weiß ja niemand davon.«

Miriam schüttelte ungläubig den Kopf.

Was sie da eben gehört hatte, war so ungeheuerlich, dass Miriam ins Schwanken geriet und sich an einem Baum festhalten wollte. Doch sie verfehlte den Ast und stolperte rückwärts über eine Baumwurzel.

»Was war das, da ist doch jemand!«, rief der Mann aufgeregt und umrundete die Hütte.

Wie in einem Film trat Michael mit versteinerter Miene aus dem Wohnhaus. Seine Frau hing schlaff wie eine Puppe in seinen Armen.

»Du hast deinen Auftrag also ausgeführt, Bruder.«

Mit einem zufriedenen Lächeln im Gesicht stellte sich der Meister dem hochgewachsenen Michael in den Weg.

»Ich würde sie gerne beerdigen, wenn du nichts dagegen hast, Bruder Bernhard.«

»Das ist dein gutes Recht, aber eine Verräterin sollte nicht in unserer geweihten Erde liegen. Deshalb schlage ich vor, dass du sie in dem nahen Waldstück begräbst.«

Eine der ersten Bautätigkeiten der Gruppe nach dem Erwerb des Grundstücks war das Anlegen eines Friedhofs gewesen.

Michael wollte sich gerade auf den Weg machen, als er vom Meister zurückgehalten wurde.

»Warte noch einen Augenblick, ich möchte überprüfen, ob der Trunk auch richtig gewirkt hat.«

Blitzschnell hatte der Meister ein Messer aus seiner weißen Tunika gezückt, das er der vermeintlich Toten ins Herz stoßen wollte.

Doch Michael reagierte ebenso schnell und drehte sich weg, sodass der Dolch seine Frau verfehlte und stattdessen ihm zwischen die Schulterblätter fuhr.

Mit einem gurgelnden Schrei brach der stattliche Mann zusammen und begrub Yvonne schützend unter sich.

»Ich habe es mir fast gedacht, dass ihm die Liebe zu dieser Schlampe wichtiger ist als der göttliche Auftrag. Seht her«, rief der Meister den konsterniert dastehenden Gemeindemitgliedern zu, »so ergeht es jemandem, der sich mir und somit der guten Sache in den Weg stellt. Und nun werde ich zu Ende führen, wozu er nicht in der Lage war.«

Bernhard winkte zwei Männer zu sich und bedeutete ihnen, den stark blutenden Michael wegzuschaffen. Vorher zog er mit einiger Kraftanstrengung seinen Dolch aus dem wie leblos daliegenden Körper heraus.

Er überprüfte an Yvonnes Hals deren Puls und tatsächlich konnte er einen leichten Herzschlag ertasten.

»Stirb nun durch das gleiche Werkzeug wie dein Mann, du gottlose Hure!«, sprach er theatralisch und holte aus.

Im selben Augenblick zerriss ein peitschender Knall die

Stille und wie von Geisterhand wurde dem Meister das Messer aus der Hand gerissen.

Ungläubig starrte er zuerst auf seine zerfetzte Hand und dann in die Richtung, aus der der Schuss gekommen war.

Miriam, was machst du hier?«

Fragend betrachtete der gepflegt aussehende Mann die am Boden Liegende.

»Ich, äh …, ich wollte nur Karin besuchen.«

Er reichte ihr die Hand und half ihr aufzustehen.

In diesem Augenblick kam Karin ebenfalls ums Eck und betrachtete ihre neue Freundin.

»Hallo Miriam, schön dass du vorbeikommst.«

Sie umarmte Miriam und gab ihr zwei leichte Wangenküsse.

»Aber weshalb hast du dich hinter der Hütte versteckt?«

Diese harmlose Frage Karins sorgte dafür, dass sich die angenehmen Züge ihres Begleiters verzerrten.

»Wie lange hast du schon hinter der Hütte gestanden? Hast du uns etwa belauscht?«

Er hatte die Situation richtig eingeschätzt.

»Aber nein…, ich…, ich schwöre dass ich nichts gehört habe.«

»Du lügst.«

Hilfe suchend fiel Miriams Blick auf Karin, dabei wurde ihr jedoch sofort klar, dass von ihr kein Beistand zu erwarten war.

Miriam sah sich gehetzt um und suchte fieberhaft nach einem Ausweg. Sollte sie lautstark rufen und darauf hoffen, dass Eberhard, der Nachbar, zu Hilfe eilte? Spontan entschied sie sich dafür zu flüchten und rannte den Weg zurück, den sie gekommen war. Doch bevor sie die kleine Brücke erreicht hatte, wurde sie durch einen seitlichen Tritt ins Schienbein von den Beinen geholt. Sie fiel der Länge nach hin und ihr Kopf landete im Bachbett.

»Was machen wir jetzt mit ihr?«

Wie durch Watte gedämpft vernahm die junge Frau Karins Worte, die sie jedoch nicht verstand. Sie nahm nur noch das fröhliche Gurgeln des kleinen Baches wahr.

»Na, ganz einfach, sie ist gestürzt und ohnmächtig im Wasser gelandet und leider darin jämmerlich ersoffen.«

Eine behandschuhte Hand legte sich auf Miriams Hinterkopf und drückte ihn in das nur mehrere Zentimeter tiefe Bachbett.

Zahlreiche Beamte waren unbemerkt auf das Sektengelände gelangt. Zuvor hatten sie den Wachhund durch präparierte Fleischstücke außer Gefecht gesetzt und das Kabel der Überwachungskamera durchtrennt.

Der Telefonanruf Yvonnes hatte Mertens nicht mehr in Ruhe gelassen, und da Sascha tatsächlich eine Querverbindung Sailers zu dem Sektenanführer entdeckt hatte, konnte sie endlich die nötigen Schritte veranlassen, um die junge Frau aus ihrem Martyrium zu befreien.

Ihr Kollege war durch Zufall auf eine Episode in der Vergangenheit gestoßen, in der die zwei ungewöhnlichen Männer aufeinandergestoßen waren. Diese lag in der Zeit, als Sailer auf der Karriereleiter in dem Stuttgarter Autokonzern steil nach oben geklettert war und rigoros jeden, der ihm dabei im Weg stand, weggeboxt hatte. Einer seiner engsten Mitarbeiter war dem Druck leider nicht gewachsen gewesen und musste mit Verdacht auf Burn-out einen Psychologen aufsuchen. Wie es der Zufall wollte, war dieser Arzt niemand anderer als der spätere Bruder Bernhard.

Da er den Mitarbeiter nicht entbehren konnte und dessen Fehlen auch das Fortkommen von Sailer in der Firma gefährdet hätte, setzte Sailer den Psychologen dermaßen unter Druck, dass eine regelrechte Feindschaft zwischen den beiden dickköpfigen Männern entstand. Je intensiver Sailer eine baldige Freigabe seines Kollegen forderte, umso länger wurde dieser von Bernhard krankgeschrieben. Dies gipfelte sogar in einer tätlichen Auseinandersetzung, bei der sowohl Sailer als auch sein Kontrahent erhebliche Blessuren davontrugen.

Mertens glaubte zwar nicht daran, dass Bruder Bernhard etwas mit Sailers Ermordung zu tun hatte. Aber immerhin hatte ihr die Feindschaft der beiden neben der Tatsache, dass sie den Vater des Jungen, den die später getötete Charlotte auf Schloss Lichtenstein verfolgt hatte, bei ihrem ersten Besuch hier wiedererkannt hatte, ermöglicht, in Bayern um Amtshilfe nachzusuchen.

Als sie die Lage bei der Polizeidirektion Lindau sondierte, rannte sie dort offene Türen ein. Dass die Gruppe um Bernhard sich strikt weigerte, ihre Kinder in die öffentlichen Schulen zu schicken, war den Behörden schon länger ein Dorn im Auge. Doch bisher konnten sie dagegen nichts unternehmen, weil die Sekte über Kontakte zu exzellenten Anwälten verfügte, die immer wieder irgendwelche Schlupflöcher in den Gesetzbüchern fanden, um die Schulpflicht zumindest hinauszuzögern.

327

»Was fällt euch ein, unsere friedliche Gemeinschaft zu überfallen«, rief der Meister mit hasserfülltem Blick den eilig näher rückenden Beamten zu.

»Nehmt den Kerl fest«, sagte hingegen der leitende Hauptkommissar unbeirrt und entschlossen, der Magdalena Mertens begleitete.

Zwei Uniformierte legten dem heftig protestierenden Bernhard trotz seiner Wunde Handschellen an, während seine Anhänger mit feindseligen Mienen die unwirkliche Szenerie beobachteten.

»Gehen Sie bitte ins Haus und warten Sie dort, wir müssen Sie nachher einzeln befragen«, befahl der Hauptkommissar.

Der Notarzt, den sie auf Mertens Betreiben hin vorsorglich mitgebracht hatten, kümmerte sich sofort um den schwer verletzten Michael.

Mertens bückte sich gleichzeitig zu der langsam wieder zu sich kommenden Yvonne hinunter.

»Wo ... wo bin ich?«

»Sie sind in Sicherheit, mein Kind«, sprach Magdalena sanft auf die junge Frau ein, die noch reichlich verwirrt wirkte. »Das Grauen hat ein Ende und Sie sind wieder frei.«

»Michael, mein Mann ..., was ist mit ihm? Ohne ihn kann ich hier nicht weggehen.«

Sie erhob sich vorsichtig und lehnte sich mit wackeligen Beinen an Mertens Schulter.

»So wie es scheint, hat er sich für Sie geopfert und Ihnen dadurch das Leben gerettet.«

Yvonne fasste sich in den Nacken, der heftig schmerzte.

»Allmählich kehrt meine Erinnerung zurück«, presste sie mit tränenerstickter Stimme hervor. »Weil ich mehrfach gegen die Gesetze der Gemeinschaft verstoßen habe, wollte mich der Meister loswerden. Und ausgerechnet Michael wurde dazu auserwählt, mir einen Becher mit einem tödlichen Trunk zu verabreichen. Doch statt den perfiden Plan auszuführen und mich davon trinken zu lassen, muss er mich irgendwie durch einen gezielten Schlag betäubt haben.«

»Der Meister wollte dann wohl mit dem Messer auf Nummer sicher gehen, weil er Ihrem Mann offenbar nicht getraut hat«, erläuterte Mertens das weitere Geschehen.

»Wird Michael überleben?«, fragte Yvonne mit dünner Stimme und ihr ängstlicher Blick fiel auf die Gestalt, die gerade auf einer Trage vorsichtig abtransportiert wurde.

»Bestimmt«, versuchte Mertens der verzweifelten Frau Mut zu machen, obwohl zu diesem Zeitpunkt noch keine Klarheit bestand, ob lebenswichtige Organe zu Schaden gekommen waren.

Plötzlich hielt Yvonne mitten in ihrer Bewegung inne und erstarrte.

»Die Assassinen!«

Ich werde nicht zulassen, dass du einen weiteren Menschen umbringst«, rief Karin bestimmt und versuchte, ihn wegzudrücken, doch mit einem Schlag seiner anderen Hand wischte er sie weg wie ein lästiges Insekt.

Die Ablenkung hatte Miriam genutzt, um kurz nach Luft zu schnappen, doch sofort wurde ihr Kopf wieder ins Wasser gedrückt und ihre Gegenwehr erlahmte immer mehr, bis sie in eine gnädige Ohnmacht fiel.

Sie bekam deshalb auch nicht mehr mit, dass ihren Peiniger ebenfalls die Kraft verließ, weil ihn ein kräftiger Schlag mit einem armdicken Ast außer Gefecht setzte.

»Los, helfen Sie mir und legen Sie ihm die Handschellen an«, herrschte Sascha die apathisch dasitzende Karin an, während er bei Miriam Wiederbelebungsversuche unternahm.

Spät, aber nicht zu spät war dem Kommissar eingefallen, woher er den Opel Corsa kannte, und war ihm unauffällig gefolgt. Wie eine eiserne Faust hatte das Gefühl der Eifersucht sein Herz umklammert, als er an einer Ampel erkannte, dass Miriam im Auto ihrer Mutter saß.

Was wollte sie in Reutlingen?

Und als sie die Stadt in Richtung der verschwiegenen Gartenanlagen verließ, wurde der Verdacht, dass sie einen anderen Mann treffen wollte, immer größer.

Aber was würde er machen, wenn Miriam ihren Liebhaber umarmte? Ihn zusammenschlagen und sie mit sich fortzerren wie in einem schlechten Film?

Als er jedoch sah, wie sie reglos dalag und jemand versuchte, sie zu ertränken, wusste Sascha, dass diese surreale Situation etwas ganz anderes zu bedeuten hatte.

Ohne lange zu überlegen, hatte er sich den nächstbesten Knüppel geschnappt und den Kerl damit k. o. geschlagen.

Hoffentlich ist es nicht zu spät, dachte Sascha verzweifelt, während er mit beiden Händen Miriams Brustkorb niederdrückte und sie beatmete.

Die Hauptkommissarin wusste nicht, wovon Yvonne sprach. Bestimmt waren das die Nachwirkungen der Ohnmacht, aus der sie erst vor Kurzem erwacht war.

»Bitte, Sie müssen diese Mörder aufhalten, bevor es zu spät ist«, stieß sie hysterisch hervor.

»Entschuldigen Sie, Yvonne, aber ich weiß wirklich nicht, wovon Sie sprechen, und vor allen Dingen müssen Sie sich zuerst einmal beruhigen.«

Mertens hielt die junge Frau mit beiden Händen an den Schultern fest.

Sie hatte absolutes Verständnis für Yvonnes Verhalten, nach allem, was sie hatte durchmachen müssen. Mehrere Minuten standen die beiden Frauen so da und Yvonnes Schnappatmung normalisierte sich langsam.

»Mit diesen Assassinen hat es Folgendes auf sich.«

Sie begann, eine unfassbare Geschichte zu erzählen, bei der es Magdalena Mertens schauderte.

»Aber das ist ja so was von abgründig, das kann ich gar nicht glauben.«

»Leider ist es wahr und vor allem müssen Sie schnell handeln, bevor es ein Blutbad gibt.«

»Wissen Sie zufällig, wo genau diese sogenannten Assassinen zuschlagen wollen?«

»Wie mir Michael erzählt hat, ist er allein in die Pläne des Meisters eingeweiht, aber vielleicht finden Sie in der geheimen Halle irgendwelche Hinweise darauf, denn dort haben die Männer gewohnt und sich vorbereitet.«

Das ist alles äußerst mysteriös und verworren, dachte die Kommissarin.

»Wir könnten aber auch den selbst ernannten Meister fragen«, schlug sie vor.

»So wie ich ihn kenne, wird das wenig Sinn machen, er wird es Ihnen nicht verraten.«

Mertens winkte einem Rettungssanitäter und bat ihn, sich um die junge Frau zu kümmern. Mit eiligen Schritten ging sie zu der ominösen Halle und suchte den Eingang.

»Das gibt es doch nicht!«, rief Magdalena aus, nachdem sie

das Gebäude mehrfach umrundet und lediglich ein paar mit dicken Eisengittern gesicherte Fenster gesehen hatte.

In diesem Moment kam eine gebückt gehende Gestalt aus dem benachbarten Kuhstall.

»Hallo, warten Sie!«

Widerstrebend hielt die Frau an, als die Kommissarin sich ihr in den Weg stellte. Sie war ungefähr in Yvonnes Alter und hatte denselben demütigen Gesichtsausdruck, der Mertens bei den meisten anderen Bewohnern dieser Gemeinde aufgefallen war.

»Wo ist der Eingang zu dieser verdammten Halle?«, wollte sie in einer für sie ungewohnten Schärfe wissen, getrieben von der Furcht um zahllose Menschenleben, sofern Yvonne recht haben sollte.

»Zu diesem Gebäude hat nur der Meister Zutritt«, gab die Frau, die offenbar noch nichts von den jüngsten Ereignissen mitbekommen hatte, ängstlich zur Antwort.

»Ihr sogenannter Meister wurde festgenommen, es gibt also keinen Grund mehr, mir nicht zu helfen.«

»Aber das kann nicht sein, der Meister ist ein Prophet und von Gott gesandt.«

Das gibt es doch gar nicht, dachte Mertens, wie kann jemand durch Gehirnwäsche nur so eine Macht über andere Menschen bekommen.

»Es ist definitiv so, schauen Sie da vorne vor dem Wohnhaus wimmelt es von Polizisten.«

Zur Untermauerung zeigte sie der Frau ihren eigenen Dienstausweis.

Wieder dauerte es kostbare Minuten, bevor sie reagierte und auf die Bretterfassade des Hauses deutete.

Bei längerem Hinsehen stach Magdalena das perfekt ins Holz integrierte Tor ins Auge.

»Den Schlüssel oder die Fernbedienung hat natürlich Ihr Meister?«, fragte sie sich vergewissernd.

Resigniert sah sie auf die leicht nickende Frau.

Bernhard wurde gerade von zwei Beamten zu einem Auto eskortiert, als Mertens wieder am Wohnhaus eintraf.

Sie blickte sich nach dem Einsatzleiter um und sah ihn im Gespräch mit Yvonne.

»Herr Brunner, ich müsste kurz mit Bruder Bernhard reden.«

»Ah, Frau Mertens, die junge Dame hier hat mir ebenfalls von dem ungeheuerlichen Vorhaben dieser Sekte berichtet. Deshalb denke ich, dass es das Beste ist, wenn wir den Kerl mit aufs Präsidium nehmen und ihn dort nach allen Regeln der Kunst verhören.«

»Das ist eine gute Idee«, meinte Magdalena, obwohl sie mit Yvonne einer Meinung war, dass man von diesem Mann auf diesem Weg nichts erfahren würde.

»Ich müsste nur kurz in einer anderen Sache mit ihm reden, da ich glaube, dass in dieser geheimnisvollen Halle der Schlüssel zu dem Mordfall liegt, in dem ich ermittle.«

Der vierschrötige Hauptkommissar nickte verständig und befahl seinen Untergebenen anzuhalten. Die Beamten brachten Bernhard zurück ins Haus, wo sie ihn auf einen Stuhl drückten und seine gesunde Hand mit einer Handschelle an einem Tischbein festbanden.

»Herr Bernhard, oder wie auch immer Sie heißen, geben Sie mir den Schlüssel zu Ihrer Halle, bevor wir Sie auf andere Art öffnen und damit einen größeren Schaden anrichten.«

»Sie haben nichts verstanden, ich bin nur ein kleines Werkzeug des Allmächtigen und er wird unserer Sache auch ohne mich zum Sieg führen. Sie und Ihre Schergen können die gerechte Sache nicht aufhalten. Auf Wiedersehen.«

Sie betrachtete den charismatischen Mann, der trotz seiner Schmerzen durch die Schussverletzung ein überlegenes Grinsen zustande brachte.

Einer plötzlichen Eingebung folgend riss sie ihm das riesige Kreuz, das er um den Hals trug ab. Seine Selbstsicherheit wich Verblüffung.

Wie Mertens gehofft hatte, ließ sich das Kruzifix öffnen und darin befand sich eine kleine Funkfernsteuerung.

»Das dürfen Sie nicht, das ist Diebstahl«, schrie Bernd Waldner, als er realisierte, was Mertens getan hatte.

»Hat jemand etwas gesehen?«, fragte Brunner in die Runde und die umstehenden Polizisten schüttelten den Kopf.

Triumphierend ging die Hauptkommissarin wieder zurück zu der Halle und betätigte den elektronischen Türöffner. Wie durch Zauberhand ging das massive Tor zur Seite hin auf.

»Wonach genau suchen Sie, Frau Mertens?«, fragte Brunner, der ihr gefolgt war, interessiert.

»Na ja, es müsste sich doch irgendein Hinweis finden, wie und wo dieses schreckliche Vorhaben in die Tat umgesetzt werden soll«, antwortete sie und rief dann entnervt aus: »Mist!«

In dem langen Korridor, den sie entlangschritten, befanden sich mehrere verschlossene Türen, die nur mit Hilfe eines speziellen Zahlencodes geöffnet werden konnten.

»Wir brauchen jemanden, der die Zahlenkombination weiß oder sie knacken kann.«

»Das dauert zu lange, wir wissen nicht, wie viel Zeit uns bis zu der Katastrophe bleibt. Lassen Sie uns weitergehen, vielleicht haben wir Glück und finden trotzdem etwas.«

Bewegungsmelder ließen das Licht in dem düsteren Gang

angehen und ganz am Ende trafen sie tatsächlich auf eine unverschlossene Tür.

»Das sieht aus wie ein Konferenzraum und wie es scheint, ist die letzte Zusammenkunft noch nicht allzu lange her.«

Mehrere geöffnete und verschlossene Mineralwasserflaschen standen auf dem Tisch, aber leider lagen keinerlei Schriftstücke herum.

Schränke waren keine vorhanden, lediglich einzelne Regale, auf denen verschiedenfarbige Bibeln und sonstige religiöse Schriften aufgereiht waren. Die Wände waren mit seltsamen Sprüchen bemalt, die Magdalena an den untergegangenen Kommunismus erinnerten.

»Was hat dies alles zu bedeuten?«, fragte Brunner.

»Wenn ich mich recht entsinne, gibt es eine Stelle in der Apostelgeschichte, wonach die sogenannte Jerusalemer Urgemeinde von ihren Mitgliedern verlangt, dass sämtlicher Besitz der Gemeinschaft zufließen muss und der einzelne Gläubige daraus versorgt wird. Aber Genaueres weiß ich auch nicht – oder doch, hat nicht diese Sekte in Chile auch nach diesen Grundsätzen gelebt?«

»Sie meinen ›Colonia Dignidad‹.«

»Genau«, bestätigte Mertens, während sie und ihr Kollege jedes einzelne Buch ausschüttelten, in der Hoffnung, einen Zettel zu finden.

»Ich fürchte, wir kommen so nicht weiter.«

Die Kommissarin versuchte, die aufkommende Resignation zu unterdrücken, da fiel ihr Blick auf eine großformatige Scheibe.

»Herr Brunner, Sie verfügen doch bestimmt über gewaltige Kräfte«, meinte sie und musterte den Einsatzleiter von oben bis unten. »Wären Sie bitte so freundlich und würden diese Scheibe einschlagen?«

»Aber …« Brunner wollte etwas erwidern, sah aber im Gesicht der ungewöhnlichen Kollegin, dass sie es ernst meinte.

Sein Blick schweifte durch den Raum und blieb an einem Stuhl hängen, der sich von den anderen Sitzmöbeln abhob und beinahe wie ein kleiner Thron wirkte. Mit voller Wucht schleuderte Brunner ihn gegen die dunkle Glasfront, die sofort in tausend Scherben zerbarst. Er griff sich einen anderen Stuhl und räumte damit grob die anderen Glassplitter, die noch im Rahmen steckten, ab.

Gemeinsam schoben sie den schweren Tisch heran und Brunner sprang in einer für seine wuchtige Gestalt beinahe graziösen Art in den hinter dem Glas befindlichen Raum. Zum Glück trug er bei jedem Einsatz schwere Wanderschuhe, sodass ihm die überall verstreuten Glassplitter keine Wunden zufügen konnten.

»Hat sich unsere Zerstörungsorgie gelohnt?«

Magdalena blickte neugierig in das Zimmer, während Brunner einen Lichtschalter ertastete.

»Hier befinden sich zahlreiche elektronische Gerätschaften, die offenbar dazu dienen, die hier stattfindenden Konferenzen mit Hilfe von versteckten Kameras aufzuzeichnen.«

Mertens war nun ebenfalls auf den Tisch gestiegen und wollte in den Raum hineinspringen.

»Das würde ich an ihrer Stelle nicht tun«, warnte Brunner mit Blick auf die leichten Sommerschuhe der Hauptkommissarin.

Energisch umfasste er ihre Taille und hob sie scheinbar spielerisch in das Zimmer.

»Kennen Sie sich mit so etwas aus?«

»Na ja, nicht so gut wie meine Kinder im Teenageralter, aber vielleicht bringe ich das Ding trotzdem zum Laufen.«

Brunner machte sich mit seinen dicken Fingern an der Tastatur zu schaffen, nachdem er sich vergewissert hatte, dass die Stromzufuhr gewährleistet war.

»Der unfehlbare Priester war sich seiner Sache ziemlich sicher, dieser PC ist nicht einmal passwortgeschützt«, meinte er kopfschüttelnd.

Er durchsuchte mehrere Dateien und schon kurze Zeit später lief ein Film auf dem Monitor ab.

»Dem Datum nach war das die letzte Sitzung, die hier mitgeschnitten wurde. Kennen Sie jemanden auf dem Film?«

Mertens schüttelte den Kopf.

»Außer dem Meister und Michael, der mit dem Tode ringt, habe ich von denen noch keinen gesehen. Mich würde schon interessieren, um wen es sich dabei handelt. Wir müssen die ganze Struktur dieses seltsamen Vereins durchleuchten.«

»Aber so wie ich es sehe, ist das eine Nummer zu groß für uns. Wir müssen sofort den Verfassungsschutz benachrichtigen, denn wenn tatsächlich zutrifft, was die junge Frau erzählt hat, dann …«

»Hm, da haben Sie wohl recht«, entgegnete Mertens, bevor sie plötzlich auf etwas aufmerksam wurde.

»Halt, spulen Sie ein wenig zurück. Da, dieser Mann im dunklen Anzug mit der weißen Krawatte und den attraktiven Gesichtszügen, den kenne ich.«

Unauffällig bewegten sich die drei dunkelhaarigen Männer auf die Halle zu. In ihren modischen Kleidern sahen sie aus wie die anderen Menschen um sie herum. Lediglich die kleinen Rucksäcke, die sie trugen, wirkten etwas störend. Sie blickten sich kurz um und sahen mit Befriedigung die riesige Menschenmenge, die sich in Richtung Einlass schob.

Ohne Hast wandten sie sich ebenfalls dorthin. Als sie an der Reihe waren, wurden sie unbehelligt von den völlig überforderten Security-Leuten eingelassen.

Sie mussten sich nicht extra verständigen und suchten zielstrebig die Männertoiletten auf. Dort fanden sie eine geräumigere Kabine speziell für Behinderte und gingen gemeinsam hinein. So gut es in der Enge möglich war, nahm jeder den Rucksack ab und holte das darin befindliche Utensil heraus.

Bis dahin war kein Wort gesprochen worden. Erst als alle den Gürtel angelegt und den Sprengstoff daran scharf gemacht hatten, fassten sich die drei bei den Händen.

»Gott ist mit uns, wir sehen uns im Paradies.«

Mit einer fahrigen Bewegung holte Mertens ihr Handy aus der Tasche, doch als sie auf das Display blickte, sah sie, dass sie keinen Empfang hatte.

»Schnell, wir müssen hier raus.«

Brunner hatte es aufgegeben, Fragen zu stellen, diese Kommissarin Mertens war ihm anscheinend immer einen Gedankensprung voraus.

»Und bitte warten Sie mit der Benachrichtigung des Verfassungsschutzes, bis ich mein Telefonat geführt habe.«

»Meinetwegen«, knurrte Brunner und hievte sie vorsichtig wieder auf den Tisch im Veranstaltungsraum, denn die Türe der Überwachungskammer ließ sich erwartungsgemäß auch von innen nicht öffnen.

Die Hauptkommissarin hastete hinaus und blieb erst wieder vor dem Haupthaus der Sekte stehen.

Zuerst rief sie bei ihrer Dienststelle in Reutlingen an.

»Sie müssen mir eine Nummer raussuchen und dies bitte so schnell wie möglich.«

Ungeduldig ging Mertens danach auf dem weitläufigen Gelände auf und ab und starrte auf ihr Mobiltelefon. Nach quälend langen Minuten kam endlich das erlösende Klingeln und die Hauptkommissarin schrieb die Zahlenfolge auf einen Zettel.

Sobald sie aufgelegt hatte, tippte sie die Nummer in ihr Handy und wartete. Eine Frauenstimme meldete sich und fragte Mertens nach dem Grund ihres Anrufs.

»Mertens, Mordkommission Reutlingen, ich müsste ihren Chef in einer dringenden Angelegenheit sprechen.«

»Entschuldigen Sie, Frau…, aber da kann ja jeder kommen. Richten Sie bitte eine schriftliche Anfrage an unsere Zentrale. Auf…«

»Moment, warten Sie«, schrie Magdalena in ihr Telefon.

»Fragen Sie ihn nach den ›Wahren Jüngern‹ und ich bin felsenfest davon überzeugt, dass er mit mir reden wird. Und falls Sie es nicht ausrichten, bin ich mir sicher, dass Sie sich nach einem neuen Job umsehen können.«

Mertens spürte deutlich, dass die Frau am anderen Ende der Leitung ins Grübeln gekommen war.

»Na gut, bleiben Sie dran.«

Es dauerte nicht lange, bis sich eine Männerstimme vernehmen ließ.

»Um was geht es?«, meinte der Mann ungehalten. »Und fassen Sie sich kurz, ich habe wenig Zeit.«

»Ich fürchte, die Zeit werden Sie sich nehmen müssen, wenn Sie die nächsten fünfzehn Jahre nicht hinter Gittern verbringen wollen.«

Als Mertens geendet hatte, war es mehrere Augenblicke still und sie dachte schon, ihr Gesprächspartner hätte aufgelegt.

»Was wollen Sie?«

Die Stimme war nun nicht mehr so aggressiv, sondern beinahe demütig.

»Das ist ganz einfach, Sie geben mir sofort den genauen Ort des geplanten Anschlags durch und ich schaue, was ich für Sie tun kann. Und sagen Sie bitte nicht, dass Sie es nicht wissen, denn sonst ist Ihr Bild morgen in jeder deutschen Zeitung auf dem Titelblatt, das verspreche ich Ihnen.«

»Sie würden die Geschichte tatsächlich diskret behandeln, wenn ich kooperiere?«

»Darauf gebe ich Ihnen mein Wort«, sagte sie und dachte gleichzeitig, ohne es auszusprechen: wenn es mir auch schwer fällt.

Wieder herrschte eine Zeitlang Ruhe, bevor der Mann sich wieder zu Wort meldete.

»Frau Mertens.«

Brunner war herangetreten und wirkte völlig aufgelöst.

»Es gab eine Explosion bei einer Wahlveranstaltung der ›Gerechten Volksdemokraten‹, Sie wissen schon, der Partei von diesem Fritz Kleinschmid.«

Die Hauptkommissarin wurde bleich und nahm langsam das Telefon vom Ohr, ohne sich von ihrem Gesprächspartner zu verabschieden.

»Jetzt ist es zu spät«, sagte sie wie in Trance.

Sie fühlte sich plötzlich so leer und hatte das Gefühl, versagt zu haben. Es war ihr nicht gelungen, den Anschlag zu verhindern.

Nach mehreren verzweifelten Versuchen der Herzmassage mit anschließender Beatmung kehrte Miriam ins Leben zurück. Ihre Atmung war flach, aber regelmäßig.

Sascha setzte sich erschöpft in das hohe Gras neben sie. Erst allmählich nahm er die apathisch dasitzende Karin und den Mann, den er niedergeschlagen hatte, wieder wahr.

»Was …, wo bin ich?«

Miriam sah sich zögerlich um und hatte das Gefühl, aus einem bösen Traum aufzuwachen.

»Du bist in Sicherheit«, antwortete Sascha und strich ihr sanft übers Gesicht.

Über Nase, Backen und Stirn liefen blutige Striemen von ihrem Sturz und dem anschließenden Versuch des Mannes, sie in dem niedrigen Gewässer zu ertränken.

»Wo sind die zwei?«, fragte sie mit schwacher Stimme, während Sascha ihr dabei half, langsam in eine Sitzhaltung zu kommen.

Sascha wies nach hinten und Miriam drehte mühselig den Kopf. Dabei fiel ihr Blick auf den am Boden kauernden Mann und in ihrem Gesicht breitete sich ein Ausdruck des Entsetzens aus.

»Er hat versucht, mich umzubringen, nicht wahr?«

Der Kommissar nickte.

»Dabei wollte ich Karin lediglich einen überraschenden Besuch abstatten und mit ihr über mein traumatisches Erlebnis im Schloss reden. Als ich näher kam, hörte ich eine männliche

Stimme und wollte enttäuscht den Rückweg antreten. Es ist normalerweise nicht meine Art, heimlich Gespräche mit anzuhören, aber ich hörte, wie sie lautstark wegen Sailer stritten, und da habe ich mich spontan entschlossen zu bleiben.«

Fragend betrachtete Sascha das geschundene Gesicht seiner Freundin. Ihm war immer noch nicht ganz klar, weswegen Miriam hatte sterben sollen.

»Während ich hinter der Hütte stand, hat Karin ihn immer wieder aufgefordert, sich zu stellen, aber er hat sich strikt geweigert.«

Die Überraschung stand dem Polizisten ins Gesicht geschrieben.

»Du hast also sein Geständnis mit angehört und solltest deswegen sterben?«

Wie viele?« Mertens traute sich beinahe nicht zu fragen. »Wie viele Menschen sind bei dem Anschlag ums Leben gekommen, Herr Brunner?«

Zitternd stand sie vor ihrem Kollegen und wartete auf die schreckliche Wahrheit.

»Rund zweitausend Menschen wollten die Veranstaltung der ›Gerechten Volksdemokraten‹ besuchen. Dazu kommen noch etwa gleich viele Gegendemonstranten, die sich vor der Halle postiert hatten.«

Magdalena drohte in Ohnmacht zu fallen, als sie sich das Ausmaß dieser Katastrophe vorstellte, die sie nicht hatte verhindern können.

Der aufmerksame Brunner fasste sie an der Schulter und stützte die Hauptkommissarin.

»Von diesen viertausend Leuten kamen gerade einmal drei zu Tode, und zwar soll es sich um die Attentäter handeln, wenn mich mein Kollege am Telefon richtig informiert hat.«

»Drei…, das hieße ja, dass… dass dieser perfide Anschlag missglückt ist«, stammelte Mertens.

»Offenbar hat irgendeiner der Gefolgsleute dieses selbst ernannten Gurus wohl seinem schlechten Gewissen nachgegeben und hat die Behörden gewarnt, kurz bevor es zu spät gewesen wäre.«

»Das kann ja nur dieser…« Im letzten Moment schluckte Mertens den Namen hinunter.

»Wen meinen Sie?«

»Ach, ich meinte Michael, den Mann von Yvonne, aber der scheidet eindeutig aus, da er zu dieser Zeit schon schwer verwundet war«, redete sie sich heraus.

»Ich verstehe nur nicht, weshalb drei Selbstmordattentäter einer fundamentalen Sekte die Unterstützer dieser rechten Partei in die Luft sprengen wollten.«

»Vermutlich sollte es so aussehen, als ob islamistische Terroristen es auf die ›Gerechten Volksdemokraten‹ abgesehen haben. Ich bin mir sicher, dass dies der Partei einen gewaltigen Schub gebracht hätte.«

Diese Worte erinnerten Mertens an ihren Gesprächspartner und sie legte das Handy wieder ans Ohr, während sie sich von Brunner mit einer eindeutigen Geste entfernte.

»Hallo, Herr Kleinschmid, haben Sie die Polizei von dem bevorstehenden Anschlag in Kenntnis gesetzt?«

Der Mann am anderen Ende der Leitung räusperte sich.

»Ich hätte mit dieser Schuld nicht leben können. Seit mir der Meister bei unserer letzten Versammlung von diesem ungeheuren Vorhaben erzählt hat, habe ich keine Nacht mehr schlafen können.«

Diese Gefühle passten so gar nicht zu dem forschen Auftreten des Mannes, das sie im Fernsehen kurz verfolgt hatte.

»Wie Sie sich sicher vorstellen können, hätte das für viele zusätzliche Stimmen bei der bevorstehenden Landtagswahl gesorgt, aber zu welchem Preis?«, sagte der Politiker.

»Sie haben Ihr Gewissen entdeckt, das freut mich.«

»Nennen Sie es, wie Sie wollen, auf jeden Fall ist es mir offenbar gelungen, dafür zu sorgen, dass diese Wahnsinnigen gestoppt wurden. Denken Sie noch an Ihr Versprechen von vorhin, mich aus den Medien herauszuhalten?«

Mertens atmete tief aus und ein.

Sie mochte diesen Typen nicht, trotzdem hatte er sich gegen den Meister gestellt, dessen Wort, wie aus den Videoaufzeichnungen klar hervorging, in diesem Klüngel Gesetz gewesen war, und dadurch viele Menschenleben gerettet.

»Ich pflege meine Versprechen zu halten und werde versuchen, meinen Einfluss geltend zu machen, damit Ihr Name nicht bei den Schuldigen auftaucht. Aber da sind immerhin noch diese Filmaufnahmen, auf denen Sie eindeutig zu erkennen sind und die der Verfassungsschutz mit Sicherheit auswerten wird. Als einer der zwölf engsten Mitarbeiter des Meisters sind Sie natürlich alles andere als ein Mitläufer, das müsste Ihnen klar sein. Ihre politische Karriere dürfte jedenfalls beendet sein.«

»Damit habe ich natürlich gerechnet und deshalb vorhin, nachdem ich die Behörden informiert hatte, einen Pressevertreter angerufen und meinen sofortigen Rücktritt vom Amt als Vorsitzender der ›Gerechten Volksdemokraten‹ bekannt gegeben.«

»Na dann, auf Wiedersehen«, verabschiedete sich Mertens schnippisch und legte auf.

344

Brunner war unschlüssig stehen geblieben, während Magdalena telefonierte, und machte gerade Anstalten, zurück zum Wohnhaus zu gehen.

»So, das wäre auch geklärt«, meinte die Hauptkommissarin zufrieden, als sie zu ihm aufschloss.

»Es geht mich ja nichts an, mit wem Sie sich unterhalten, aber neugierig bin ich schon. Hatte der Anruf etwas mit unserem Fall zu tun?«

»Definitiv, es war derjenige, der die Behörden vor dem Anschlag gewarnt hat. Apropos, wissen Sie Genaueres über die Vereitelung des Terrorakts, denn um nichts anderes hätte es sich hier gehandelt?«

Gespannt beobachtete Mertens den Kollegen.

»Ich will jetzt eigentlich nicht mit alten Klischees daherkommen, aber es war wieder einmal Kommissar Zufall, der uns vor dem, wie Sie sich ausdrückten, Terrorakt gewarnt hat, der als der größte in die Geschichte der Bundesrepublik eingegangen wäre. Die Information, dass es eine Bedrohung für Leib und Leben der Besucher dieser Wahlveranstaltung geben könnte, wurde den anwesenden Sicherheitskräften unmittelbar vor der Saalöffnung mitgeteilt. Ich muss meine größte Hochachtung vor dem Einsatzleiter aussprechen, denn anstatt eine Massenpanik zu provozieren, hat er den Einlass verzögert, indem er technische Gründe vorgeschoben hat. Und jetzt kommt der Zufall ins Spiel, selbstverständlich waren sämtliche Polizei- und privaten Sicherheitskräfte über die Möglichkeit eines Anschlags informiert. Ein aufmerksamer Mitarbeiter der vom Veranstalter beauftragten Security-Firma beobachtete zufällig, wie drei augenscheinlich nicht gehandicapte Männer sich in die Behindertentoilette zurückzogen und sich vorher zur Absicherung nach allen Seiten umsahen. Geistesgegenwärtig schob er gemeinsam mit einem

Kollegen einen Tisch vor die schwere Tür und legte so viel Parteiwerbebroschüren darauf, dass man die Türklinke von innen nicht mehr öffnen konnte. Sofort eilte er zurück und informierte seinen Vorgesetzten, der sämtliche in der Halle befindliche Personen hinausdrängen ließ. Selbst die Gegendemonstranten vergaßen für den Moment ihre Intention und begaben sich in Sicherheit.«

»Aber woher wussten sie, dass es sich bei den dreien auf der Behindertentoilette um diese Assassinen handelte, wie dieser angebliche Meister seine Terroristen gegenüber seinen Mitbrüdern nannte?«

Mertens konnte das alles schier nicht fassen, so surreal kam es ihr vor.

»Das haben sich die Sicherheitskräfte auch gedacht, doch es dauerte keine fünf Minuten, dann hatten sie Gewissheit. Eine gewaltige Erschütterung ließ die massiv gebaute Halle erzittern und wenig später stand sie in Flammen. Offenbar hatten die Männer ihre Sprengstoffgürtel in der Toilette aktiviert und konnten den Vorgang nicht mehr rückgängig machen. Wenn ich mir vorstelle, dass ich da drin gefangen bin und meine Ladung ist programmiert auf wenige Minuten, die ich noch zu leben habe, dann wird es mir ganz anders.«

»Ich habe keinerlei Mitleid mit diesen Idioten«, entgegnete Mertens entschieden. »Das werde ich sowieso nie verstehen, wie jemand aus religiösem Fanatismus heraus so weit gehen kann, nicht nur sein eigenes von Gott gegebenes Leben wegzuwerfen, sondern auch noch zahllose Unschuldige mit in den Tod zu reißen.«

Brunner nickte zustimmend und öffnete die Tür zum Wohngebäude der Sekte.

Der Meister, dessen gesunde Hand mit Handschellen am Tischbein gefesselt war, verlangte gerade lautstark, seinen

Anwalt zu sprechen, als die beiden Kommissare eintraten. Seine verletzte Hand lag auf dem Tisch und war von den Notärzten versorgt und bandagiert worden. Er sah zu den Neuankömmlingen und blickte dabei besonders hasserfüllt auf Magdalena Mertens.

»Na endlich kommt jemand, der etwas zu sagen hat.«

Er wandte sich an Brunner.

»Ihr Fußvolk nimmt mich nicht ernst, Herr Kommissar. Sie sind verpflichtet, meinen Rechtsbeistand zu mir durchzulassen, und hatten zu keiner Zeit ein Recht, unseren Grund und Boden zu betreten.«

»Da sind Sie nicht richtig informiert, Herr Waldner«, mischte sich Mertens ein und hielt ihm den Durchsuchungsbeschluss unter die Augen.

»Wir ermitteln in einem Mordfall und die Spur führt eindeutig zu Ihnen.«

Jetzt zeigte sich Verblüffung im Gesicht des Meisters.

»Sie haben eine subtile Morddrohung gegen die später getötete Charlotte Friedrich ausgesprochen und deren Tochter Yvonne wie eine Gefangene hier festgehalten.«

»Da müssen Sie sich schon was Besseres einfallen lassen, Frau Mertens. Die Mutter von Yvonne wollte unerlaubterweise auf unser Grundstück eindringen und ihre Tochter gegen deren Willen von ihrem neuen Lebensmittelpunkt entführen. Da haben wir sie gebeten, das Gelände zu verlassen. Mit Sicherheit hat niemand von uns eine Morddrohung oder dergleichen gegen die unglückliche Frau ausgestoßen.«

»Weshalb haben Sie dann einen Ihrer Getreuen auf das Schloss Lichtenstein geschickt, dem Arbeitsplatz von Frau Friedrich?«

»Davon weiß ich nichts, aber jetzt wieder zu Ihrem widerrechtlichen Überfall, Herr Brunner.«

Mertens hatte das sichere Gefühl, dass dieser Guru sie als Frau einfach nicht ernst nahm.

Sie verließ das Haus und trat auf die Gemeindemitglieder zu, die unschlüssig umherstanden. Was kein Wunder war, denn ihre ganze Welt war mit einem Schlag aus den Fugen geraten und sie schienen nun führungslos zu sein.

»Könnte ich Sie wohl kurz sprechen, Herr …«

»Bruder Gerhard werde ich hier genannt, meinen bürgerlichen Namen habe ich so wie all die anderen hier beim Eintritt in die Gemeinschaft mit Freuden abgelegt.«

Nachdem sie alle anwesenden Männer gemustert hatte, war die Hauptkommissarin zielstrebig auf den bulligen Gerhard zugegangen. Mit einer eindeutigen Geste bedeutete sie ihm, ihr zu folgen.

»Tja, so wie es scheint, muss sich Ihre Gruppe einen neuen Meister suchen, denn Bruder Bernhard wird für die nächsten Jahre sein Dasein in einem staatlichen Gefängnis fristen«, bemerkte sie lapidar und beobachtete dabei den Mann, der einen entsetzten Gesichtsausdruck bekam.

»Aber das können Sie nicht machen, der Meister hat doch nichts Schlimmes getan, er hat lediglich einen Feind in unserer Kommune unschädlich gemacht und hier auf diesem Gelände gelten andere Regeln als bei Ihnen.«

»Das ist leider nicht so, in unserem Land hat der Staat das Gewaltmonopol und daran muss sich jeder halten, auch Ihr Meister. Aber deswegen habe ich Sie nicht hergebeten. Es geht um den Ausflug mit Ihrem Sohn zum Schloss Lichtenstein, der genau an dem Tag stattfand, an dem Charlotte Friedrich umgebracht wurde. Vor dem Hintergrund, dass der Meister wüste Drohungen gegen die Mutter von Yvonne ausgestoßen hat, kommt diesem Ausflug eine wichtige Bedeutung zu. Was genau haben Sie dort gemacht?«

348

Der Mann machte keinerlei Anstalten, ihr zu antworten, und wollte wieder zu seiner Gruppe zurückkehren.

»Jetzt hören Sie mir mal zu, wenn Sie nicht kooperieren, können Sie sich wegen Beihilfe zum versuchten Mord eine Zelle mit Ihrem geliebten Meister teilen.«

Die Schärfe in ihrer Stimme ließ Bruder Gerhard herumfahren und bei einem Blick in Mertens Augen sah er, dass sie mitnichten die tatterige ältere Polizistin war, für die er sie insgeheim gehalten hatte.

»Wieso Beihilfe zum Mord, ich habe doch gar nichts…«

»Mit Sicherheit finde ich Zeugen, die gesehen haben, wie Sie dem Meister geholfen haben, Michael aus dem Weg zu räumen.«

Offenbar hatte er den Wink verstanden, denn nach einer kurzen Schrecksekunde sprudelte es nur so aus ihm heraus.

»Der Meister hat mich beauftragt, die unliebsame Mutter von Yvonne zu beobachten und sie ein wenig unter Druck zu setzen, damit sie ihre Anstrengungen, ihre Tochter unserer Gemeinschaft zu entreißen, aufgibt. Damit es nicht so auffällt, habe ich meine Frau und Eric, meinen Sohn, mitgenommen. Ich wusste ja nicht, ob sie mich bei ihrem Besuch in unserer Gemeinschaft gesehen hat und womöglich wiedererkannt hätte. Nach der Führung wollte ich sie mir zur Brust nehmen, aber dazu ist es ja nicht mehr gekommen. Zuerst habe ich gar nicht mitbekommen, dass es mein Junge war, der ausgebüxt ist und den die Schlossführerin dann verfolgt hat. Erst als die Frau ewig lang nicht zurückkehrte, habe ich bemerkt, dass Eric fehlte.«

»Eric hat bei der ersten Vernehmung gesagt, dass er sich versteckt und niemanden gesehen hat. Hat sich an dieser Aussage in der Zwischenzeit irgendetwas geändert?«

»Nein, ich habe ihn auf dem Nachhauseweg mehrmals

danach gefragt, aber er blieb dabei, dass er sich hinter einer alten Truhe versteckt und niemanden gesehen hat, der vorbeigegangen ist.«

Mertens nickte mit einem nachdenklichen Gesichtsausdruck.

Offenbar führte diese Spur in eine Sackgasse, dabei wäre es zu schön gewesen, wenn der Junge den Mörder gesehen hätte.

»Danke, das war's, ich brauche Sie gerade nicht mehr, aber halten Sie sich bitte zu unserer Verfügung und sorgen Sie dafür, dass auch die anderen Mitglieder der Gemeinde das Gelände nicht verlassen.«

Als Mertens wieder zurück ins Haus kam, schwadronierte der Meister auf ihren Kollegen Brunner ein und lediglich ein schneller Seitenblick ließ erkennen, dass er ihr Wiederauftauchen registriert hatte.

Die Hauptkommissarin konnte nicht mehr an sich halten, so sehr ging ihr dieser selbstgefällige Oberguru auf die Nerven.

»Ich habe eine schlechte Nachricht für Sie, Ihr Plan, Tausende von Menschen umzubringen, ist zum Glück gescheitert. Ihre Terroristen haben versagt und bei dem Anschlag lediglich sich selbst in die Luft gejagt.«

Ihre Worte zeigten Wirkung, denn langsam drehte er sein Gesicht in ihre Richtung.

»Was reden Sie da?«, entgegnete er barsch.

»Einer Ihrer Diener konnte es nicht mit seinem Gewissen vereinbaren und hat den schönen Plan kurz vor der Ausführung der Polizei verraten.«

Mertens sah ein leichtes Aufflackern in seinen Augen, aber ansonsten war keine Regung erkennbar.

»Wenn Sie es genau wissen wollen, es war Fritz Kleinschmid, ich habe vorhin mit ihm telefoniert, nachdem ich ihn auf dem Video, das während der Besprechung heimlich gedreht worden war, erkannt habe.«

Allmählich dämmerte dem Meister, dass die Hauptkommissarin nicht im Nebel stocherte, sondern von harten Fakten redete, doch als ausgebildeter Psychologe ließ er sich nicht so schnell aus der Ruhe bringen.

Erst als ein anderer Polizist ein I-Pad auf den Tisch legte, auf dem gerade die neuesten Nachrichten zu sehen waren, wusste Bruder Bernhard, dass er verloren hatte.

»Schauen Sie sich das ganz genau an, wenn Sie mir nicht glauben. Im Hintergrund sieht man die zerstörte Halle und vorne sind die Menschenmassen erkennbar, die nach Ihrer kranken Vorstellung jetzt tot sein sollten«, meinte Mertens und blickte triumphierend zu Brunner.

Plötzlich drehte sich der Meister seitlich nach unten, fasste mit den Fingern seiner gesunden Hand in seinen Mund und fummelte darin herum, als hätte er Essensreste in den Zahnzwischenräumen.

Mertens betrachtete den Meister wie in einem Film und wusste Bescheid, als sie sein überlegenes Grinsen sah.

»Zyankali!«

Sie haben also Sailer auf dem Gewissen, und wenn ich nicht gekommen wäre, hätten Sie Miriam ersäuft wie eine räudige Katze.«

Sascha hatte den Mann an den Armen gepackt und hochgezogen. Dass dieser vor Schmerzen heulte und durch den

Schlag auf den Kopf noch ziemlich benommen war, störte den Polizisten nicht im Geringsten.

Man sah ihm an, dass er seinen Gefangenen am liebsten windelweich geprügelt hätte, so wütend war er, denn ihm war in diesen Sekunden erst so richtig klar geworden, dass er Miriam beinahe verloren hätte.

»Das mit Sailer war Notwehr und bei Miriam ist mir eine Sicherung durchgebrannt, das müssen Sie mir glauben.«

»Sie haben also Ihren Chef getötet, ist das richtig, Herr Scholz?«

»Ja, aber wie gesagt, er hat mich zuerst angegriffen.«

Schade, dachte Sascha, er hätte gern diesen Grafen als Täter gehabt.

»Aber weswegen haben Sie sich gestritten?«

»Ich wollte ihn zur Rede stellen, wegen Karin.«

Er deutete mit seinen gefesselten Händen auf Karin, die bei seinen Worten jäh aufgesprungen war.

»Das Schwein hat mich vergewaltigt, und als ich es Kai erzählt habe, ist er natürlich ausgerastet. Wir sind ein Paar, Miriam, das habe ich dir nicht gesagt, und als Kai mich wegen meines plötzlichen seltsamen Verhaltens immer mehr unter Druck gesetzt hat, ist mir die Sache mit Sailer rausgerutscht.«

»Hm, trotzdem muss ich Sie mit aufs Revier nehmen, Herr Scholz, Sie stehen leider so lange unter Verdacht, bis wir die Notwehrsituation eindeutig nachgewiesen haben. Würden Sie beide bitte so freundlich sein und zu meinem Auto gehen?«

Karin fasste ihren Freund unter und leitete den deutlich angeschlagenen Kai durch das unwegsame Gelände.

Unterdessen setzte Sascha sich neben Miriam, die gleichfalls noch ein wenig neben sich stand, und legte wie selbstverständlich den Arm um ihre Schulter. Eine Zeitlang sagte keiner der beiden ein Wort und sie lauschten den zwitschernden Vögeln.

»Es tut mir leid.«

Der Satz kam synchron aus ihren Kehlen und spontan mussten beide lächeln.

Mit gemischten Gefühlen fuhr Magdalena Mertens auf der Landstraße vom Bodensee kommend in Richtung Reutlingen, nachdem sie die letzte Nacht noch bei ihrer Freundin Ulrike in Lindau verbracht hatte.

Den schrecklichen Anblick des Meisters, dessen Gesichtszüge sich nach der Einnahme des Gifts verzerrten und dessen Körper nur kurz gezuckt hatte, bevor das Leben aus ihm gewichen war, würde sie wohl nicht mehr vergessen.

Beinahe zeitgleich mit seinem Ableben waren Beamte des Verfassungsschutzes erschienen und hatten der Hauptkommissarin und ihrem Kollegen Brunner unmissverständlich zu verstehen gegeben, dass deren Arbeit nun beendet war.

Sie hatte sich noch herzlich von Brunner verabschiedet und war dann zum Bodensee gefahren. Die völlig aufgelöste Yvonne hätte sie gerne mitgenommen, doch die junge Frau wollte an der Seite ihres mit dem Tod ringenden Mannes bleiben und wurde von einem Polizeibeamten in die Klinik gefahren, in die Michael gebracht worden war.

Magdalena hatte ihr erzählt, dass ihr renitenter Vater mittlerweile als der Hauptverdächtige für den Mord an ihrer Mutter galt und unterschwellig an ihre familiären Gefühle appellierte, doch Yvonne hatte lediglich mit den Achseln gezuckt, nach dem Motto, das habe ich ja schon immer gewusst.

Von Münsingen kommend fuhr Magdalena die Honauer Steige hinunter und warf einen Blick auf das exponiert dastehende Märchenschloss, das noch nicht sämtliche Geheimnisse um die beiden Morde verraten hatte.

Sie sehnte sich jetzt nach einer ausgiebigen Dusche und einem eiskalten Glas Rosé in ihrem schönen Garten.

Und nach Paul!

Am liebsten hätte sie ihn zu Hause in Erpfingen überrascht, doch Magdalena konnte sich gerade noch beherrschen.

Sie hatte den Wecker auf halb sieben gestellt und war voller Tatendrang aufgestanden. Sascha hatte ihr eine kryptische SMS geschickt, wonach er den Täter gefasst habe und ihn gemeinsam mit ihr verhören wolle.

Eine halbe Stunde musste sie in ihrem Büro warten, bis ihr Kollege endlich kam.

Als sie ihn das letzte Mal gesehen hatte, war er noch ziemlich geknickt gewesen. Jetzt hingegen schien es beinahe so, als ob er die Welt umarmen könnte, sein Lächeln war zurückgekehrt. Lag das nur daran, dass er einen Täter gefasst hatte, oder steckte mehr dahinter?

»Hallo Herr Gross, wir haben uns mal wieder viel zu erzählen. Fangen Sie bitte an, denn ich platze fast vor Neugierde.«

Das ließ sich Sascha nicht zweimal sagen und er berichtete ausführlich, was auf dem Gartengrundstück am Fuße der Achalm geschehen war.

Mertens war total überrascht, sie hätte mit vielem gerechnet, aber nicht damit, dass der nette und immer salopp gekleidete Kai Scholz seinen Chef getötet hatte.

Nach seinem Bericht verstand sie auch, weshalb Sascha so gut gelaunt war, und sie freute sich wirklich aufrichtig, dass Miriam sich wieder mit ihm versöhnt hatte.

Danach setzte sie Sascha mit wenigen Sätzen von ihren Erlebnissen im Allgäu in Kenntnis, wobei sie die wahre Rolle, die der Politiker gespielt hatte, verschleierte. Darüber wollte sie nur mit Paul reden.

»Das ist ja wie in einem Thriller und beinahe unfassbar, dass solch eine Parallelwelt in unserer freiheitlichen Gesellschaft entstehen konnte.«

»Gerade bei uns, wo so viele Menschen auf der Suche nach dem optimalen Leben sind, schaffen es Rattenfänger wie dieser Bruder Bernhard, eine größere Zahl unbefriedigter Menschen um sich zu scharen«, stellte Magdalena nachdenklich fest und wechselte das Thema.

»Ich habe zwar Yvonne aus den Klauen dieser Sekte befreien können, aber der Mörder ihrer Mutter befand sich nicht unter dieser Gemeinschaft«, sagte sie resigniert.

»Dann wird es wohl doch der Ehemann gewesen sein oder der ebenfalls getötete Sailer.«

Vielleicht auch jemand ganz anderes, dachte Mertens.

»Wäre es vielleicht möglich, dass wir diesen Kai Scholz gemeinsam mit Frau Haarmann vernehmen?«

Fragend blickte Sascha auf seine Vorgesetzte.

»Im Prinzip ja, aber im Grunde hat er ja bereits alles zugegeben.«

»Trotzdem würde ich die junge Frau gerne dabeihaben und ihr auch zu dieser Vergewaltigung gerne ein paar Fragen stellen.«

»Also gut, ich werde eine Streife losschicken, um die Frau hierherzuholen«, seufzte Sascha.

»Dann hätte ich außerdem noch eine Bitte an Sie.«

Sie äußerste ihren Wunsch, der einem Befehl gleichkam, und jetzt war Sascha doch ziemlich verwirrt.

»Na gut.«

Schicksalsergeben verließ er das Büro.

Magdalena blieb noch eine Zeitlang sitzen und ordnete ihre Gedanken, bevor auch sie den Raum verließ. Mit der Vernehmung könnten sie wohl erst am späten Nachmittag beginnen und sie beschloss spontan, Paul anzurufen, um sich mit ihm irgendwo zum Mittagessen zu treffen.

»Hallo Paul, ich hoffe du bist mir nicht böse, dass ich mich in den letzten Tagen nicht gemeldet habe, aber ich musste dringend für ein paar Tage beruflich wegfahren. Wenn du willst, erzähle ich dir die durchaus spannende Geschichte, die ich erlebt habe, bei einem Mittagessen bei unserem Lieblingsitaliener.«

Am anderen Ende herrschte eine Zeitlang Schweigen, bevor sich Hanser räusperte und dann auch antwortete.

»Hm, eigentlich sollte ich ja beleidigt sein, doch wir sind ja keine Teenager mehr. Und eigentlich habe ich auch gar keine Zeit, da ich meinem Sohn versprochen habe, bei der Geburt eines Kalbs mitzuhelfen. Genau genommen bin ich jedoch Rentner und die schaffen das sicherlich auch ohne mich.«

Magdalena musste schmunzeln, das mit dem Rentnerdasein war, wie sie wusste, nichts für Paul und er besuchte fast täglich die Herde mit Kühen, die er seinem Sohn schon vor längerer Zeit übergeben hatte.

Sie verabredeten sich für die Mittagszeit und die Hauptkommissarin wollte die Zeit bis dahin nutzen, um noch ein wenig in der Altstadt zu flanieren und ihre Gedanken zu ordnen.

Als sie die Gartenterrasse des »Primafila« betrat, saß Paul bereits an einem kleinen runden Tisch und unterhielt sich angeregt mit dem italienischen Ober.

Entgegen ihrer sonstigen Zurückhaltung ging sie mit freudigem Blick auf ihn zu und umarmte den Mann, den sie insgeheim bereits als ihren Freund betrachtete.

»Du hast mir gefehlt, Paul, weißt du das?«

»Du mir auch, Lena.«

Bei ihrem letzten Treffen hatte er sie gefragt, ob er die Kurzform ihres Namens gebrauche dürfe, da ihm Magdalena zu lang sei.

Zuerst unterhielten sie sich über Belangloses und einmal mehr wurde ihr bewusst, wie sehr sie das Zusammensein mit Paul genoss.

»Was hast du eigentlich im Allgäu gemacht, wenn ich fragen darf?«, fragte er unverhofft, nachdem der Hauptgang in Form von Pasta Frutti di Mare gereicht worden war.

»Das ist eine lange Geschichte, die ich dir trotzdem nicht vorenthalten will, da du auch irgendwie involviert bist, denn ohne dich hätte ich einen entscheidenden Mann nicht erkannt.«

Von der Sekte hatte sie ihm im Vorfeld bereits erzählt, und als er jetzt die ganzen Zusammenhänge erfuhr, ähnelte seine Reaktion der von Sascha.

»Unglaublich, aber nicht unmöglich, dass so etwas geschieht. In der Vergangenheit gab es immer wieder solche Gruppierungen, bei denen irgendwelche charismatischen Menschenfänger es geschafft haben, eine Herde leichtgläubiger Leute um sich zu scharen und sie mit ihrem abstrusen Gedankengut so weit zu bringen, das Hirn auszuschalten. Ich denke da zum Beispiel an die Bhagwanjünger oder diese dubiose Sekte in Chile, diese ›Colonia Dignidad‹.«

Mertens nickte und wunderte sich einmal mehr darüber, dass der einfache Bauer und Waldarbeiter eine solch umfassende Allgemeinbildung hatte.

»Dass dieser Kleinschmid mit drinhängt, ist ja auch kein Wunder, dem hätte ich jede Schandtat zugetraut. Und du hast tatsächlich mit dem Kerl telefoniert?«

»Ja, und er hat mir versprochen, dass er seine Parteiämter sofort zur Verfügung stellt und sich aus der Politik zurückzieht, um sich wieder ganz seiner Professur in Heidelberg zu widmen.«

»Na hoffentlich hält die Läuterung an und er infiziert nicht mehr seine Studenten mit dem rechten Gedankengut.«

Nach dem obligatorischen Espresso verließen beide das Lokal und verabredeten sich für den nächsten Abend.

In dem ungemütlichen Verhörzimmer war bereits alles vorbereitet für die Befragung von Kai Scholz und Karin Haarmann. Das Gerät zur Aufzeichnung des Protokolls war getestet worden und auch Getränke standen bereit.

Sascha war ziemlich ungeduldig und konnte es kaum erwarten, dass wenigstens der Mord an Sailer vollständig aufgeklärt wurde, woran er einen nicht unbeträchtlichen Anteil hatte.

Erhobenen Hauptes wie jemand, der sich nichts hatte zuschulden kommen lassen, betrat Scholz das Zimmer, begleitet von zwei uniformierten Beamten, die ihm die Handschellen abnahmen.

Wenig später erschien auch Karin und die beiden schickten sich vielsagende Blicke zu.

Zuerst wurden von beiden die Personalien aufgenommen, bevor Mertens die erste Frage stellte.

»Wieso haben Sie uns nicht von dieser Vergewaltigung erzählt, Frau Haarmann? Ihnen ist doch bewusst, dass Sailer noch leben könnte, wenn Sie sich der Polizei anvertraut hätten.«

Karin blickte zur weiß gestrichenen Decke und stieß einen tiefen Seufzer aus.

»Sie haben recht, Frau Mertens, und es tut mir auch leid, dass es so gekommen ist. Aber es ist nicht einfach, solch ein unangenehmes Erlebnis zu verarbeiten. Ich hatte mich immer für eine starke Frau gehalten und deswegen wollte ich auch nach dieser Tat keine Hilfe in Anspruch nehmen. Es ist mir dann irgendwie rausgerutscht, nachdem Kai mich immer und immer wieder gelöchert hatte, weil er spürte, das mit mir etwas nicht stimmte.«

Am liebsten hätte Mertens die beiden nach Hause geschickt, denn gerade sie hatte dafür Verständnis, da ihr in ihrer Jugend so etwas zugestoßen war und sie wusste, wie sehr man in dieser Situation auf Vergeltung sann.

Doch die Gesetze des Rechtsstaats verboten Selbstjustiz, auch wenn es für die Opfer oft schwer war, damit umzugehen.

»Dann haben Sie den Vergewaltiger zur Rede gestellt, Herr Scholz, bitte beschreiben Sie ausführlich diese Szene.«

»Ich wollte gerade den Schlosshof verlassen nach meiner letzten Schicht und da sah ich, wie Sailer entgegen seiner sonstigen Gewohnheit noch über die Zugbrücke ins Schloss ging. Kurz entschlossen bin ich ihm gefolgt und habe ihn in der Waffenkammer angetroffen. Er war ein überhebliches Arschloch und hat die Vergewaltigung nicht einmal abgestritten. ›Sie hat es doch genossen‹, hat er mir ins Gesicht gesagt und dann noch gelacht. Da sind bei mir wohl sämtliche Sicherungen durchgebrannt und ich habe die nächstgelege Waffe geschnappt und nach ihm geschlagen. Ich wollte ihn nicht umbringen, sondern ihm lediglich einen Denkzettel verpassen, das müssen Sie mir glauben.«

»Wo haben Sie den Umgang mit diesem Mordinstrument gelernt, ich habe mir sagen lassen, dass es alles andere als einfach ist, solch einen Streitflegel zu handhaben.«

»Vor meinem Engagement hier habe ich auf der Burg Hohenzollern gearbeitet und der dortige Verwalter hat mich in dieser Kunst unterwiesen.«

»Und weshalb haben Sie den Toten noch zusätzlich in diese Rüstung gezwängt?«

»Na ja, ich wusste im ersten Moment nicht, was ich mit dem Leichnam hätte tun sollen, und da kam mir spontan die Idee, ihn auf diese Art zu entsorgen, um das Ganze wie eine Art Ritualmord aussehen zu lassen.«

Mertens erhob sich von ihrem Stuhl und ging ein paarmal auf und ab, bevor sie abrupt vor dem Verdächtigen stehen blieb.

»Herr Scholz, ich glaube Ihnen, dass Sie Sailer getötet haben, aber was die näheren Umstände anbelangt, lügen Sie, beziehungsweise verschweigen Sie etwas.«

Plötzlich herrschte eine völlige Stille und alle Augen hefteten sich auf Mertens.

»Aber …, ich verstehe nicht …«, stammelte Kai.

Mit flinken Fingern ertastete Mertens in ihrer am Stuhl hängenden Tasche einen Gegenstand.

»Kennen Sie diese Brille?«

Sie hielt dem völlig überraschten Mann die Sonnenbrille, die sie am Abhang unterhalb des Schlosses gefunden hatten, unter die Nase.

»N…, nein, woher sollte ich sie kennen?«

»Ganz einfach, weil es Ihre ist. Die Fingerabdrücke darauf sind identisch mit denen, die man Ihnen nach Ihrer Verhaftung genommen hat. Das heißt, dass Sie nicht nur Sailer ermordet, sondern auch Charlotte Friedrich vom Turm gestoßen haben.«

»Was?«, entfuhr es Karin und sie blickte entsetzt auf ihren Freund.

»Sind Sie verrückt geworden, Frau Mertens, weshalb sollte ich meine Kollegin umgebracht haben, das ergibt doch keinen Sinn!«

Zum ersten Mal bemerkte Mertens jetzt kleine Schweißperlen auf der Stirn von Kai Scholz.

»Sie können mir glauben, Herr Scholz, dass ich über keine hellseherischen Fähigkeiten verfüge. Ich habe nur Glück gehabt, dass mein Kollege Sascha Gross die geniale Idee hatte, seine Freundin Miriam Neuburg als eine Art Undercover-Agentin bei Ihnen im Schloss einzuschleusen.«

Erneut entfuhr Karin ein unkontrollierter Laut.

»Das kann ja alles gar nicht wahr sein.«

»Ich fürchte doch, Frau Haarmann. Auf diese Weise haben wir wichtige Interna erfahren, wie zum Beispiel, dass Sie, Herr Scholz, über vermögende Eltern verfügen sollen, die Ihren aufwendigen Lebensstil finanzieren. Heute Morgen habe ich Herrn Gross gebeten, das zu überprüfen, und was denken Sie, was er herausgefunden hat?«

Wiederum schaute Karin auf ihren plötzlich völlig apathisch dasitzenden Freund.

»Ihre Eltern sind bei einem Verkehrsunfall ums Leben gekommen, als Sie fünf Jahre alt waren. Danach kamen Sie in ein Heim, aus dem Sie im Alter von sechzehn Jahren abhauten. Das Studium passte sehr gut zu der erfundenen Vita. Sie können mich gerne berichtigen, wenn es nicht stimmt.«

Scholz schwieg und starrte weiter finster vor sich hin.

»Nun haben wir uns natürlich erst recht gefragt, wie Sie

sich von Ihrem nicht gerade fürstlichen Salär diesen protzigen Wagen und die ganzen Markenklamotten leisten können. Und da kam mir eine vage Idee in den Sinn, woraufhin ich die Kollegen in Balingen gebeten habe, Ihre Wohnung zu durchsuchen, und nun raten Sie mal, was wir dort gefunden haben.«

Mertens gab ihrem Kollegen einen Wink, woraufhin sie gemeinsam aus dem Verhörzimmer gingen und die ratlose Karin sowie den geknickten Kai Scholz zurückließen.

Kurz darauf kam sie in Begleitung von Gross wieder herein, der ein großes flaches Paket in Händen hielt.

»Nichts gegen den Fälscher, aber das Original finde ich doch schöner.«

Als Sascha das Papier um den Bilderrahmen entfernte, kam der berühmte Armbrustschütze zum Vorschein, der so etwas wie das Wahrzeichen des Lichtensteins war.

»Ihre Motive sind keineswegs so edel, wie Sie uns glauben machen wollen, im Gegenteil, sind Sie ein gemeiner Dieb, Herr Scholz. Sie wollten uns weismachen, dass Sie Sailer aus Rache wegen der Vergewaltigung an Ihrer Freundin getötet haben und uns dies auch noch als Notwehr verkaufen. Ich sage Ihnen, wie es war: Sie hatten eine clevere Geschäftsidee, nämlich das Fälschen von wertvollen Gegenständen, die Sie unbemerkt gegen die Originale austauschen und diese dann bei einem Hehler in bare Münze umwandeln. Leider sind Ihnen zuerst Charlotte Friedrich und dann auch noch Sailer auf die Schliche gekommen, die Sie dann beide beseitigt haben.«

»Nein, so war es nicht.«

Scholz hatte die Ellbogen aufgestützt und sein Gesicht in den Händen vergraben. Seine Stimme klang nun ziemlich weinerlich. Offenbar war er bereit auszupacken.

»Dann sagen Sie es mir. Wie Sie sicher wissen, kann sich

ein Geständnis strafmildernd auswirken«, entgegnete Mertens aufmunternd.

»Das mit Charlotte war wirklich ein Unfall. Ja, sie hat mich gesehen, als ich einen der wertvollen Trinkbecher in der Jagdstube austauschen wollte.«

»Aber wie sind Sie in der Nacht überhaupt in die abgeschlossenen Räume hineingekommen?«

»Um die Schätze des Schlösschens austauschen zu können, habe ich mir heimlich einen Zweitschlüssel machen lassen. Charlotte war eine sehr integre Kollegin und ist nicht gleich mit ihrem Wissen zu Sailer gerannt. Wie jeden Morgen ging ich auch an diesem Tag vor meiner ersten Schicht zum Turm hinauf, um dort eine Zigarette zu rauchen. Sie haben ja selbst diese atemraubende Aussicht gesehen. Auf jeden Fall stand urplötzlich wie aus dem Nichts Charlotte vor mir. Offenbar ist ein Junge aus ihrer Besuchergruppe abgehauen und sie musste ihn suchen. Da habe ich die Gelegenheit natürlich genutzt und sie auf die leidige Sache angesprochen. Ich habe ihr Geld angeboten, doch sie hat mich ausgelacht. Danach gab irgendwie ein Wort das andere und ich habe sie geschubst, aber wirklich nicht sehr stark, das müssen Sie mir glauben«, bettelte er zum wiederholten Mal. »Irgendwie muss sie das Gleichgewicht verloren haben und ist hinuntergestürzt. Ich bin in Panik geraten und wollte nur noch weg von der Unglücksstelle. Als Ihre Kollegen eingetroffen sind, dachte ich sofort daran, mich zu stellen, doch dann kam mir die ganze Tragweite meiner Tat zu Bewusstsein und ich habe einfach mit der ersten Führung begonnen.«

»Ob der Richter hier einen Unfall gelten lässt, wage ich zu bezweifeln, da Sie ein ziemlich starkes Mordmotiv durch die Entdeckung Ihrer Einbrüche durch Frau Friedrich hatten. Und beim zweiten Mord wollen Sie uns glauben machen, dass Sie dadurch die Ehre Ihrer Freundin wiederhergestellt haben. Oder ist Sailer Ihnen etwa auch auf die Schliche gekommen und er musste deshalb sterben?«

Mertens war sich sicher, dass sie mit ihrer Vermutung richtig lag.

»Nein, natürlich nicht und jetzt sage ich sowieso gar nichts mehr ohne einen Anwalt. Sie wollen mir zwei Morde anhängen, dabei war der erste ein Unfall und der zweite ein klarer Fall von Notwehr«, meinte Scholz trotzig.

Plötzlich erhob sich Karin, die bisher ruhig dagesessen war, und stellte sich vor ihren Freund.

»Du hast also Charlotte umgebracht, nur weil sie hinter deine kriminellen Machenschaften gekommen ist, das vergesse ich dir nie.«

»Aber Karin…«

Sie holte aus und gab dem überraschten Kai eine klatschende Ohrfeige, bevor sie aus dem Raum rauschte.

»Gut, Herr Scholz, wenn Sie Ihre Aussage nicht mehr fortführen wollen, beenden wir das Gespräch. Wir haben Ihre Geständnisse, und ob es jetzt Mord oder Totschlag oder was auch immer war, soll der Richter entscheiden.«

Sascha Gross verließ das Zimmer und kehrte mit zwei uniformierten Beamten zurück, die Kai Scholz abführten.

»Glauben Sie ihm?«, wollte Mertens von ihrem Assistenten wissen, als sie in ihrem Büro eine Tasse Kaffee tranken.

»Ich weiß nicht so recht. In meinen Augen hat dieser Kerl ziemlich viel kriminelle Energie, Sie hätten ihn sehen sollen, als er versucht hat, Miriam zu töten. Vielleicht hätte man ihn im Verhör härter rannehmen sollen, aber eigentlich haben Sie ja fast alles erfahren. – Aber etwas anderes, ich dachte, an der Brille seien nur Charlottes Fingerabdrücke gewesen.«

»Tja, mein Lieber, manchmal muss man zu ungewöhnlichen Methoden greifen, zum Glück ist Herr Scholz auf meinen Bluff reingefallen. Na ja, wie auch immer, wir haben unseren Teil beigetragen und können uns den nächsten ungelösten Fällen widmen. Aber vorher würde ich gern auf unseren Erfolg anstoßen und dazu Sie und Frau Neuburg, die in gewissem Sinne ja auch für uns gearbeitet hat, einladen. Passt bei Ihnen Sonntag, sagen wir so gegen achtzehn Uhr?«

Vor wenigen Monaten noch wäre solch eine Einladung undenkbar gewesen, aber Sascha hatte sich mittlerweile an die Veränderung bei seiner Vorgesetzten gewöhnt.

»Von mir aus spricht nichts dagegen und Miriam rufe ich gleich an.«

Die Gartenterrasse des beliebten Restaurants war wie jeden Sonntag bis auf den letzten Stuhl besetzt und auch in der Gaststätte selber war kein freier Platz mehr zu bekommen.

»Zum Glück habe ich reserviert«, meinte Magdalena lächelnd und legte ihre Hand auf Pauls Pranke.

»Und ich habe mich heute zufällig mit einem Kollegen unterhalten und auf diese Weise erfahren, dass Sie heute Geburtstag haben, Frau Mertens«, entgegnete Sascha lächelnd und nestelte einen Umschlag aus Miriams Tasche heraus. »Alles Gute und hier haben wir ein kleines Geschenk für Sie.«

Sie öffnete und entnahm ihm einen Gutschein für eine Weinprobe bei »Chez Rudi«.

»Das freut mich, haben Sie vielen Dank.«

Gerührt gab sie den beiden die Hand.

»Selbstverständlich können Sie und Paul bei mir übernachten«, bot Miriam an, als der Ober einen großen Teller mit den verschiedensten Antipasti brachte.

Magdalena hatte den Koch und Besitzer des »Primafila« gebeten, ein mehrgängiges Menü zusammenzustellen.

Während sie aßen, blickte Mertens verstohlen auf die junge Frau an Saschas Seite. Sie schien sich von den ungewöhnlichen Ereignissen der letzten Zeit gut erholt zu haben.

»Wie geht es Ihnen, Frau Neuburg?«

»Ach eigentlich ganz gut, seit Sascha wieder öfters bei mir ist, erscheinen mir auch die toten Augen Sailers nicht mehr jede Nacht im Traum. Trotzdem bin ich froh, dass ich wieder in meinem Weinhandel arbeiten kann, obwohl mir die Tätigkeit als Schlossführerin auch gut gefallen hat.«

»Falls Sie an einer Fortführung Ihres Engagements auf dem Lichtenstein interessiert sind, so kann ich beim Grafen ein gutes Wort für Sie einlegen«, bot Magdalena mit einem listigen Lächeln an und erzählte von ihrem letzten Besuch auf dem Schloss.

»Nachdem Kai Scholz gestanden hatte, bin ich am nächsten Tag auf die Alb gefahren und habe mich in aller Form bei dem Schlossbesitzer dafür entschuldigt, dass wir ihn verdächtigt haben. Zuerst war er noch etwas zurückhaltend, aber als ich ihm das Gemälde mit dem Schützen ausgehändigt habe, war er zwar ziemlich geschockt über den dreisten Diebstahl seines Angestellten, konnte sich danach aber vor Freude beinahe nicht beherrschen und das Erste, was er seinem neuen Verwalter aufgetragen hat, war, die Sicherheitsstandards deutlich zu verbessern. Bei seiner neuen Führungskraft handelt es sich im Übrigen um den Sohn seines früheren Verwalters Eugen Maier. Bei dieser Gelegenheit habe ich mich gleich für Frau Haarmann verwandt und dem Grafen die ganze Geschichte erzählt. Er war schockiert darüber, dass Sailer sich an der jungen Frau vergangen hat, und sicherte mir zu, sie auch weiterhin zu beschäftigen. Die

Vorhaben Sailers, aus dem beschaulichen Schloss eine Art Disneyland zu machen, sind alle auf Eis gelegt und der neue Verwalter wird zwar auch einiges ändern, aber alles in Absprache mit dem Grafen und seiner Familie. Die beiden spektakulären Mordfälle haben jedenfalls dafür gesorgt, dass der Lichtenstein in aller Munde ist und die Besucherzahlen nach oben schnellten. … Auf jeden Fall habe ich seither einen guten Draht zu dem Grafen.«

»Danke für Ihr Angebot, aber ich bin im Weinhandel ganz gut aufgehoben, Karin jedoch werde ich auf jeden Fall besuchen, sie kann schließlich nichts für die kriminellen Machenschaften ihres Freundes. Bestimmt hilft mir ein Besuch auf dem Schloss dabei, die furchtbaren Bilder endgültig loszuwerden.«

»Aber vielleicht wär das ja was für mich, schließlich habe ich Vorkenntnisse durch meine Arbeit in der Bärenhöhle«, meldete sich Paul zu Wort. »Da könnte ich wunderbar meine Rente aufbessern und den interessierten Besuchern noch was beibringen.«

»Du könntest aber auch bei mir als Gesellschafter anfangen und außerdem benötige ich noch einen handwerklich begabten Hausmeister für meine alte Villa.«

Magdalena blitzte ihn an und Hanser räusperte sich hörbar.

»Hm, diese Stellenausschreibung klingt natürlich auch sehr verlockend und ich glaube …, ich nehme dann doch lieber den Job bei dir an.«